那些民国红颜教我的事

韦甜甜◎著

台海出版社

图书在版编目(CIP)数据

那些民国红颜教我的事 / 韦甜甜著.—北京:台海
出版社,2016.1

ISBN 978-7-5168-0808-5

Ⅰ.①那… Ⅱ.①韦… Ⅲ.①女性–生平事迹–中国
–民国–通俗读物 Ⅳ.①K828.5–49

中国版本图书馆 CIP 数据核字(2016)第 001620 号

那些民国红颜教我的事

著　　者:韦甜甜

责任编辑:刘　峰

装帧设计:虞　佳　　　　版式设计:通联图文

责任校对:罗　金　　　　责任印制:蔡　旭

出版发行:台海出版社

地　址:北京市朝阳区劲松南路 1 号，邮政编码:100021

电　话:010-64041652(发行,邮购)

传　真:010-84045799(总编室)

网　址:www.taimeng.org.cn/thcbs/default.htm

E-mail:thcbs@126.com

经　销:全国各地新华书店

印　刷:北京柯蓝博泰印务有限公司

本书如有破损、缺页、装订错误,请与本社联系调换

开　本:640mm×960 mm　　　　1/16

字　数:210 千字　　　　印　张:19

版　次:2016 年 4 月第 1 版　　印　次:2016 年 4 月第 1 次印刷

书　号:ISBN 978-7-5168-0808-5

定　价:38.00 元

前 言

民国，一个令人意兴翻飞的时代。民国女子中，既不乏传统意义上的窈窕淑女，又有许多现代意义的知性女人。她们美丽多情，才华横溢又不乏坚毅性情，而且对人格独立和情感自主有着不懈追求，她们堪称民国风范的代表。

本书中的20位民国女子，有着20种绮丽的人生传奇。

她们有的是出身名门的淑女，懂得吟风弄月。当宴会中的唱片响起，她们会随着高脚杯流转，晃动旗袍的风韵，捕捉那些惊艳的眼眸；而当繁华落尽，她们忧伤的眼眸里，又记录了一个个沧桑的故事。

她们有的是惊艳文坛的知性才女，才华横溢，天生与宿命为敌。她们挥洒笔墨，便创造千军万马，冲撞封建的桎梏，寻找人心温暖之处栖息。

她们有的是爱的斗士，活得艰难，爱得谦卑。她们为爱勇敢，为爱坚强，也为爱憔悴。

她们有的是风月场里的仙子，以窈窕的身姿、动人的眼眸和婉转的歌喉，征服一个时代的感官。然而，她们的美丽在赢得了赞歌后，却被谣言、背叛、辜负……灼烧得满目疮痍。她们的美丽取悦了世人，却酿成了自己的悲伤。

她们有的是政治的花蕊，将爱与青春，化作力量。她们或投身于革命，或成为政治风雨里一片点缀。

……

至今，她们的身影，在上海滩的旧影浮华中，仍香艳、绰约得让人不敢直视。

至今，她们的风情，在繁华喧嚣的上海大都市里，仍隐约且芬芳沉溺。

她们在新旧时代的更迭中经历了怎样的离合悲欢？她们的忧伤有多少属于个人，又有多少属于时代？

一生枯荣，皆是，因为爱情——

作者用细腻的心思和唯美的笔触，为读者讲述了一段段充满传奇的人生故事。那些泛黄的老故事，尽经岁月沉淀，泛着独特的风韵与芬芳。故事凄美动人、引人入胜，对现代女性的爱情观和人生观更有指导作用。

目 录

目 录

孟小冬：
纵然悲怆，也不浪费

在台下，她是担得起"风华绝代"四个字的女子；在台上，她又是绘声绘色、精彩的老生，可以老成世故，可以慷慨壮怀，可以饱经沧桑。在京剧史上，她是被神化了的"冬皇"，而在舞台的辉煌绚烂背后，却是她一生都没有顺遂的婚姻和半世的忧伤坎坷。

1.风华绝代的天才冬皇

孟小冬出生于1907年农历冬月十六，因此取名小冬。

孟小冬的家可谓是唱戏的世家。当时，唱戏被称为"下九流"的行当，但是，在"下九流"的行当里，老孟家算是很吃香的。在孟小冬家，逢年过节聊得最多的是祖父孟七。孟七是整个梨园界的老前辈，而让他一炮而红的是，他曾经在英王陈玉成办的科班里教过戏。这是"下九流"里上了"厅堂"的大事，也成了老孟家族的荣耀。

在这样的荣耀下，孟小冬从5岁起就随着父亲孟鸿群每天早晨吊嗓子。然而，当时女人在戏班子里是吃不开的，所以孟小冬并没有受到家族的严训，也就是说家族并没有把她当成重点培养对象。

孟小冬一天天地成长，在一个好苗子就要被淹没在"大门不出，二门不迈"的封建传统之中的时候，她的姑父站了出来，成为她的启蒙老师。

既然要打破这种制度，就必须管教出一个"可以影响时代的人"，所以，姑父仇月祥对她的管教非常严，艺术上稍有差错就责打她。一个日后成为"冬皇"的女孩子，在不断的责打中慢慢地成长着，直到她14岁。

现在已无法考证，到底是经过了怎样的周折，她的姑父才抵住了亲人和社会的反对，将孟小冬推上了虹口大戏院的戏台。姑父是唱老生的，所以孟小冬也同样唱老生。事实上，金子无论穿上怎样的"外衣"，都会发出光芒。

1916年，年仅9岁的孟小冬，在上海哈同花园首次登台，出演堂会戏《乌盆记》。她小小年纪，却少年老成，将孙派老生的唱功、行腔、念白等表演得有模有样。所以，当时有行家将孟小冬列为童伶中的杰出人才。

舞台上的男扮女装并不罕见，因为早期女性不能登台唱戏，京剧遂发展出独特的男旦艺术。四大名旦梅兰芳、尚小云、程砚秋、荀慧生皆为男性。话剧被引进中国后，李叔同、曹禺、周恩来先后也曾在舞台上男扮女装。而女扮男装则出现于光绪年间，当时，京沪等地全部由女性组成的戏班被称为髦儿戏。这种称呼有些歧视女性的意味，事实上，髦儿戏始终难登大雅之堂。

1919年，12岁的孟小冬随王家髦儿戏班到无锡的新世界屋顶花园演出。孟小冬先后演了4个月，连演130场，小小年纪就成了戏班的主角、家里的顶梁柱。当时，《锡报》剧评栏目评论："孟小冬十二岁能唱谭派各调，亦天才也。"

同年，孟小冬遇到了杜月笙。1919年底，原本在城隍庙劝业场"小世界"唱戏的孟小冬，被"大世界"游乐场的老板黄楚九发现，并被他重金挖走。但是，由于孟小冬与"小世界"的合同未满，所以整个十二月，孟小冬都在两个"世界"间赶场。据说，杜月笙也追随她的身影，奔波于两个剧场之间。他们初次相见，便是在"大世界"的后台。彼时孟小冬还是个懵懂少女，年长她20岁的杜月笙，也刚刚在上海滩崭露头角。

这简直是一个民国版的"洛丽塔"故事，不过从后来的发展来看，杜月笙当时只是一个纯洁的粉丝。

2.游龙戏凤，假戏成真情

认识梅兰芳时，孟小冬只有18岁，但她已经是须生之皇，而梅兰芳则是更为著名的旦角之王。

1925年，孟小冬和梅兰芳在舞台上相遇。他们共演的那一出《游龙戏凤》，至今仍然是梨园佳话。在台上，孟小冬扮演微服私访的正德皇帝，梅兰芳则扮演天真活泼的李凤姐，真的是颠鸾倒凤、阴阳颠倒。他们还一同出演了《四郎探母》《二进宫》，每一出都是戏逢对手，十分叫座。

18岁的孟小冬，在32岁的大名角梅兰芳面前并不胆怯，演得落落大方，非常潇洒，令台下观众不断拍手叫好。许多梅迷和孟迷更是希望二人就此假戏真做，成就一段传奇姻缘。

戏台上的两个人，也弄假成真，因戏生情。

当时，梅兰芳家中已有两房妻子，分别是元配王明华和续娶的福芝芳。心高气傲的孟小冬难以接受，但媒人解释说，王明华重病在医院，实际上只有一房夫人，而她过去也是两头大，不算偏房。

福芝芳死活不肯让孟小冬进门，梅兰芳无奈之下，只好在外面找了一处四合院与孟小冬住，起名为"缀玉轩"。

照这个情形分析，孟小冬嫁过去，实际上还是侧室，而且是不能登堂入室，只能在外面金屋藏娇的侧室。

以孟小冬之聪敏，如何察觉不到媒人说辞中的漏洞呢？她只是对梅兰芳已情根深种，不愿意去计较名分罢了。有句诗说"薄命怜卿甘作妾"，事实上，如果女人甘心做一个男人的妾，那么一定是因为她深爱这个男人，求仁得仁，谈不上薄命。

婚后，孟小冬终日无所事事，开始觉得空虚。她感到离开了舞台，就像鱼儿离开了水一样。她透露出重返舞台的想法，但被梅兰芳"男主外女主内""朋友会笑我连自己的太太也养不活"等理由阻挡住了。当时，不少戏院老板和戏迷见孟小冬突然没了消息，还到处打探。《北洋画报》最早披露梅孟结合的消息，但梅兰芳出面辟谣，弄得报社十分狼狈。后来，报社又不得不登出《梅伶近讯》，说孟小冬居住的"金屋"是她向梅兰芳租的，两人不过是房东和房客的关系。

梅兰芳为了让孟小冬打发时光，或亲自教她画梅兰竹菊，或与她谈论梨园掌故，或和她推敲戏词字韵，可谓其乐融融。他在小楼辟了一间书房，设置红木书桌、笔墨纸砚。每天，孟小冬按时临窗习字，阅读戏本、白话小说。此外，孟小冬还曾聘请一位国学老师学习书法，补习文化。后来，她能写得一手好字，便源于此时打下的良好基础。

孟小冬抱着满心的欢喜，和舞台上的梅郎做了真夫妻。她不求名分，放弃演出，只希望能够和意中人朝夕相守。直到多年以后，她痛定思痛，才后悔当初"年岁幼稚，世故不熟"。事实上，这八个字正是她的血泪之言。

他们是有过好日子的。且不说舞台上的俪影双双，就是在现实生活中，他们也曾经如胶似漆。可惜好景不长，一桩枪击事件，迅速打断了他们的恩爱。

孟小冬嫁给梅兰芳后不再登台，急坏了一名叫李志刚的忠实粉丝。要知道，他为了孟小冬的戏，曾经天天旷课。所以，在得知心中的女神已经嫁人后，他拿着手枪就跑到缀玉轩，要和梅兰芳火拼。混乱之中，李志刚击毙了调解人张汉举，而自己则被军警乱枪击毙，枭首示众。

这桩事件几乎囊括了人们关注的一切新闻热点：暴力、情杀、名人、血腥。于是，北平小报以此为题材，大肆报道，一时流言蜚语满天飞。

福芝芳得知这桩人命血案：为了孟小冬，丈夫差点儿丢了性命。于是，她找到了攻击的口实，吵闹不休。

摆在梅兰芳面前的路不外乎三条：第一，与孟分手。第二，保持现状。第三，逐渐淡化。经过权衡考虑，他选择了最后一条即"逐渐淡化"的道路。因此，在血案发生后，梅兰芳没有马上和孟小冬联系。

接下来，梅兰芳除了不定期地接受一些演出任务以外，将主要精力投入到"访美演出"的准备工作中。这也使梅兰芳有了充分的理由，向孟小冬解释暂时不能多来"金屋"的原因。由于他们之间的关系不能公开，孟小冬要继续过着与外界相对隔绝的封闭式生活。所以，孟小冬多多少少产生了不满的情绪。

3.造化弄人，你既无心我便休

1928年春节过后，孟小冬突然收到一份由家人转来的天津《北洋画报》，上面登着一则消息：梅兰芳到天津演出，带着福芝芳一同出门。

孟小冬认为这完全是做给她看的，便愤然离开"金屋"，回了娘家。而且，她还去天津风风火火地演了10多天的戏，又在天津逗留数日；返北平后，仍回娘家居住。这一举动，无疑是对梅兰芳的一种示威、反抗。

梅兰芳只好学《御碑亭》里的王有道，前往"孟家庄"接回了孟小冬，还被孟五爷话中带"刺"地教训了一番。之后，孟小冬随梅兰芳到广州、香港、上海等地演出、游玩，两人感情开始复苏。

1929年，梅兰芳将赴美演出，又引出了一件麻烦事：孟小冬和福芝芳，到底谁跟梅兰芳去美国，在全世界面前以梅夫人的身份亮相？当时，已经怀孕的福芝芳为了能够随梅兰芳出访，毅然请医生为自己堕胎。事情到了这一步，简直带着血腥了。最后，梅兰芳只好两个都不带。

接着，又发生了吊孝风波。

1930年，梅伯母逝世。这日下午，孟小冬知道消息后，剪了短发，头插白花来到梅宅，欲为婆婆披麻戴孝。谁知她刚跨入大门，便被三四个下人挡住。梅兰芳面露难色，面对怀胎已快足月、坐在灵堂的福芝芳，只得说："不看僧面看佛面，小冬已经来了，我看就让她磕个头算了！"福芝芳站了起来，厉声说："这个门，她就是不能进！否则，我拿两个孩子，肚里还有一个，和她拼了！"

孟小冬站在门口，孤立无援，而所有人都等着看她的笑话。她唯一能指望的就是梅兰芳，而她的梅郎走出来，却是柔声劝她先回去。

他还是那样温柔，可她总算看出来了，他和所谓的梅党一样，心里早就做出弃孟留福的决定。他根本保护不了她，或者不想保护她。

孟小冬万般无奈，发疯似的一口气奔回了娘家。说来可悲！她嫁梅兰芳已有3年，却未能入梅宅一步。回到娘家，孟小冬就此一病不起。

在两人的感情几近破裂的时候，孟小冬在母亲的开导与朋友的解劝下，终于破涕为笑。一场风波，始告平复。孟小冬在天津法租界马家口的春和大戏院，演完一出义务戏《捉放宿店》后，随梅兰芳、母亲返回北平。

事实上，两人只是表面上的和解，并未能真正相互谅解，不过是相互忍耐罢了。接下来，他们又维持了大约半年的"貌合神离"的关系。

1931年7月，最终使孟小冬决定分手的事情出现了。梅党中几位中坚人士和亲友，为了解决梅兰芳的家庭纠纷，曾多次集会商讨抉择，以帮助梅兰芳在"福孟"之间作决断。在众说纷纭的情况下，梅党中的魁首冯耿光像拍卖行里的拍卖师一样，举起他手中的木锤"一锤定音"，他要梅兰芳舍孟而留福。理由很简单，他说："孟小冬为人心高气傲，她需要'人服侍'，而福芝芳则随和大方，她可以'服侍人'，'人服侍'与'服侍人'相比，为梅郎一生幸福计，就不妨舍孟而留福。"这个说法，把拥孟论者列举的"冬皇"优点，比如，梨园世家、前程似锦、珠联璧合、伶界佳话等全都压了下去，在座的人谁都不敢再赘一词。

这次孟小冬没有马上跑回娘家，她约梅兰芳做了一次开诚布公的谈话，她要求分手，但梅兰芳不肯。于是，她说："冯六爷不是已经替你做出了最后选择。他的话你从来说一不二，还装什么糊涂。"都说戏如人生，其实人生何尝不如戏。在舞台上挂髯口、演惯了须生的女子，身上也沾染了男儿的杀伐决断之气。而常年的男扮女装，也让铮铮汉子变得阴柔。

所以，孟小冬和梅兰芳最后走向决裂，外因固然重要，但内因却是性别倒置带来的角色错位。

孟小冬在报纸上连发了三天启事，单方面宣布决裂。之后，据说梅兰芳曾雨夜登门，要求复合，但孟小冬始终没有开门。她就是这样的，爱一个人时，能够放低身段去做他的妾，但如果发现对方给不了她想要的爱，她也能决然抽身而退。

4.不鸣则已，一鸣惊人

1933年9月5日、6日和7日，在天津《大公报》第一版上，孟小冬三天连登《孟小冬紧要启事》："冬当时年岁幼稚，世故不熟，一切皆听介绍人主持。名定兼祧，尽人皆知。乃兰芳含糊其事，于祧母去世之日，不能实践前言，致名分顿失保障。毅然与兰芳脱离家庭关系。是我负人？抑人负我？世间自有公论，不待冬之赘言。"

她的骄傲，在于那八个字：名定兼祧，尽人皆知。梅兰芳虽是她准备托付一生的夫君，但梅府吊孝的遭遇，让她看了个真切：他也是个俗世男子，在她被福芝芳挤兑之时，他能做的，只是叫她退让。

只是，孟小冬纵是一代名伶，也仍然是女人，经此打击，她痛不欲生，一度皈依佛门。

分手时，她对梅兰芳放过狠话："我不要你的钱。我今后要么不唱戏，再唱戏不会比你差；今后要么不嫁人，再嫁人也绝不会比你差。"

她的确都做到了。

和梅兰芳分开5年之后，孟小冬拜余叔岩为师，从头开始学习谭、余派老生艺术真髓，重出江湖后即博得满堂彩，"冬皇"之名由此更盛。虽然她的演出不多，5年间只有30余场，但是她不鸣则已，一鸣惊人，被同业尊为须生楷模。

1939年，一个薄凉的春夜。

9

北京城万人空巷，一场梨园之争让皇城脚下长安街的空气发烫。

长安大戏院，七成上座。此时，这家位于西长安街的舞台，正在上演《桑园寄子》，端的是谭叫天和余叔岩的做派，表的是南北朝的兵荒马乱、人情冷暖。家破弟亡的邓伯道满眼凄凉："眼望着孤坟台心酸难忍……"嗓音苍凉嘹亮，场下票友窃窃私语："谭老板这回可卖力啦！"但灯光反打，亮相在民国"四大须生"之一谭富英眼前的，却是他从艺多年少有的窘境——仅有七成的座位。

新新戏院，另一家同在西长安街且近在咫尺的剧院里，座无隙地。锣鼓开场，上演的是大轴《洪羊洞》。杨延昭为爱将之死而吐血，将星陨落，"老军报二人在洪羊洞丧命，失了我左右膀难以飞行……"如泣如诉的沙嗓恰到好处，了无雌声。场下喝彩如雷，连手巾也没人抛了，"这位杨延昭，压过邓伯道去了！"

这位不让前贤的杨延昭扮演者，就是孟小冬。

但要说谭富英"被压"，也不恰当。其实，当时孟小冬刚出师余叔岩，声势正如日中天。有老戏迷评价：京剧大腕，互有短长。今日，谭富英对台孟小冬，一边双出大轴《摘缨会》，压轴《桑园寄子》，是大团圆的戏码；一边《洪羊洞》，摆的是苍凉壮绝的演义。一出西皮，一出二黄，都是余派好戏。这场"对决"，应是百花竞放，得益的是观众。

通常，真正的老戏迷都是先到长安，听谭富英的《桑园寄子》，再到新新，听孟小冬的《洪羊洞》。但孟小冬体弱多病，轻易不演，又是余叔岩的嫡传，因此，今日开演使"观众都先到新新，直到满座牌挂出，买不到票，才有少数人遛到长安。孟小冬那边买不到票，只好去听谭富英吧！连这些临时意外观众在内，长安才卖了七成座"。已故剧评人丁秉鐩如是回忆。

不过，这次"对台"的"胜果"虽属偶然，却让孟小冬在男人天下的梨园里确立了身份，为女老生赢取了京剧舞台上的应有地位。早先，由于男女授受不亲，女子不能入行。辛亥以后，虽然女演员唱京剧开始盛行，但她们一直进不了大戏园子。因此，孟小冬的崛起，让女戏人渐而扬眉吐气。她深获京津各报好评，被沙大风主持的《天津大风报》褒扬为"冬皇"。一个上海滩的名角冉冉升起了。

1947年，她在上海出演《搜孤救孤》时，全国的京剧名老生前往观摩。著名须生马连良和香港《大成》杂志主编沈苇窗，竟然挤在一个凳子上看一出戏；没有买到戏票的戏迷，都在家聆听话匣子的实况转播。著名科学家王选回忆，那两天晚上的上海滩真可谓万众空巷。看完了戏，观众还不走，他们想看孟小冬谢幕，看她卸了戏装的样子。但孟小冬从来不谢幕，于是，观众不停地鼓掌，就是不走。无奈之下，杜月笙去后台做了说服工作，孟小冬才谢了一次幕。不料，这次谢幕竟是她与舞台的永别，而这出《搜孤救孤》也成为绝唱。从此，她再也没有登台演出过，而她的荣光，完全被收拢于上海滩杜氏的石门大屋里。

5.情定 "天下头号戏迷"

她再嫁的那个男人，论名声、论地位，确实也不在梅兰芳之下，他是上海滩赫赫有名的青帮头目杜月笙。

记得1925年，她在共舞台演艺，出将入相的门帘一打出来，府杭丝的行头，水钻的裙衩，光彩闪耀。他不过是台下捧场的小喽啰，那个衬托这光彩的充满爱慕的人儿。而此时，他已是上海滩的一个符号，大公馆、青红帮、百乐门、苏州河、上海风云无不与他有丝丝关联。

之于20世纪30年代的上海，他骨子里的邪气、霸气，横扫了上海滩几十年；而之于她，他不过是长久以来待她最温和的一个男人。

在她与梅兰芳曲终缘尽、悲愤离婚时，他是姚玉兰的丈夫、上海滩的闻人，不过他还是为她出面，成了她在伤痛婚姻上争一口气的可信任的朋友；最后一纸离婚的契约，是他从旁佐证；他还提醒她，你要仔细思量。他是这样细腻绵延的温情男子。

1935年，她跟从余叔岩学艺，老派的梨园规矩众多，所谓的尊师重道是，余家上下都必须打点。所以，余家女儿出嫁时，她送出满堂的红木家具。事实上，她已久不演出，所花费的，无不是他无声的支持。

这些细细碎碎的关爱和呵护，感性的孟小冬并不是没有感觉。

杜月笙号称 "天下第一戏迷"，家中的四房姨太太都是唱戏出身。孟小冬还是上海大世界红角儿的时候，杜月笙就看上了她，只是没想到半路杀出个梅兰芳。

1937年，上海黄金大戏院举行开幕典礼，杜月笙特意请孟小冬剪彩，而醉翁之意，当然不在剪彩上。后经孟小冬的师妹，也是杜月笙的四姨太姚玉兰撮合，两人走在了一起。相传杜月笙曾向孟小冬表白："自打第一次见到你以后，我就一直思念你，还发过誓，这一辈子要是不把你拉进我的怀抱，我就不是人。"这话，有点儿像韦小宝誓取阿珂的那番说辞。

孟小冬被打动了。除了感动于杜月笙的情意之外，她可能这次想找一个和梅兰芳完全不一样的男人，一个强大、可以保护她的男人。当时，上海滩最强大的男人，就是杜月笙了。

他是她一生的知己，20年了，他对她情深意重，他始终润物无声地爱慕着她，怜惜她的甘苦，让多年漂泊江湖的孟小冬感念于心。

于是，她要酬答他的知寒知暖。入住杜公馆后，她对一切都淡而化之。她一直沉默寡言，对一切看不惯、听不得和受不了的事情，都漠然置之。只反过来，细细呵护陪伴着这个别人眼里霸道，对她却柔情万千的男子。

自上海到香港，从繁华到衰败，几十年风霜雪雨，素衣侍疾，孟小冬在他身边不离不弃，他是不是大亨与她无关。两人都是看尽人间春秋冷暖之人，深知最为可贵的是何物何情。在对着、看着、慕着的时光里，你怜我，我怜你，真正地忘情于彼此。杜家的客厅里，常常传出她与戏界旧友的咿咿呀呀。在旧时的杜公馆里于这靡靡之音中，她倾泻散尽最后的柔情。

1951年，杜月笙病逝香港。曾经的上海滩大亨，一身散财无数，遗产却只有10万美元，孟小冬分得1万。各房太太分选一样杜月笙遗物留作纪念，孟小冬选了一条杜月笙日常用的金钥匙链。

1956年，梅兰芳率团到日本演出，在香港过境时，他曾探望过寡居的孟小冬。这次是由马少波陪他去的，再无后话。

梅兰芳自然不知道，孟小冬的房间里只摆两个人的照片，一个是恩师余师岩，另一个则是他梅兰芳。

6.孤傲一生，曲终人散场

每年5月26日，总有不同身份的人去台北净律寺旁边的山佳佛教公墓凭吊故人。

这里的一块墓碑平静矗立，却曲折地描绘了主人生前最后10年的生命轨迹。墓碑上书："杜母孟太夫人墓。"题字人是令人肃然起敬的张大千。这个地方总是静悄悄的，但穿过树荫，视野开阔，风景很好。这是直到孟小冬离世前两天，她才点头认可设计的墓园。

据说，在人生最后的10年里，背对来访者，面对琴师，浅吟低唱，成为她唯一的生命姿态，如同佛家修行一样练唱："我唱我的戏，追求纯粹的声音。"她对传艺的坚持，几近于无情，她不许录音，也拒绝灌唱片，甚至吊嗓子也不让人听。那个年代，没有冷气，即便大热天，她也要关紧门窗。一次，家人把录音机放在床下偷录，被她发现后，直接将录音机摔到了楼下。

孟小冬挑选弟子很严格，只有具有天赋、意志坚强又迷恋艺术的人，才有资格做她的学生。据著名票友、客居香港时曾拜到孟小冬门下的海基会前董事长辜振甫回忆，孟小冬门下极少有职业艺人，大多因为是票友，她才答应指点一二。她教戏是一句一句地教，每一句一唱再唱，细腻且认真。她对待弟子极为严格，甚至规定弟子未经她的允许，不能在外面随意吊嗓子，更不准唱尚未纯熟的戏。曾有一位准弟子，略窥余派艺术门径，唱做也俱达一定水平，自认熟练，屡请公演。但是，孟小冬认为他在做表与感染的神气上，未尽善尽美，始终不答应。因此，国画大师张大千赠孟小冬诗画，款称她为"大家"。这不是因为孟小冬亦善书画，也非她是女伶老生魁首，而是因为他尊重孟小冬。古时尊称女子为"大家"（即"大姑"），张大千也喻孟小冬得余叔岩嫡传，将其比拟续写《汉书》的班昭。

1967年，洗尽铅华的孟小冬终于去了台北。

"10年台北多半病中"，是孟小冬自我调侃之语，但也不无实情。这样的名人来到台北，自然引起社会热烈关注。但孟小冬深居简出，几不与外界往来。她最大的嗜好就是看电视，家里摆了两台电视机，供她随时转看节目。相伴其左右的，是9条爱犬。据说，炙手可热的政要人物来看望孟小冬时，她甚至连眼皮都没有抬一下，只是看着窗外，寂静无声。她已经不想再对世人说什么了。

1977年5月26日，孟小冬历尽70年繁华沧桑，人生戏台的幕布终于缓缓垂下。留给后世的是，她20年清唱吊嗓子的一套录音带《凝晖遗音》。

孟小冬的人生注定与喧嚣同行，但世事繁华一切都与她无

15

关。"冬皇"的称号并不为孟小冬所喜，她甚至有些反感。

台湾著名散文家邱言曦 (邱南生) 谈到孟小冬时代的梨园："舞台是冷酷的，观众是无情的。今天你唱得好，舞台是乐园，观众是朋友；明天你唱得不好，舞台是苦海，观众是敌人。"这些世态炎凉，令孟小冬这样一个高情商又敏感玲珑的女子，产生漂泊无定的感受。

蔡康永童年曾随父亲在餐厅里偶遇孟小冬，后来撰文回忆："我再转头看看老太太，想看出点'冬皇'派头，但只记得望去一片影影绰绰，灰扑扑的，实在看不出'冬皇'的架势，我是小孩，那时还不懂得：无论你是哪界的帝，哪界的皇，一被岁月搓洗，都只能渐渐化为灰扑扑的影子。"

"只是一切都过去了吧!"是孟小冬晚年常挂在嘴边的一句话。

点评

一生傲骨，却两度为妾，始终没得到自己想要的尊严。和其他的女人分享梅兰芳，本来就不是件愉悦的事情。不会伺候人——这是对绝顶艺人"冬皇"孟小冬的真实判断，也是最深刻的蔑视和侮辱。她本来就不该去伺候一个男人洗脚，哪怕他是梅兰芳。她就应该站在舞台上，焕发她的光芒，精进她的技艺。会伺候男人洗脚的女人满地都是，而能成为"冬皇"的，只有孟小冬一个。

世间的道理本来如此，没有哪个男人属于哪个女人，也没有哪个女人属于哪个男人。只是男人们不屑承认，女人们不愿承认。孟小冬为她的骄傲付出了孤独一生的代价，这代价大吗？真的要放弃自己，默默隐忍？当然不，孟小冬的果决和气魄，就足以敬重。

记住孟小冬与梅兰芳决裂时的一席话："我不要你的钱。我今后要么不唱戏，再唱戏不会比你差；今后要么不嫁人，再嫁人也绝不会比你差！"一个女人，必须活出这样的范儿。

孟小冬的人生，虽然悲怆，却不浪费。没糟蹋自己的天分和勤恳，值了。

张幼仪：
我的失败和伟大

就像贾宝玉说什么都不肯喜欢薛宝钗一样，徐志摩就是不喜欢张幼仪。这是她难堪的命运，无法逃避。可如果倒过来看的话，放弃张幼仪是徐志摩的不幸，而选择离婚却是张幼仪的幸运。结束了这场错误的婚姻，张幼仪迎来了真正属于自己的春天。

1. "乡下土包子"被篡改的因缘

1909年，张幼仪的二哥张君劢、四哥张公权从日本学成归来，要求母亲规划弟姐们的未来，于是母亲把算命婆子请到家中，为14岁的大女儿算命，并准备给她相一门亲事。那时，张幼仪才9岁。

张幼仪看到大姐满脸泪痕地从母亲的屋子里跑出来，冲进自己屋里关起了门，她在门外听着姐姐嘤嘤的哭声，很纳闷，为什么算个命就让姐姐伤心成这样？

母亲送走算命婆子后，一脸忧郁地告诉大家："大姐要好些年不能嫁人，算命婆子说她必须在25岁以后才能找男人，要不然会克死丈夫。"

张幼仪是家中的第二个女孩，她自然就成了家里女孩中谈论婚嫁的第一对象。

有一天，张幼仪放学回家后，父母递给她一张照片，照片上是一个有着大大的头、尖尖的下巴，戴着金丝边眼镜的年轻男子，她看了看照片说："我没有意见。"

照片中的男子叫徐志摩，是四哥张公权挖掘出来的。他在视察一所学校时，发现了一篇很有梁启超风格的文章，甚是欣赏。他打听到作者是有钱人家的独子，尚未婚配。张公权便有意将如此才气纵横之人与妹妹婚配。

得到张幼仪应允后，张公权亲自写信给徐志摩的父亲徐申如。要知道张公权在当地是一个颇有分量的人物，他20多岁便出任北京参议院秘书长。

当徐志摩的母亲把张幼仪的照片递给儿子时，他只看了一眼，嘴角一撇，丢到一旁，鄙夷道："厚厚的唇，呆呆的脸，没一点灵气，乡下土包子。"当时，婚姻大事都是父母做主，徐志摩反对也不没用，更何况徐父相中了这个准儿媳。徐家虽说是江南富商，却缺乏政治背景，张公权的政治势头非常强劲，而张君劢是中国末代翰林，与梁启超等人走得很近，也是前途无量。俗话说"政商合一，天下无敌"，徐家当然是求之不得。

合八字，是旧时婚前的必经程序。张家首先拿着徐志摩的八字，找到了算命婆子。算命婆子说，徐志摩生于1896年（阴历）肖猴，前程似锦，张幼仪生于1900年肖鼠，猴鼠不相合。让所有人没想到的是，母亲竟然私下里将张幼仪的生肖改成了与猴相配的狗，并宣布这门亲事是天作之合。

他们的不幸姻缘从一开始就注定了，只是，难道人真的无法逃脱命运的安排吗？

对张幼仪姐姐的婚姻，母亲为何听从算命婆子的话？对张幼仪的婚姻，她为何不顾八字相克呢？也许是徐志摩这个准女婿太出色了，也许是老太太一心只想嫁女儿，又或者一切都是天意。

1916年底，张幼仪带着从欧洲采办回来的嫁妆，风风光光地嫁入徐家。当时，张幼仪的嫁妆由于太大件，无法装上火车，只能从上海船运至硖石。大批的红木、乌木家具，各类瓷器、织品被运到徐家，还有那场盛大的西式婚礼，出席要员之多、观礼人数之多，令硖石的百姓都震惊了。

在闹新房时，不分老小，不分辈分，谁都可以与新郎、新娘开任何玩笑。张幼仪牢牢地记住母亲和堂姐的话，不管别人怎么闹、怎么吵，她始终一声不吭地坐在那里。众人大约闹到后半夜才散去。

这一夜，徐志摩没有进洞房，而是躲到奶奶的屋里睡了一夜。以后，由于大人的督促，徐志摩才在佣人的簇拥下，进了新房，可他们没有说话。从此，沉默就没有离开过他们。

张幼仪与徐志摩结婚几载，可是两人真正待在一起的时间大约只有几个月，相互之间并不太了解。张幼仪特别清楚，丈夫喜欢爱读书的女人，这与她的本意是相符合的。婚后不久，张幼仪曾经写信给苏州第二女子师范学校，希望能进校读完中断的学业。校方认为张幼仪必须重新读一年，也就是说，张幼仪得读两年才能毕业。两年，对张幼仪来说，实在太长了，因为一个新媳妇离开公婆这么长时间，情理上也讲不过去啊！于是，她放弃了。出身名门的张幼仪足不出户，料理家务、养育孩子、照顾公婆，帮助公公理财也甚为得力。时人评价她："线条甚美，雅爱淡妆，沉默寡言，举止端庄，秀外慧中。"

然而，所有的优秀品质，与徐志摩所梦想的才情浪漫相差甚远。在热情奔放的诗人眼里，张幼仪的所言所行呆板无趣、僵硬乏味，甚至俗而难耐！他是一个接受了西方思想的年轻人，对没有见识、没有自我的传统女性难以认同，他对包办婚姻进行着无声的反抗，而张幼仪，不可避免地成了牺牲品。

除了履行最基本的婚姻义务外，徐志摩对张幼仪从来都是不理不睬的，而履行义务也不过是遵从父母抱孙子的愿望罢了。徐志摩婚后不久即北上读书，两人聚少离多。1918年长子阿欢出生。

1918年8月14日，徐志摩和刘叔和、董任坚等人，乘南京号轮船离开上海，赶赴美国。1919年6月，徐志摩因为成绩优秀，毕业时被授予一等荣誉奖。9月，他考入久负盛名的哥伦比亚大学的经济系。1920年9月24日，徐志摩打点行李到英国去。这趟英国之行，改变了张幼仪一生的命运，因为徐志摩爱上了林徽因。

徐志摩与林徽因的恋情，在留学生中传得沸沸扬扬，而身在欧洲的张君劢，怎么可能听不到一点风声呢？所以，张君劢在德国得知徐志摩的一些情况后，马上与徐志摩取得联系。他对徐志摩晓之于理，动之于情，劝说徐志摩把张幼仪接出来，于是，徐志摩在1920年11月26日给父母写了封信。徐家终于开口让张幼仪出国了。

2.中国第一个被离婚的女人

1920年初冬，一艘来自中国的轮船缓缓驶向法国马赛港。船上，一位身穿精致中式服装的少妇斜倚着船舷，四处张望。虽然神情颇显焦灼，但她的端庄与秀美仍清晰可见。

马赛港到了，少妇在东张西望的人群里一眼认出了接她的人——阔别两年的丈夫。但那一眼，让她的无限希冀和满心欢喜顿时化为一股稚气的哀伤——穿着瘦长的黑色毛大衣、围着白丝巾的男人，是那堆接船的人当中，唯一一个露出不想到这儿来表情的人。

男人是徐志摩，少妇是与他成婚5年并育有一子的张幼仪。此次，20岁的张幼仪是奉公婆之命，来伦敦与丈夫团聚的，马赛是中转站。

徐志摩先陪张幼仪到商店里去买了衣服和皮鞋，并将她从国内穿来的衣服扔在箱子里。这些衣服，是张幼仪在国内千挑万挑后选定的，但在徐志摩的眼里，它们实在太土了。接着，徐志摩又带张幼仪去照相馆拍照。这张的照片，是张幼仪和徐志摩一生中唯一的一张合影照。

在飞往伦敦的飞机上，面对因第一次坐飞机而呕吐不止的张幼仪，徐志摩非但没有心疼，反而用鄙视嫌弃的眼光扫她一眼，并撇过头说："你真是乡下土包子！"不过他说完没多久，自己也吐了。这时，张幼仪也不甘示弱，轻声脱口而出："我看你也是个乡下土包子！"没有久别胜新婚的欣喜和激动，这就是分别两年的夫妻相会的真实情景。

他们在康桥大学附近的沙士顿小镇住下，日子没有意想中的郎情妾意。其实张幼仪一直是努力的，在徐志摩出国后，她在家乡亦力求上进，苦学英语。她以为只要紧紧追随丈夫的脚步，便能抓住丈夫的心，她期待在这个西方世界，丈夫对她的态度能有所改变。

但徐志摩嫌恶这段婚姻、嫌恶中国老旧传统下的一切，他急切地想要摆脱这段令自己窒息的婚姻。不巧的是，张幼仪再次怀孕了，即便他们终究是没有感情的夫妻。

在外人眼里，徐志摩是风趣幽默的，但张幼仪深刻感受到的是他的冷酷无情。在英国，徐志摩结识了"人艳如花"的才女林徽因。所以，得知张幼仪怀孕后，正狂热追求灵魂伴侣的他，毫不犹豫地说："把孩子打掉！"在那个年月里，打胎是危险的，也是社会所不容忍的，张幼仪怎么能接受呢？她担忧无助地对他说："我听说有人因为打胎死掉。"而徐志摩说出的竟是："还有人因为坐火车死掉呢，难道你看到人家不坐火车了吗？"这句话，让张幼仪的痛楚切入肺腑。伤害一个人，竟可以这样容易。

徐志摩一边对伊人浪漫呵护、竭力追求，一边对发妻鄙视嫌弃。最终，他提出了离婚，并夸口要成为中国第一个离婚的男人。

1921年9月的一天早上，徐志摩告诉张幼仪，他的一位女朋友将来访。这让张幼仪产生了一个误解，她以为徐志摩意在让她和他的女友碰面，他们甚至可能会生活在一起。来访的女子头发剪得短短的，擦着暗红色的口红，穿着一套毛料海军裙装，在穿着丝袜的两条腿下，竟是一双穿着绣花鞋的小脚。这让张幼仪哑然失笑的同时，心中也生出无数的疑问和困惑。

晚上，张幼仪一个人在厨房洗碗，徐志摩把那位小姐送到火车站后，在她身边坐立不安地转来转去。两个人进入客厅后，徐志摩问张幼仪对那位女子的意见，她脱口而出："呃，她看起来很好，可是小脚和西服不搭调。"也许是她抑制不住的气愤、失望和厌恶刺激了他的情绪，也许是她的话道出了他多年来的感受和心声，他突然失态地尖叫道："我就知道，所以我才想离婚。"她怔住了，然后跑出去，他追出来，气喘吁吁地说："我以为你要自杀！"

一周后，徐志摩突然从家中消失，留下怀孕的妻子独守空房。两人的婚姻生活至此走到了尽头，张幼仪觉得自己像是一把被遗弃的"秋天的扇子"。

一天早晨，徐志摩的朋友黄子美前来敲门，说带来了徐志摩的口信。黄子美问道："你愿不愿意只做徐家的媳妇，而不做徐志摩的太太？"徐志摩给出的离婚理由是："小脚与西服不搭调。"黄子美离开后，张幼仪向正在巴黎访学的二哥张君劢求助。张君劢在回信中，劈头第一句却是："张家失徐志摩之痛，如丧考妣。"他告诉妹妹："万勿打胎，兄愿收养。抛却诸事，前来巴黎。"

张幼仪到法国后，被学业繁忙的张君劢安排到乡下朋友家里。那一段时间，张幼仪反躬自省，她发觉自己的很多行为表现，的确和缠过脚的旧式女子没有两样。"经过沙士顿那段可怕的日子，我领悟到自己可以自力更生，而不能回徐家。我下定决心：不管发生什么事情，我都不要依靠任何人，而要靠自己的两只脚站起来。"

怀孕8个月的时候，张幼仪随七弟张景秋前往德国。1922年2

月24日，她刚生下二儿子彼得，徐志摩托人送来的离婚书信就到了。在张幼仪的一再坚持下，她和徐志摩见了面，在场的还有徐志摩的同学金岳霖、吴经熊等人。徐志摩拒绝张幼仪先征求父母意见再谈离婚的请求："不行，不行，你晓得，我没时间等了，你一定要现在签字……林徽因要回国了，我现在非离婚不可。"直到此刻，张幼仪才知道徐志摩爱的是林徽因。在离婚协议上签字后，张幼仪以在新婚之夜没能用上的坦荡目光正视着徐志摩说："你去给自己找个更好的太太吧！"

徐志摩欢天喜地地向张幼仪道谢，并提出要去看看刚出生的孩子。他在医院育婴房的玻璃窗外看得神魂颠倒，但张幼仪说，他"始终没问我要怎么养这个孩子，要怎么活下去"。

在巴黎投靠二哥张君劢期间，张幼仪给徐家二老写信，告知自己已怀孕并想读书，徐申如从此按月给她300块大洋。在德国，张幼仪用这笔钱支付学费和生活费。她雇了一名40多岁的维也纳女子当保姆，并在保姆的帮助下，申请进入裴斯塔洛齐学院，攻读幼儿教育。

在张幼仪含辛茹苦、忍辱负重的时候，徐志摩于1922年8月追随不辞而别的林长民、林徽因父女返回中国。11月8日，他在《新浙江·新朋友》上刊登《徐志摩、张幼仪离婚通告》："我们已经自动挣脱了黑暗的地狱，已经解散烦恼的绳结……欢欢喜喜地同时解除婚约……现在含笑来报告你们这可喜的消息……"

没有吵闹，没有纠缠，张幼仪选择了平静地离开。或许，这世间果真有一种爱，叫作放手。

至此，维持了7年的婚姻得以终结，徐志摩得到了盼望已久的自由，如愿做了"中国第一个离婚的人"。

3.从悲痛中脱胎换骨，破茧成蝶

在德国，徐志摩的无情激发了张幼仪的潜能，离婚后的她很快从悲痛中振作起来。她雇了保姆，自己学习德文，并进入裴斯塔洛齐学院，专攻幼儿教育。张幼仪不同于其他的留学生，能够用一种安稳的心态待在德国读书。她是个离婚的女子，带着刚出世的小彼得，她甚至不知道自己回到中国后，应该住在哪儿，应该做些什么。对她而言，这一切是如此艰难而痛苦、沉重而不堪。

然而，上帝还是不肯眷顾她，不幸再次降临。

1925年3月19日，3岁生日刚过完不到1个月，彼得因腹膜炎死于柏林。此时，徐志摩和有夫之妇陆小曼的爱恋闹得满城皆知，为躲避舆论，他奔赴欧洲。3月18日，徐志摩在父母的催促下准备到柏林，他在写给陆小曼的情书中抱怨："再隔一个星期到柏林，又得对付张幼仪了，我口虽硬，心头可是不免发腻。"

徐志摩赶到柏林，在殡仪馆里，他紧抓着彼得的骨灰坛子掉下眼泪。3月26日，他在写给陆小曼的情书中，破天荒表达了对张幼仪的敬重之情："C（张幼仪）可是一个有志气有胆量的女子，她这两年来进步不少，独立的步子已经站得稳，思想确有通道……她现在真是'什么都不怕'，将来准备丢几个炸弹，惊惊中国鼠胆的社会，你们看着吧！"

带着一颗破碎的心，张幼仪辗转德国，她边工作边学习，学得一口流利的德语。这段时间，张幼仪的精明、干练、勇敢逐渐显露，她重新找回了自信，找到了人生支撑点。去德国以前，她凡事都怕；到德国后，她变得无所畏惧。在德国5年，张幼仪脱胎换骨，犹如凤凰涅槃。

1926年10月，徐志摩与陆小曼在北京的北海公园举行婚礼，婚后回到海宁硖石，与父母同住。张幼仪说服徐家父母，让长子阿欢随她安顿在北京。陆小曼不拘小节的浪漫狂放，令徐家父母深恶痛绝。一个月后，徐家父母离开家乡，到北京投奔张幼仪。他们把张幼仪认为养女，并将财产分为3份：老夫妻留1份；给徐志摩和陆小曼1份；张幼仪和阿欢1份。在徐志摩放弃家族责任的情况下，张幼仪实际上已经成为徐氏家族的掌门人。

1927年初，张母去世，张幼仪带着阿欢回上海奔丧，并留在上海。在东吴大学教了一个学期德语后，上海女子商业银行找到了张幼仪。这家银行是1910年由一群女性创办的，位于市中心的南京东路上，客户主要也是女性。当时，张幼仪的四哥张公权已经是中国银行的总裁。所以，女子银行希望张幼仪借助她的人脉关系，帮助银行走出困境。张幼仪于是成为这家银行的女总裁，不过她不愿意和哥哥平起平坐，所以只称副总裁。

每天上午9点，张幼仪的身影都会准时出现在办公室。她说，自己这种严谨的习惯得益于在德国期间所受的教育。为了掌控员工的工作情况，张幼仪特意把自己的办公桌摆在银行的最里头，以便可以对银行里的情形一览无余。下午5点，一位老师会准时到办公室找张幼仪，为她补习文学和古籍。没能像徐志摩所爱恋的女子那样，上好的学校，学习更多的文化知识，一直是张幼仪心中的一件憾事。如今条件允许，她要尽量为自己补上这缺失的一课。

张幼仪的勤勉操持，再加上张公权和上海其他金融界人士的支持，女子银行很快扭亏为盈。张幼仪由此在银行界崭露头角，名震一时。

张幼仪在担任上海女子银行副总裁时，还兼任上海第一家时装公司——云裳时装公司的总经理。张幼仪和兄弟们归国之初，由于都需要置办一些衣物，母亲便请来一位手艺非常好的师傅。在张母丧事之际，又是由这位师傅负责为全家赶制了丧服。之后，极具商业头脑的张幼仪开办了这家时装公司，集成衣店和服装定做于一身。店名是张幼仪八弟取的，用的是李白《清平调》"云想衣裳花想容"之意。张幼仪把欧美的新式样引入云裳，裁剪缝制都特别考究，衣服上面缝着别致的珠子、扣子和花结。一时之间，上海的大家闺秀、名媛，在社交场中都以穿云裳的服装为荣，时装公司也因之生意兴隆。

和徐志摩离婚后，张幼仪和他的关系反而得到了改善，因为阿欢和徐家二老，他们经常通信见面，像朋友一样交往。15岁就嫁给他，与他生儿育女，虽然他对她没有爱情，但作为她生命中最重要的一个男人，她对他，总有一份说不清、割不断的情意。他的诗集不断出版，被誉为当时中国最有希望的诗人。报刊上关于他的报道，她看到就会精心地剪裁下来，压到办公桌的玻璃板下。而他和陆小曼在云裳公司中也出了资，他还将自己的朋友，从法国和日本学习美术归来的江小鹣介绍给她，让他担任云裳公司的服装设计。

4.坚韧负责赢来世人尊重

追求自由爱情的理想主义诗人徐志摩，在自由离婚之后，并没能像所想的那样"止绝苦痛，始兆幸福"。结婚后，徐志摩纵容名媛陆小曼的各种喜好，豪华的公寓、漂亮的衣服、精致的菜肴、赶夜场的舞会、听戏、打麻将，甚至鸦片，一样不缺。庞大的开支，让徐志摩不得不四处问朋友借钱，拆了东墙补西墙，颜面扫地，而争吵也时有发生。

1931年11月18日，张幼仪在自己经营的云裳服装店里见到徐志摩。从徐志摩和八弟的闲聊中，张幼仪才知道：因为家里入不敷出，徐志摩定居上海后，不得不出任北京大学英文系教授，并在北平一所女子大学兼课，经常往返于南北之间。听到徐志摩又与陆小曼大吵了一场时，张幼仪很是难受。离开时，徐志摩说有一张中国航空公司的免费机票，他要赶回北平参加林徽因的一场建筑艺术演讲会，而张幼仪听了，在心底无声地说："你看，还是为了她……"自己再怎样独立也换不来他一丝一毫的爱，遇上徐志摩，既不是运气，也不是福气，可她仍是那样执着。

这是两人最后一次见面。19日，张幼仪收到一封电报，内容很简单：徐志摩因为飞机失事，已在山东济南身亡！送报人说他去过陆小曼的家，可是陆小曼不收这份电报，她说徐志摩的死讯不是真的，并拒绝认领他的尸体。最终，张幼仪决定让八弟张禹九带着13岁的阿欢，以徐志摩儿子的身份去认领尸体。

在徐志摩的葬礼上，张幼仪献去一副挽联：万里快鹏飞，独憾翳云遂失路；一朝惊鹤化，我怜弱息去招魂。关于这副挽联，有书这样解释："挽联的开头用了'鹏'，这种鸟是候鸟，传说鹏的背很宽大，每年都要到天池去歇息，将徐志摩比作大鹏比较贴切。但是因为'翳云'而迷失方向，表面上看，是表达飞机遇上了雾而撞山。实质上是暗指徐志摩在爱情路途上，被林徽因和陆小曼的'翳云'所迷惑，以至于'一朝惊鹤化'。最后一句：我'怜'你，为你'招魂'，是为了'怜'我们共同的'弱息'。阿欢没有了父亲，将失去宝贵的父爱，成了不完全的家庭的孩子。'弱息'还指徐志摩。徐志摩和阿欢是徐家的单传独苗。"不善抒情的张幼仪，真情流露，令人动容。

一段千疮百孔的感情终于落下帷幕。

徐志摩遇难后，张幼仪把他未尽的责任全部承担起来。服侍他的双亲、抚养年幼的阿欢、管理徐家的产业，甚至，寄钱接济陆小曼。与此同时，张幼仪在事业上也再创高峰。1934年，二哥张君劢主持成立了国家社会党，她应邀管理该党的财务，一时威风八面。抗战爆发后，她通过囤积军用染料，大发了一笔横财，非凡的经营能力令人刮目相看。

无疑，在事业上，张幼仪堪称现代新女性先驱，但她骨子里是再传统不过的。出嫁之前，母亲给她两点忠告：第一，凡事绝对只有一个"是"的答案；第二，无论夫妻关系如何，她都得持续以同样尊敬的方式对待公婆。张幼仪也真的做到了，即使徐志摩提出离婚，她的答案也是"是"；对徐志摩的父母，始终无微不至，当徐家二老与陆小曼不合前来求助时，她便留他们同住，甚至身后事，也由她一手操办。

对于张幼仪来说，"三从四德"根植于心，也因此背负了一个沉重的包袱。"四哥写信告诉我，为了留住张家的颜面，我在未来五年里，都不能教别人看见我和某个男人同进同出，要不别人会以为徐志摩和我离婚是因为我不守妇道。"张幼仪一直遵从这个告诫，在德期间，面对男子的追求，她都回答："我还不想结婚。"

对徐志摩，张幼仪仁至义尽。

1949年，张幼仪移民香港。1954年，在征得儿子同意后，与邻居中医苏纪之结婚。婚前，她寄信到美国征求儿子的意见："因为我是个寡妇，理应听我儿子的话。"儿子的回信情真意切："母孀居守节，逾三十年，生我抚我，鞠我育我……综母生平，殊少欢愉，母职已尽，母心宜慰，谁慰母氏？谁伴母氏？母如得人，儿请父事。"言辞之间，颇得其父风韵。

结果是值得庆幸的，晚年的张幼仪终于找到爱情的栖息地，在徐志摩遇难23年后，她才真正拥有了属于自己的感情生活。她因为曾不被人所爱，所以更加珍惜这个爱自己的人。这时，距她与志摩离婚已整整32年。

1967年，67岁的张幼仪和苏医生一起到英国康桥、德国柏林故地重游。站在和徐志摩居住过的小屋外，她没办法相信自己曾那么年轻过，那些逝去的岁月已将燃烧的青春重重湮没。

为了让后人记住徐志摩，1969年，张幼仪亲赴台湾，找到梁实秋、蒋复璁——梁实秋是赏识徐志摩的文友，蒋复璁是徐志摩的表弟。她说："希望你们两个出面，给徐志摩编一套全集，资金由我来出……"在她的出资策划下，《徐志摩全集》得以问世。一个曾经无比柔弱的女子，用她的坚韧，把爱一个人当作自己一辈子的事。徐志摩泉下有知，是欣慰还是愧疚？已无人知晓了。

1972年，共同生活了28年的丈夫病故后，张幼仪赴美与家人团聚。1988年，她逝世于纽约，被安葬在市郊墓园，墓碑上刻着"苏张幼仪"4个字。

关于张幼仪奋发图强的人生经历，她自己说过，"我一直把我这一生看成两个阶段：'德国前'和'德国后'。去德国以前，我凡事都怕；去德国以后，我一无所惧。"梁实秋在《谈徐志摩》一文中，对张幼仪评价得最为中肯："她沉默地、坚强地过她的岁月，她尽了她的责任，对丈夫的责任，对夫家的责任，对儿子的责任——凡是尽了责任的人，都值得尊重。"

1996年，即88岁高龄的张幼仪在纽约去世8年后，她的侄孙女张邦梅所著英文版《小脚与西服：张幼仪与徐志摩的家变》出版。书中，这个从婚姻中涅槃的女子坦陈："我要为离婚感谢徐志摩，若不是离婚，我可能永远都没有办法找到我自己，也没有办法成长。他使我得到解脱，变成另外一个人。"

嫁给一个满身恶习拳脚相加的无赖算不算坏婚姻？充其量是遇人不淑。但徐志摩不同，对别人是谦谦君子，唯独对张幼仪，那种冷酷到骨子里的残忍不仅让张幼仪心碎，更让她对自身价值极度怀疑与全盘否定。同时代的女子，朱安一生坚守，把自己放低到"大先生"鲁迅的尘埃里，却始终没有开出花；蒋碧薇一再重选，在不同的男人身边重复同样的痛苦，晚景凄清；陆小曼不断放纵，沉湎于鸦片与感情的迷幻，完全丧失独立生存能力。唯独张幼仪，这个被徐志摩讥讽"小脚与西服"的女子破茧成蝶，最终迎来了世人的赞赏与尊重，找到了属于自己的幸福婚姻。

坏婚姻是所好学校，婚姻的神奇之处在于点金成石。在经年的婚姻中，温柔成了琐碎，美丽成了肤浅，才华成了卖弄，浪漫成了浮华，情调成了浪费。所以，很难见到夫妻多年后还能够彼此欣赏、相互爱慕。即使恋爱炙热如徐志摩陆小曼，婚后一语不合也烟枪砸脸。糟糕的婚姻可怕吗？它不过像一所学校，女人在其中经历了最钻心的疼痛、最委屈的磨炼、最坚韧的忍耐、最蚀骨的寂寞和最无望的等待。以这样饱经考验的心去面对未来，还有过不去的坎吗？最怕永远面对的是过去，背朝的是未来。

张爱玲：
尘埃里开不出爱情的花

　　也许每一个男子全都有过这样的两个女人，至少两个。娶了红玫瑰，久而久之，红的变了墙上的一抹蚊子血，白的还是"床前明月光"；娶了白玫瑰，白的便是衣服上沾的一粒饭粘子，红的却是心口上一颗朱砂痣。

——张爱玲《红玫瑰与白玫瑰》

1.显赫的身世VS不幸的童年

　　1920年，一个动荡的年代。那年的金秋九月，似乎异常的漫长。随着大清帝国的穷途末路，官盖如云的晚清贵族失去了炫耀的资本，更多的是背负着一种无所适从的颓败与没落生存于民国。在这样的背景里，张爱玲出生在上海公共租界的张家公馆。这座清末民初的老洋房，是晚清名人李鸿章留给后代的唯一礼物。

气派、高雅的园林逸趣横生。阳光透过园林，尽是草木葱茏。历史更迭，几十载的光阴，已将诸多这样的豪门大族化作灰尘。从此，历史上多了一个触摸不到的伤痛。张爱玲在这座老宅里，迎来了人生第一声啼哭，也在这里感受到了先人的余温。只是一切皆成过往，曾经沧海已不复存在。

张爱玲算得上是贵族之家的小姐，她的祖母李菊耦是慈禧心腹中堂李鸿章之女。但是，她的童年黯淡无光。她的父亲抽鸦片、娶姨太太且性格乖戾暴虐，导致夫妻长期不和，最终分道扬镳。随后她的生母流浪欧洲，留下她和弟弟在父亲与后娘的监管中成长。她与父亲和继母关系一直不好。有一次，张爱玲擅自到生母家住了几天，回来遭到继母责打后，反被继母诬陷，说张爱玲打了她。于是，张爱玲惨遭父亲的一顿毒打后，被关在一间空屋里，失去自由几个月，差点病死了。无论她怎样叫唤，怎样发脾气，都没有人敢放她出来。这样的日子持续了整整一个秋天和一个冬天，最后她生病到快要死的地步，她的姑姑张茂渊女士前来说情，才使其得以治疗。

张爱玲后来在回忆中透出极度的失望："我觉得我的头偏到这一边，又偏到那一边，无数次，耳朵也震聋了。我坐在地下，躺在地下了，他还揪住我的头发一阵踢。"当时"死了就在园子里埋了"，也不会有人知道。在被关的日子里，每天听着嗡嗡的日军飞机，"希望有个炸弹掉在我们家，就同他们死在一起我也愿意"。

天才般的张爱玲在那个小房间里，逐渐养成一种自闭的性格，她变得没有安全感，变得脆弱，但同时也变得更加倔强。自此，她对父亲产生了一种奇妙的恨意，但是她自己知道，内心里依然是爱着他的。

有过这样的童年经历，张爱玲显然是极为特别的，所以她最终选择勇敢地逃离父亲，没有与他作任何告别。

对张爱玲来说，受到西方教育的母亲和充满封建遗少积习的父亲，对她的影响是双重的。尤其在那种阴森冷酷的环境里长大，在青春期又遭受到了残酷的折磨，她的心理难免发生一些畸变。她对世界充满了恐惧和怀疑，在心里筑起一道坚硬的屏障，将自己与这个罪恶的世界隔开。在她看来，"人是最靠不住的"。冷酷无情、杀机四伏的家庭，在张爱玲的心灵里种下了一只阴郁的"虱子"，成了她一生不能克服的"咬啮性的小烦恼"。张爱玲一直活在"惘惘的威胁"之中，这个"除了天才的梦之外一无所有"的人，注定要像她母亲说的"活着使你自己处处受痛苦"。

不幸的童年造成了张爱玲的人格缺陷，而她一生也未能克服和超越。她的人格中聚集了许多矛盾：她奉行享乐主义，却又对生活充满悲剧感；她虽为名门之后，却宣称自己是一个自食其力的小市民；她悲天怜人，时时洞见芸芸众生"可笑"背后的"可怜"，却在实际生活中显得冷漠寡情；她通达人情世故，但无论是待人还是穿衣，均我行我素，独标孤高；她在文章里同读者娓娓道来，却在生活中始终与人保持着一定的距离，不让外人窥测她的内心……这一切，似乎都在预示着她后半生的凄凉——这个曾经在20世纪40年代的上海大红大紫、风光无限的女子，如同她笔下众多如花的女子，一步一步走向衰落，走向凋零。

2.命中注定爱上"老男人"

"我要你知道，在这个世界上总有一个人是等着你的，不管在什么时候，不管在什么地方，反正你知道，总有这么个人。"张爱玲苦苦等待，却等来了大汉奸胡兰成。在大多数女人的眼中，爱情都高于政治。所以，尽管胡兰成供职于汪伪政府且已有两任妻子，社会对其评价颇有微词，但张爱玲还是义无反顾地和他相恋了。她说：喜欢一个人，可以卑微到尘埃里，然后开出花来。

那年，张爱玲23岁，没有谈过爱情，所有的风花雪月都是凭感觉想象而来的，她没有亲历。在认识胡兰成前，她生活在想象里。

1943年10月，在南京办公的胡兰成闲暇之中，在由苏青主编的月刊《天地》创刊号杂志上，偶然看到一篇十分精彩的短篇小说。小说名为《封锁》，讲述的是战乱时期，男、女主人公在公车封锁的情况下与平时的常态有所不同的行为，仅那一瞬间，在公车上的他们就恋爱了，可是却在下车之后便自然而然地分手了。文章那种老练的描述手法、动人的抒情，都让胡兰成惊喜。还没有看完整篇文章，他便非常想认识能够写下这样文章的人。他看到文章上的作者署名——张爱玲，便专门写信给苏青，问这个张爱玲是何许人也。苏青告诉他是一个颇具写作天分的才女，她的文章十分独特，很有味道。于是，从那个时候起，胡兰成便记住了这个名字，并且念念不忘。

　　不久之后，胡兰成意外地收到苏青寄来的后面一期《天地》杂志，他发现杂志上又刊登了张爱玲的另外一篇文章，同时还附带了她的一张照片。看了张爱玲的照片后，胡兰成对她越发好奇，甚至还萌发了一种莫名其妙的想念。他恨不得马上见到她，或许是因为她的文章让他找到一种相知的感觉，又或许是她优雅富态的照片吸引了他的目光，让他的心停留在那里。

　　胡兰成回到上海后的第一件事就是拜访苏青，他直言说想要认识一下张爱玲，但是苏青毫不犹豫地拒绝了。因为作为张爱玲的好朋友，苏青知道她的脾性，她从来不接待生人和访客。可是胡兰成一直坚持，他认为张爱玲见不见他，去试过了才知道。苏青没有办法，便把张爱玲的地址抄下来给了胡兰成，并祝他好运。

　　拿到张爱玲地址的第二天，胡兰成便按照地址去拜访她，可他并没有见到她。果然像苏青说的那样，张爱玲并不见来客。然而，胡兰成并不甘心就这样离开，于是他从门缝里递进去一张纸条，留下自己拜访的原因、联系方式，并表明殷切期盼张爱玲的接见。

　　回到家之后，胡兰成一直在想：这个女人真的很神奇，具有如此高的写作天分和才情，却拒人于千里之外。但他没想到，第二天，他就接到了张爱玲打来的电话，她说要过来拜访他。那个时候他震惊了，去拜访她的时候，她冷漠地拒人于门外，而今却要亲自上门拜访。胡兰成搞不明白了，但是这样的张爱玲却更加吸引他，或许她是一个矜持的大家闺秀，却又是一个渴望突破束缚的新女性，所以她总是要在行动之前考虑前后事宜。

　　就这样，他们在胡兰成的寓所里见面了。胡兰成第一眼看见张爱玲的时候，觉得来人一点都不像她，虽然之前他并没有看见过她本人。胡兰成觉得眼前这个女人一点儿都不像一位著名的作家，因为她真的很稚嫩，看上去还是一个学生。然而，她又散发出一种骄傲的气场，有点冷艳。其实，张爱玲算不上是一个外表张扬并且美丽的女人，她的长相在普通女子之中只能算稍微好看而已。可是，她自然而然地流露出一种高雅端庄的气质。正是这种气质吸引了胡兰成。

这是他们之间的第一次见面，却又仿佛不是第一次。他们聊了将近5个小时，说了很多话，什么都聊，有关于作品的、关于评论的，甚至关于生平的。两人都感觉聊天像是在照镜子，对面的那个人就像自己。知音难觅，却让他们于千万人之中遇见了。

张爱玲在胡兰成对面坐着，她说得并不多，只是专心地听着胡兰成滔滔不绝。无论胡兰成问什么，她都如实回答，哪怕是稿费的收入情况。他们之间没有间隙，没有防备，就这样完全打开自己的世界，让对方走进来。她坐在他对面，看着他，觉得自己仿佛是在照镜子。他那么懂她，读懂了她的一切，又对她充满赞赏与怜惜。

最后张爱玲要回家了，胡兰成送她出门，两个人并排走在路上，那个时候，胡兰成才意识到，原来张爱玲是那么高，而且是太高了。所以，他忍不住说了一句："你这么高，这怎么可以？"

张爱玲觉得惊愕，因为这个男人如此直白和坦诚。但是，她喜欢这样的相处，她觉得这样拉近他们之间的距离，他们好像从来就不曾远过。

童年的那些经历，让张爱玲成为一个极度缺乏安全感的人，她的乖张、犀利都是对人的一种防备，然而，面对胡兰成，这个政治背景极其复杂的男人，她第一次如此简单明了地展现出真正的自己。

胡兰成也许是早在第一眼就看穿了张爱玲的一切，知道她骄傲的背后有一个显赫的家世，知道她冷傲的原因是对人的不信任。但是，他也知道她是充满期待的，她一边拒绝别人，一边又期待别人走近她。他在努力地走向她，越来越靠近。这是相知，又是相吸。两个人，就这样结合为一个交集点。

胡兰成与张爱玲聊文学，处处能说到她心里去。所以，她对他说出："因为懂得，所以慈悲"，以为他是把她捧在掌心里的。

这样被爱的感觉，张爱玲几乎不曾有过。

3.临花照水挽不住风流滥情

胡兰成知道张爱玲需要什么。所以，在初识的岁月里，他尽可能地宠爱着她。张爱玲出身贵族，是当红的作家。这些，他很在意，却并不胆怯。他阅历丰富，凭此去哄她，让她在他面前甘愿"低到尘埃里去"。

事实上，张爱玲不是在见了胡兰成几面后，便如胡兰成说的那样，凄楚烦恼地爱上他。而是，她以为找到了一个对她好、可以让她索取爱的对象。

"胡兰成张爱玲签订终身，结为夫妇，愿使岁月静好，现世安稳。"前面两句是张爱玲写的，后面两句是胡兰成写的，旁边还写了"炎樱为媒证"。

就这样，一纸简单的婚书，把两个根本不是同一个世界的人牵到了一起。无论是从学问还是为人处世上来看，他们都不是能够说到一块儿的人。但是，两个不同世界的不一样的人，也会产生爱情，并且因为爱情而相聚相守。

那年胡兰成38岁，而张爱玲只有24岁，他比她大很多，但她没有任何怨言，甚至还享受着这种独特的结婚方式。就这样，她把自己美好的青春年华完整地献给了他。当时，她甚至坚信这一纸承诺重于一切。

你若不离不弃，我便生死相依。也许张爱玲当时真的是那么想的，因为她爱胡兰成，爱到无法再低落的程度了。所以，她宁愿相信"愿使岁月静好，现世安稳"的承诺。其实，张爱玲在爱情面前仍然是一张羞怯的白纸——她不懂得女人如果不掌握爱情的主动权，就注定会成为爱的华丽悲剧里的主角。

胡兰成在认识张爱玲之前已经结过三次婚，一个是最初与之订婚的唐玉凤，一个是女教师全慧文，还有一个是舞女应英娣。而且，他当时虽然已经辞去《中华日报》总主笔的职务，但是依然在为汪伪政府工作，是人人攻击的汉奸。但是，张爱玲根本不介意这些外在的言论与抨击，她是一个极度想要自由的人。从小的时候起，她就开始向往自由——真正的从内而外的自由。即使被父亲锁在房间里，她也会撕心裂肺地叫喊，表达自己的内心想法，努力抗争。

张爱玲一直都是一个极为叛逆又倔强固执的人。但是遇到胡兰成后，她的锐气慢慢消减，几尽不剩。1944年8月期间，应英娣在各方力量的煽动之下又哭又闹，把胡兰成与张爱玲搞婚外情一事弄得满城风雨后，便提出与他离婚。这次离婚倒给胡兰成行了方便，他再也不用辗转于两地之间，纠缠于两个女人之间了。胡兰成在与妻子离婚之后，便毅然与张爱玲结婚了。但是由于战乱等各种原因，胡兰成知道自己的身份背景日后可能会给张爱玲带来不安全的隐患，所以两个人并没有举行正式的结婚仪式，只是举行了一个简单的证婚仪式。胡兰成亲自写了一纸婚书，作为定证。

可胡兰成毕竟不是一个用情专一的男人，和张爱玲结婚之后，他依然风流成性，四处拈花惹草。1944年11月，他离开上海去了武汉，之后便迷恋上了医院里的一个年轻漂亮的女护士小周。某一瞬间，他曾经想过这样做可能会对不起张爱玲，毕竟张爱玲不同于他之前所交往的一般女子。但是，他很快便说服自己了，他觉得世间的情是自然而然的。有时候，他甚至不认为那是情爱，只觉得是某一种感情上的需要。他曾经在《今生今世》里说："我与女人，与其说是爱，毋宁说是相知。"

1945年3月，胡兰成回到上海之后，便把他与护士相恋的事告诉了张爱玲，张爱玲的内心伤感痛苦，充满嫉妒与恨意，但是表面依然平静如常，没有任何反常。

每个女人都会这样，总是留一个看得见的伤口，一直等一个看不见的人，即使他一直不出现。毕竟这是她用全部的真心深爱着的一个男人。

"生死契阔，与子成说；执子之手，与子偕老。"这终究不能实现，他们之间的惊世之恋，或许只是传说，因为胡兰成这般精明的男人，他知道怎么获取女人的心，什么时候怎样去哄一个生气的女人。为何胡兰成如此了解女人呢？这得益于他之前的几段婚姻以及与其他女性之间的暧昧关系。纵观胡兰成的其他妻子或者与之暧昧的女友、情人，张爱玲也许算是最独特的，不仅是因为她显赫的家世、富足的生活，还因为她绝世的才华和造诣。这样一个女人，即使她并不美貌，胡兰成也依然需要她，并且想要留在她身边与她结合在一起。暂且不说男人的虚荣心作怪，仅仅只是那种自然舒畅的精神交流的快感，都会让他觉得心满意足。娶一个贵族名门之后的大家闺秀，对于来自穷困而苦难的乡下、出身寒微、经历坎坷的胡兰成来说，无疑是一件十分值得炫耀的事情。那段时间，通过跟张爱玲朝夕相处，胡兰成发现她身上残留着某些贵族恶习，却依然能够理解并且宽容忍让。

男人和女人之间，有时候可以是爱情，有时候也可以是友情。相知，让他寻到了张爱玲，但也是相知，让他彻底读懂了张爱玲，甚至从心底里不再迎合迷恋这个骄傲的女人。反正他一直都是一个我行我素、任性自由的男人，他的爱情也许就像烟花，只让人记得绚丽的瞬间，然后便忘却了。

4.传奇之恋心酸谢幕

1945年8月15日，日本宣布投降，对作为大汉奸的胡兰成来说，这无疑是他的世界末日，他要开始逃亡的生涯了。而对张爱玲来说，这也是她爱情末日的开始。

胡兰成一路逃到浙江诸暨，不久便住进了斯家。早在1929

年，他便与斯家女儿雅珊有了暧昧不清的关系，如今因为逃亡躲到这里，胡兰成自然有一种熟悉的亲切感。当时，斯家的人安排斯家的庶母范秀美，亲自送胡兰成到她的娘家温州暂时避一避。可是多情的胡兰成，即使是在乱世混战之中，依然没有改掉浪荡的根性。他一路上与范秀美勾勾搭搭，还没有到温州，他们便已经如胶似漆了。到了温州之后，他的行为更加恶劣，直接公然地与范秀美夫妻相称，光明正大地同居了。

那个时候的胡兰成，无论如何，是一点不爱张爱玲的了。因为，他心里连她的一点影子都没有了，甚至不再像之前因和护士小周在一起而感到愧疚了。

可怜张爱玲竟然还为他的安危担忧着急，并苦苦思念他。最后，已有半年未见胡兰成的张爱玲，竟一路寻到了温州。这两个女人与一个男人的三角关系，无论如何都只能是尴尬。

因为怕范秀美的邻居对三人的关系有所猜忌，他们三人都是在旅馆见面的。一个清晨，胡兰成与张爱玲在旅馆说着话，他隐隐腹痛，却忍着。等范秀美来了，他一见她就说不舒服。范秀美坐在房门边一把椅子上，问痛得如何，说等一会儿喝杯午时茶就会好的。张爱玲很惆怅，因为她分明觉得范秀美是胡兰成的亲人，而自己，倒像"第三者"或是客人了。还有一次，张爱玲夸范秀美长得漂亮，要给她作画像。这本是张爱玲的拿手戏，范秀美也端坐着让她画，胡兰成在一边看。可刚勾出脸庞，画出眉眼鼻子，张爱玲忽然就停笔不画了，说什么也不画了，只是一脸凄然。范秀美走后，胡兰成一再追问，张爱玲才说："我画着画着，只觉得她的眉神情，她的嘴，越来越像你，心里好不震动，一阵难受就再也画不下去了。"这就是世人所说的"夫妻像"吧。

张爱玲真的委屈，她的心里只有这一个男人，而这个男人的心里却装着几个女人，叫她怎么能不感伤呢？

离开温州的时候，胡兰成送她，天下着雨，真是天公应离情。她叹口气道："你到底是不肯。我想过，我倘使不得不离开你，亦不致寻短见，亦不能够再爱别人，我将只是萎谢了。"这场雨，冲刷了他们曾经的"倾城之恋"。张爱玲知道，她这一生最美的爱情，已经走到了辛酸的尽头，再也没有挽回的余地了。

此后的八九个月时间，两人偶有通信。张爱玲会用自己的稿费接济胡兰成，只因怕他在流亡中受苦。

有一次，胡兰成有机会途经上海，在危险之中，他在张爱玲处住了一夜。他不但不忏悔自己的滥情，反倒指责张爱玲对一些生活细节处理不当。还问她对自己写护士小周的那篇《武汉记》印象如何，又提起自己与范秀美的事，张爱玲十分冷淡。当夜，两人分室而居。第二天清晨，胡兰成去张爱玲的床前道别，俯身吻她时，她伸出双手紧抱着他，泪水涟涟，哽咽中只叫了一句"兰成"，就再也说不出话来。

这是两人最后一次见面。

1947年6月，胡兰成收到了张爱玲的诀别信：

> 我已经不喜欢你了，你是早已经不喜欢我的了。这次的决心，是我经过一年半长时间考虑的。彼惟时以小吉故，不欲增加你的困难。你不要来寻我，即或写信来，我亦是不看的了。

小吉是小劫的意思。此时，胡兰成已经脱离了险境，在一所中学教书，有了较安稳的工作。张爱玲选择他一切都安定的时候，写来了诀别信，随信还附上了自己的30万元稿费。

自此，这二人的一场传奇之恋，就这样辛酸地谢幕了。

张爱玲曾对胡兰成说："我将只是萎谢了。"

她说她已经不喜欢他了，更别谈爱。可是胡兰成知道她依然爱着他，张爱玲也清楚，这辈子或许终究无法摆脱那个男人的阴影了。她在她最美好的年华遇见他，两个人相知相惜，相爱相敬，却终究敌不过时间的摧残。只是不知道摧残他们之间海誓山盟的是时间还是战争，又或者仅仅只是人的贪欲与念想。

她依然爱着他，爱他也是她余生的信仰。自从分开之后，她就萎谢了。像一朵因阳光的毒晒而萎蔫的花无精打采，又像一只放空了气的气球一样干瘪无形。

1981年7月25日，胡兰成这个被人议论一世、痛骂至今的大才子、大汉奸于日本福生市去世，享年76岁。他走的时候应该是很安详的，因为他的这一生，真的是异常精彩。

1995年9月8日，张爱玲谢世于美国洛杉矶寓所，7天后才被人发现。在她的卧室里，既没有家具，也没有床，她静静地躺在地板上，身上盖着一条薄薄的毯子——一个曾经无限风光的文坛之花，最终却以凄楚的方式凋零。如此的悲凉凄惨，竟然还赶巧遇上了中国的团圆佳节——中秋节。那时，几乎家家户户都团团圆圆地聚在一起赏月、吃月饼，只有她，孤零零地离开，独自一人到另外一个世界去，继续冷眼看人间。

张爱玲曾说，我们这一代人，是看多了爱情小说才懂得爱情。以她有限的经验，写出那么精彩的爱情小说，目挑神迷，情话依依，乃至且斗且舞步步设局，很大程度上来自间接的经验。她本人也许曾经暗恋过，但未曾真枪真刀地演练过。认识胡兰成这年，她已23岁，知道爱情的美，却没有可以爱的人，积攒下那么多经验得不到实践，她作为女人的千娇百媚亦找不到一个观众——或许是生活圈子太小，或许是她小女孩式的生涩看上去很像一种傲慢，而有自尊的普通男人不敢亦不肯靠近，毕竟这高处不胜寒的落寞，是让人难耐的。

张爱玲是个天才少女，出名趁了早。但，她也是个问题少女，一生没走出童年阴影。脆弱的内心总是极度想要依恋某一个成熟稳重的大龄男人，那是从心理上折射出来的一种情感依赖。这样一个女子，纵使有着绝世的才华，纵使情思颇高，也依然无法抗拒命运的安排。

她有一颗洞悉人情的玲珑剔透心，但在大是大非面前始终懵懂。

林桂生：
叱咤上海滩的强悍和哀愁

　　她是旧时上海滩上的女枭雄，她的背后深藏着一个让人闻风丧胆的"流氓大亨"——黄金荣。在旧日上海滩上，她和她的"大亨"呼风唤雨，叱咤江湖，把那段历史搅得腥风血雨，因而她也被那段历史记上了浓重黑色阴郁的一笔。

1.一代"女枭雄"

　　20世纪初，在鱼龙混杂的上海滩，有一位出自花街柳巷的奇女子，她生得虽谈不上花容月貌，但体态丰腴、风骚媚人，自有一番风流姿态。更难得的是，这女人头脑精明、神机妙算、足智多谋，是位让混迹江湖多年的大男人也服气的"女枭雄"。她就是黄金荣的夫人，上海最大帮会青帮的开山鼻祖之一，人称"阿桂姐"的林桂生。

黄金荣曾不无得意地宣称，他的人生嗜好是"赚银子睡女人"。为了能赚钱，他大发不义横财，从来不问行当，也不计手段。凭借势力声威，他广收门徒、贩烟土、设赌场和开戏院，甚至走私鸦片、买卖军火。在势力更为强大之后，目空一切的他开始自称为"天"字辈青帮老大，意思是比当时上海滩青帮最高辈分"大"字辈更高一辈，并建立忠信社、荣社等帮派组织，收徒上万人。

在黄金荣还只是"包打听"而不是督察长的时候，他虽然能折腾，也不过是个翻不了大筋斗的角色，并不如后来那般呼风唤雨、八面威风。成就黄金荣的，除了他自己的聪明灵活，还离不开林桂生的出谋划策。

林桂生躲在幕后，暗自运筹帷幄，有时只须上下拨弄一番，纸醉金迷的上海滩顿时就掀起一阵血雨腥风。她极善交际，无论达官贵人还是三教九流都搭得上话，朋友几乎遍布上海滩各个阶层。可以说，黄金荣之所以能称雄上海滩，全赖有这样一位能干的老婆为他出谋划策，是林桂生一手打造了这个令人闻之色变的"上海教父"。此外，曾经默默无闻的"小瘪三"杜月笙，也是最先获林桂生青睐而特意加以栽培，日后才得以飞黄腾达，成为与黄金荣平起平坐的黑道大佬。

然而，她的人生并没因此而幸福美满，她的感情世界亦沧海桑田，伤痕累累。

2.夫妻同心，所向披靡

19世纪初的上海滩可谓鱼龙混杂，纸醉金迷。这里既有像魔鬼般出没的青帮，又有像天仙般游荡的歌伎。灯红酒绿之中，酝酿柔情也暗藏杀机，正像张爱玲所说的那样，这是个乱世。

那一年，她刚满20岁，神态做事却老道得让人不敢直视，一身的娇媚傲骨任谁也夺不去的样子。

那一年，"混世魔王"黄金荣凭借出色的"包打听"本领，受到了法租界警务界高层的重视，被快速地提升为便衣探目。

被提拔后的他，工作更为轻松，成天就混迹在茶馆、妓院之中，喝喝茶、泡泡妞，从中收集一些情报，联络一下眼线。

那一天，黄金荣破获了一起关系法租界利益的案子，所以，心情大好，来到了一枝春街的妓院。正寻思着该进哪间妓院时，他突然就和迈着袅娜碎步的林桂生撞了个满怀。定睛看时，他突然觉得心跳加速，仿若有前世今世的牵系在心头一样。于是，在林桂生妩媚一笑下，他便不由自主地跟着她，来到她的"烟花间"。

就这样，情色场上的林桂生，和黑道帮派上的黄金荣相遇了。

林桂生身在烟花之地，必是阅男无数。她那一身透进骨子里的凌厉和精明，在看黄金荣第一眼时，便知他"后生可畏"，必可成就一番大事业。

于是，两个各怀心思的人，在彼此的眉来眼去中厮混缠绵在了一起。

两个人在爱到深浓时，便决定结婚。林桂生卖掉了"烟花间"，和30多岁的黄金荣结婚了。同时，她也开始了自己叱咤风云的岁月。

婚后，他们一起搬到有名的十六铺。

十六铺，东临黄浦江，西濒丹凤路，南达太平弄，北至龙潭路，它依水傍城，是缔造了无数故事和传说的繁华之地。这里不仅商铺鳞次栉比，还是沪上水陆交通的枢纽。

十六铺的街道，是盛产无数传奇故事的由头。

繁华喧嚣的十六铺，亦成为她和她的良人黄金荣的风水宝地。

当时，十六铺已是华洋杂处的租界地，是"三不管地带"。于是，大小的赌场、烟馆、妓院，像苍蝇、老鼠一样，在这里滋生蔓延。可以说，这里成了官、商、地痞、流氓和一切社会渣滓聚集的地方。

林桂生经过长久的深思熟虑后，把自己筹划好的未来蓝图给黄金荣描绘了一番。雄心勃勃的黄金荣，自然笑开了花，一个劲儿地附和着。

就这样，在精明能干、敢作敢为的林桂生的策划下，一个黑社会的雏形便在十六铺显现，并以凶猛之势迅速蔓延开来。

他们以十六铺为培训基地，开始公开向全上海网罗门徒。不用说，其门徒全都是些出身贫寒，但又不学无术的流氓。他们的门徒很快就达到了上千人，他们也一跃成为当时上海滩上最大的黑社会帮派。这帮派，就是后来令全上海滩闻之丧胆的青帮。

这所谓的"拳头上立得起人，胳臂上跑得起马"的人物，如同"垂帘听政"的老佛爷，率领着她的徒儿们，左右逢源于官僚政客、帝国首脑之中。在上海滩，林桂生成了传奇艳艳、叱咤风云的"白相人嫂嫂"（旧时的白相人是指那些没有什么正当职业和专长，却精通吃、喝、嫖、赌的人）。

他们一路，贩毒聚赌，走私军火，行劫窝赃，贩卖人口，绑票勒索，可谓无孔不入，穿梭于上海滩的三百六十行里。瞬间，十里洋场内外便被他们搅得腥风血雨，得不到一丝安宁。

发迹后，他们便在上海麦高包禄路钧培里（今龙门路），建造了森严冰冷的黄公馆，并在这里延续着他们黑帮的传奇。

3.世事无情，真心人易受伤

黄金荣能发迹，林桂生立下汗马功劳。在上海滩，他们要风得风要雨得雨，但美中不足的是，林桂生未能为黄金荣生儿育女。于是，他们领养了一个儿子和一个女儿。

却说那年，还在经营"烟花间"的林桂生，从苏州选了一个小侍女叫李志清。

由于李志清长相秀丽乖巧，为人又机警聪敏，所以，林桂生不忍让她当妓女，就把她留在自己身边当了贴身女儿。在嫁给黄金荣时，林桂生也是义无反顾地把她留在了身边，并带到黄家和她一起生活。

由此可见李志清在她心目中的位置。可是，林桂生万万没想到带给自己最大伤害的人，会是她。

整个上海滩的人都知道，作为上海滩黑社会老大的黄金荣一辈子就只爱女人和金钱。当金钱积累成山时，他便整日琢磨着如何和女人作乐消遣。这种用钱喝花酒的行为于他而言，只是出自本能而已。对于这些，日渐容颜不在的林桂生，选择睁一只眼闭一只眼，让它过去。

可是，随着李志清渐渐由小姑娘变成一个清丽妖媚的大姑娘，一切都变得复杂起来。

由于和黄金荣结婚好久都没生养子女，于是，林桂生就领了一个儿子和一个女儿。顺理成章地，她将自己钟爱的李志清许配给儿子做童养媳。可惜，儿子在17岁时不幸去世。这样一来，年纪轻轻的李志清便成了黄家守寡的"大少奶奶"。想那李志清，20岁出头的俏丽少妇，如此年轻便做了那悲情的寡妇，心中自是有几许不甘。所以，她需要一个出口，为自己的后半生做一个计划。

毕竟是混迹风尘中的女子，心底的算盘打得亦精准，她把后半生的宿命都压在了老头子黄金荣的身上。

面对妖媚妖娆至极的李志清的挑逗，本就好色的黄金荣自是把持不住的，男性的本能便在她一来二去的挑逗中爆发。

在一个夜凉如水的深夜，金碧辉煌的黄公馆里上演了一幕公公和儿媳的香艳情色。

之后，所有的事情便都如李志清所料，她得到了黄金荣的特别宠爱。黄金荣亦让她主持着黄家的一切内务，从而渐渐削弱了已是半老徐娘的林桂生在黄家的地位。

当她和黄金荣的肮脏苟合之事，传到林桂生的耳朵里时，这个久经风月场的女子，却什么都没做。

许是，觉得自己作为女人，虽为他打下了半个江山，但未能给他生一儿半女，心自是觉得亏欠得很，所以，她才如此睁一只眼闭一只眼地任由这事情发生吧。

不过，心仍是被伤了。因为，一个是自己为之付出毕生的情和心的男子，一个是自己视若己出溺爱有加的女子，他们是她心底最爱的人，却独独是他们狠狠地背叛了她。想这世间事，便也是无情得很，总无端地作弄着世间微若沙粒的人。

据说，她自此不再过问他们之间的丑事，亦不怎么过问黄金荣事业上的事情，只一个人恢复平静，整日吃斋念佛地空守着偌大的正房，偶尔抽抽鸦片、看看戏。

4.情劫缘断，淡然离去

杜拉斯曾在《情人》中深情地写道："比起你年轻的容颜，我更爱你现在备受摧残的容颜。"可这世间能有几个男子，不爱美色而爱那备受折磨的沧桑面容呢？

林桂生在美好年华时嫁给了黄金荣，虽出自风尘，却是有胆识和气魄的女子，一心一意帮助他打下了整个十里洋场的江山。然而，这样一个貌、才、德处处都不输于黄金荣的女子，最后，却也难逃沦为"弃妇"的宿命。

露兰春的出现，是林桂生的劫数，更是黄金荣的。

再霸气再强势的男人，一辈子总会碰到一个让自己鬼迷心窍、智力下降的女人。若是能料到结局，想必黄金荣情愿苦苦压抑色心，也不会去打露兰春的主意吧。可惜，他太自信了，认为上海滩没有他黄金荣不能得到的，他动动指头，一切就会照着他的意愿走。

那一年，54岁的黄金荣可谓春风得意，名利双收，他当上了法租界巡捕房的督察长。如此，他怎甘心守着容颜已逝又不能生养的林桂生呢？于是，他把目光用在搜寻貌美如花的美人上，并最终把目光锁在年轻逼人、姿色过人，时为上海滩名伶的露兰春身上。

起初，黄金荣还道貌岸然地收小自己30岁的露兰春为养女，并专门建了那恢宏气势的"共舞台"，捧她成为京剧界的名角。后来，他再也抵不过色艺双全的露兰春的美色之诱惑，便决定把她据为己有。

露兰春万万没想到，自己素来尊敬、并且唤为"黄家公公"的黄金荣，竟对她不怀好意。那黄家公公一脸横肉上散布着几颗大麻点，加上粗阔的嘴髭，露出一口黑牙。这么一副丑陋嘴脸，以往将他作为自己的祖辈，那是不以为然的，当要与自己的青春联系在一起时，就使露兰春无比厌恶了。她抵触又能如何呢？伶人在那年月是受欺凌的弱势群体。养父母也慑于黄金荣的淫威，前来劝说她从了嫁了。露兰春知道，这场劫难势必难以逃过。

但是，横竖都是个羊入虎口，不妨拼着力气从虎口里拔几颗牙出来。

结婚可以，但是，露兰春提出条件：第一，要从林桂生手里接掌黄家全部财权；第二，自己是清白女儿身，既要嫁，就要嫁得风光，黄金荣要明媒正娶，要有龙凤花轿前来接迎。

黄金荣一听，为难了。他本就担心林桂生不许他纳妾，现今却要林桂生交出财政大权；更要命的是，当年林桂生嫁给黄金荣，既未坐过花轿也不曾举行婚礼，如今这一切却要在露兰春身上实现了。依着中国传统观念，明媒正娶吹吹打打迎上门来的露兰春就是正房夫人了，如此，辛辛苦苦几十年的林桂生岂不成了偏房？

可是，色令智昏的黄金荣竟然满口应允。

林桂生的愤怒可想而知。黄金荣和李志清不清不白，那是家丑不可外扬，她忍气吞声装没事人，但黄金荣居然又要纳妾！不，这不是纳妾，露兰春的姿态哪是妾室所为？愤怒的林桂生和黄金荣大吵大闹，家无宁日。有一次，在争吵中，黄金荣昏了头脑，劈头盖脸给了林桂生两个耳光。有生以来，林桂生何曾挨过谁的打，而这耳光又是来自黄金荣。她为他付出青春、情意，帮他打天下，成就他，而他却成了一个负心汉。此时，林桂生连死的心都有了。

大多数男人就是这副德性，越不容易得到，越要不顾一切去占取。黄金荣铁了心要娶露兰春，他委托林桂生最看重、最信任的杜月笙去做思想工作，并请转告林桂生，露兰春提出的条件，他全都会答应。

事已至此，林桂生明白一切无可挽回，索性罢了，再纠缠下去也不是自己的做事风格。强扭的瓜不甜，无情人耍绝情事，傻子才死乞白赖地求怜悯，况且，哀求往往换不来怜悯，只会助长无情人无知的骄傲。再退一步来说，即使换得怜悯，于被怜悯中过日子，那种滋味也不是谁都能消受得了的，至少林桂生消受不起。

林桂生也请杜月笙做个传话人，告诉黄金荣：偌大的家业她只要5万元的赡养费，她会离开黄家，此后男婚女嫁，各不相干。

这一决定，让所有人都大感意外，而露兰春更是不敢相信。她提出苛刻条件，原本料定上海滩大名鼎鼎的"白相人嫂嫂"林桂生断不会答应，若不答应，她就有了足够的理由从黄金荣那里安然脱身。现在，林桂生竟然离开黄金荣，为她让路。她万难反悔，无路可退，只得满怀忧愤地在一长串鞭炮声中进了黄公馆。

当时的上海滩，人人都认为，黄金荣抛弃在黑道江湖上同样有地位的结发妻，绝对属于脑子坏掉了。

旁人的感慨，说白了只是茶余饭后的谈资，到底无关痛痒。想她林桂生虽出自风尘，却是个极有胆识和气魄的女子，她在最好的年华嫁给黄金荣，竭尽心力帮助黄金荣打下了整个十里洋场的江山，到头来，却还是成了弃妇。其间辛酸，岂是旁人几句感慨就可道尽的？

5.桂花香里爱恨已成空

据说，离开黄家后，林桂生还是在杜月笙的帮助下，才寻得一处安身之所。想当年，杜月笙尚是默默无闻之辈，因林桂生的举荐，他才逐渐受到黄金荣的赏识，及至后来终成霸业，和黄金荣、张啸林并称"上海三大亨"。所以，林桂生落难，杜月笙不忘旧情，在西摩路为她租了一幢房屋，室内家居摆设尽量保持林桂生在黄公馆的样式。

　　林桂生毕竟不是平凡女子，面对新的生活她并无怨艾，从不念叨自己曾帮了黄金荣多少，也从不以杜月笙的恩人自居，她平静地保持着自己的清冽孤傲。

　　由此，露兰春成了黄公馆内名正言顺的大太太，而曾为了黄金荣付出青春甚至生命的林桂生，却成了可悲的"弃妇"。

　　如此想来，封建古时所提倡的"女子无才便是德"，并非须眉男子们的一味妄言。女子无才自会甘于相夫教子、持家度日，这一生倒也过得乐和安然。女子有才有貌，终是不甘平凡的，自是把自己的生活搞得有声有色、精彩连连的，可是，她们忘记了最终裁判权还牢牢地攥在一家之主男子的手中。

　　如是，倒还真不如无才来得好，只日日守着良人过一世的安稳日子。

　　美色终究是一场阴谋，古往今来深陷其间的人为数不少，却没有几人能将之抵制到底。黄金荣在没了精明的林桂生的出谋划策之后，无论生活还是事业都让他弄得一团糟。他以为在荣华富贵都已齐全之时，便不再需要她出力帮衬了，今后他只需要一个年轻美貌的女人来供自己享乐，再为自己生儿育女就美满了。殊不知，多年来，林桂生默默守在他身边，偶尔的点拨就助他渡过无数劫难。

　　于是，在不久后，这个不可一世的"大亨"便连连"跌霸"于上海的十里洋场之中，而最为致命的打击来自浮光潋滟的美色。

　　露兰春虽然名正言顺嫁给了黄金荣，但她心里还是不情愿的，她不愿年纪轻轻就被这个丑陋的老头给套住了。她手里有一把黄金荣的保险柜钥匙，这保险柜里装着家中所有钱财、他的一切明的暗的账目和他们的结婚证。她从进门第一天起，就故作姿态，喜怒无常，尽情发泄满心的委屈和不乐意。黄金荣却将她捧为至宝，对她百般殷勤，极其所能地想博得她的欢心。

这样的老夫少妻，迟早会红杏出墙，只是所有人包括黄金荣在内都没想到，露兰春的胆子那么大。

结婚没几年，露兰春就爱上了一个叫薛恒的男人。薛恒是上海颜料业富商薛宝润的二公子，风流倜傥，是有名的戏迷，特别嗜好皮黄。与薛恒相识后，露兰春才体会到什么是真正的爱情。经过接触，露兰春发现这位薛公子之所以敢闯龙潭虎穴，是出自对她的一片痴情。于是，她便有了许身之意。同时，她也发觉薛家纵有万贯家财，却没有什么势力，要想与薛恒光明正大地结合，再多的金钱也赎不出她的身来，唯有靠自己去努力争取。爱情的力量给她增添了智慧和勇气，驱使她铤而走险。

露兰春并没有像一般的小女子那样软弱胆怯，她带着保险柜里能影响到黄金荣命脉的账目本和他们的结婚证，从黄府潜逃出去，与恋人薛恒去法租界卢家湾聂公馆，投奔在会审公廨担任华籍推事的聂榕卿。这位会审官刚正不阿，在社会上颇有些声望，因他雅好戏剧，兴起时还粉墨登场，客串一些角色，露兰春曾拜他为义父。

黄金荣对露兰春的私奔勃然大怒，但考虑到自己的全部秘密文件都在她手里，便投鼠忌器，不敢贸然采取行动，只是托人带话给聂榕卿，露兰春是席卷黄老板保险柜中所有财物逃出去的。同时，黄金荣也找来露兰春的养父母，请他们一起来解决这个事情。尽管黄公馆上下和巡捕房为顾全黄金荣的体面，将这桩公案对外瞒得严严实实，但这则消息还是不胫而走，在社会上传扬开了。黄金荣被弄得十分被动，因为在这种情形下，他已经无法对露兰春使流氓招数了。

最后，双方在律师的陪同下办理了离婚手续。露兰春除将公文皮包原样归还黄金荣外，还接受了黄金荣提出的今后不准再登台演唱的条件。

露兰春最终获得了自由，而黄金荣不仅被戴了绿帽子，还被迫离婚，他彻底输给了这个小女子。

此时，心如死灰的黄金荣突然想起了林桂生的好，他曾不无感慨地对杜月笙说："我这一生，就走错了这步棋。我黄金荣起家在女人身上，没想到败家也在女人身上。"

于是，他在孤寂的没有女主人的黄家大院的花园里，种下了600棵桂花树，以此来倾诉对林桂生的难言衷情。只是，这600棵桂花树对林桂生而言，是600朵带刺的玫瑰，一挨近便被刺得伤痕累累。

于是，一切只好作罢，他与她都作罢，让各自的生活从此孤立，彼此互不相欠，互不纠缠。

那年，当露兰春席卷黄金荣的金银珠宝，走出了森严冰冷的黄公馆时，林桂生已练就了"百年身"，她在西摩路的老房子里，对着镜子，细看稀松的白发和渐生的皱纹，一副波澜不惊的样子，任窗外风生水起，波涛汹涌。而黄金荣这曾凶猛如虎的"大亨"，枯坐于冰冷的石头堆砌的老房子里，独守着那满室的寂寞和冷清。虽然，种于院里的桂花树会年年开，年年香，但无奈红颜已走。他知，他深知，她再不会回来，她的傲、她的骨气，亦使她永不会回来。

点评

　　她一再忍受着他带给她的情伤。先是他和儿媳李志清剪不断、理还乱的不伦情事；后是为了年轻的京剧名伶露兰春抛弃她。不过，后一次对她的伤害更深，他不仅为了露兰春忘却她曾立下的汗马功劳，更甚的是还把她逐出家门。这情伤，让她没了喘息，孤绝离开了"深似海"的白相人的府第。

　　任她再怎样桀骜不驯，终还是没能逃过那"弃妇"的宿命。爱情的公交路线，第一站是心跳，第二站是吸引，第三站是热恋，第四站是满足，第五站是习惯，然后是平淡、冷漠、失望到绝望。这个世界上没有什么是一成不变的，爱情不是一个戒指就能套住一生的情感，而海誓山盟也无法确保执子之手与子偕老。

　　面对情变，她平静地保持着自己的清冽孤傲。智者为人处世即是如此：若你欠了人，最好牢牢记住；若别人欠了你，最好忘记。

董竹君：
谋爱亦谋生的世纪传奇

从一个妓院里的小小"清倌人"到商界的女强人，董竹君所走的路，注定就是一个坎坷的传奇。正如她在自己的回忆录中所说的："我认为人生必然要经过许多坎坷磨难，对它一定要随遇而安。"随遇而安，是她的心境，但在那条路上，在每一个坎坷面前，她却从不消极等待、束手就擒。

1.命运转折点

1914年4月，初春的上海依旧阴冷。深夜两点，法租界边缘的西藏路上，行人已寥寥无几，一个穿着白色单薄衣裤的女子，从一条弄堂里跑了出来，飞快地上了一辆黄包车，催促着车夫赶紧离开。这名女子就是后来在上海创办锦江饭店而广为人知的董竹君，但此时，她的名字叫毛媛。在这个春寒料峭的深夜，她刚刚从妓院中逃出来，要和她心爱的男子远走高飞。

1900年，毛媛出生在上海的一个穷苦家庭，父亲是拉黄包车的人力车夫，母亲是做粗活的"粗做"姨娘。毛媛自小深得父母的喜爱，家里虽然穷苦，父亲还是咬着牙把她送到私塾读书。因为聪明伶俐，她很得先生喜爱。

9岁时，父亲患了严重的伤寒，病愈后再无力拉黄包车，而母亲的活计不足养活家人，全家靠借债度日，书自然是读不成了。

13岁，父亲迫于生计，让毛媛学唱了几个月京戏后，把她送到了堂子，说好卖艺不卖身，300块大洋，抵押3年。毛媛人长得标致，唱得也好，很快便成了堂子里的红姑娘。

中意毛媛的客人非常多，但是她想要的是足以托付终身的男子，为此，她只能仔细再仔细，在客人中暗暗观察。最后，她把目光落在了一群革命青年身上。

她喜欢听他们谈论国家大事和革命事业，尽管她不懂政治，可她认为那是一个迥异于长三堂子的广阔的崭新世界，她可以借助那些宏大叙事、风云际会，暂时忘了自己的委屈和自己的卑微。堂子里的姑娘，要么人老珠黄死在堂子里，要么被人赎身当个低三下四的妾。简直不能想象还有别的出路。

毛媛房间的墙上有一张画，"画上有一座桥，一个女人头顶上挽一个发髻，身穿黑红色长袖上装和深蓝色裙子，白洋袜，黑皮鞋，手里撑一把很美丽的洋伞，背着书包在桥上走。"董竹君羡慕女人可以读书上学，也羡慕窗外自由的路人。因为，他们穿得干干净净、整整齐齐，上学的上学，做工的做工，自由自在。

她对常来的夏之时产生了好感。

夏之时也确实值得美人的倾心爱慕。1887年9月，夏之时生于四川合江虎头乡。1904年，夏之时东渡日本学习军事。其间，他广交进步人士，并在1905年加入同盟会。1908年，回到四川后的夏之时，潜伏到清廷军队，任清新军十七镇步兵排长。在军队里，他私下宣讲推翻清廷，并"拉拢"了大量的兄弟。

1911年5月，四川发生了"保路运动"，遭到清廷镇压。同年9月，赵尔丰制造了"成都血案"。看着满地的鲜血，夏之时再也无法忍受。"同年11月2日晚，父亲在龙泉驿的一个土地庙率领230人发动起义，他任总指挥。随后，再从简阳一路打到重庆。整个过程只用了17天。而200多人的队伍也发展到了2000多人。龙泉驿起义，是'保路运动'中唯一获得成功的起义。"夏之时的儿子夏大明后来回忆说。

重庆独立后，张列五任都督，夏之时任副都督，这也是当时唯一由同盟会成员完全控制的政府。这一年，夏之时24岁。

长三堂子的灯火通明里，毛媛和夏之时总是在谈革命，这个名词，意味着新生，意味着新世界。夏之时还经常给她讲自己的经历，他从一个普通的少年，东渡日本加入同盟会，到参加革命起义，到入驻蜀军军政府，到被选为副都督，再到反袁被通缉，躲在上海。这些传奇的经历岂是董竹君能经历得了的。她动容了，觉得他是英雄。她从他的身上看到了自己未来的一种可能性，可以将生命的疆域不断扩展，而不是憋屈在长三堂子里任人鱼肉。

可见，一个征服御姐心的方法是，带给她一个前所未有的新世界。

毛媛也是自信满满，她对镜自照，暗自喜欢，"以我的相貌是应当配一个爱国英雄的。"

对夏之时，她提出了4个结婚条件：不做妾；不要他出一分钱赎身；婚后，他需带她到日本读书；将来他从事革命，她料理家务。这样的结婚条件竟是一个14岁的女孩提出来的，不能不叫人折服。她只字未提物质条件，不做妾是要求女主人的地位；不要赎身钱是要求丈夫在人格上的尊重；到日本读书是要求受教育的权利；最后竟然还规划了丈夫人生的方向！夏之时答应了全部条件。

回到堂子后，毛媛开始装病，不肯接局票，也不给客人好脸色，生意日渐清淡，老鸨气极，把她关在别院软禁起来。初春的深夜，她伺机逃了出来。出逃时的毛媛，舍去了一切绫罗绸缎，又把首饰取下，作揖道别。此后，她一生都不爱金玉珠宝。

在传奇故事里，红拂就是这方面的典范，"临去朗然，不学儿女淫奔之态"，即便那时她一心想离开杨素的府邸，却说得自己像是自由女神，前来为李靖指点明路似的。不像私奔界的先驱卓文君，什么也不管不顾，当垆卖酒也就罢了，最后老爹也来倒贴，一直做圣母，而司马相如倒不只是富贵后花心，怕是早起了轻视她的意思。

两周后，夏之时和毛媛在日租界的旅店——松田洋行，举行了简单的婚礼。那年，毛媛14岁，夏之时27岁。夏之时为毛媛选了个名字"毓英"。时局紧张，婚后，夏之时夫妇和一些革命友人立即东渡日本。

到日本后，夏之时信守诺言，送毛媛求学。起初，毛媛每天搭车进城上学，补习日文及其他各科。后来，夏之时不再让她去学校，改请家庭老师到家授课，其中一位是四川人夏斧。夏斧将"毓英"改为"董篁"，字"竹君"。至此，董毛媛成为董竹君。

2.相爱容易相守难

在日本，中国人被欺负是常态。有一次，一群东瀛儿童追在她身后高喊："支那人，亡国奴，亡国奴！"强烈的屈辱激发了董竹君的爱国之心，更激发了她的学习热情，不到6年，她修完了东京女子高等师范学校理科的全部课程。这期间，她生育了大女儿夏国琼。在日本的这6年，是他们婚姻当中最美满最甜蜜的6年。这期间，夏之时从事推翻袁世凯的工作，董竹君则利用这个机会读书。董竹君真正的文化、后来她很多开明的思想，应该说源自在日本读书的这6年。

1915年12月，蔡锷在云南举事，打响了护国战争的第一枪。1916年春末夏初，夏之时奉命从日本返川。临行前，他以急电的方式，吩咐在上海南洋中学读书的四弟夏迺迲，来日本陪读。

夏之时回国后，董竹君家中不时有男女留学生来串门，他们谈论祖国大事、日本动态和国际形势等。耳濡目染的董竹君，开始在心中谋划学成回国创业，做好夏之时的贤内助。

1917年秋，夏之时老父病危，董竹君与夏迺迲带上孩子，回到了四川合江——夏之时的老家，她从此进入旧式大家族复杂的生活中。她购买了大批洋货作为礼物，到家时即分送全家上下，加之对长辈有礼敬重，辛苦持家，慢慢赢得了大家的认可。夏家还为她重办了一场婚礼，正式接纳她为夏家祠堂的人。

川局风云变幻，统一整编川军在即，夏之时从合江率领全军及家属启程北上，迁居成都。董竹君开始涉足商界，开了一家黄包车公司，不久又创办了袜子厂。此后，夏之时在派系斗争中落败，被免除军职，赋闲在家。不得志的夏之时开始整日沉溺于打麻将、抽鸦片，他嫌董竹君没有为他生儿子，女儿病危也是不闻不问，更不用说送女儿们去读书了。

1919年之后，夏之时的政治生涯彻底结束。

夏之时闲赋在家，寓居成都，觉得自己被时代抛弃了，人变得颓废起来，还有老虎被拔了须之后的烦躁。可以说，他"恰如猛虎卧荒丘，潜伏爪牙忍受，谁知刺纹双颊，哪勘配在江州"。没了权力，董竹君是他唯一可以掌控的对象，他没有别的事情可做，就一心一意地管教起她来。

后来，董竹君虽然生下一个男孩，但夏之时重男轻女，不允许4个大女儿读书。有一次，他为了一点小事，竟然掏出手枪威胁董竹君，董竹君伤心绝望。这样的侮辱渐渐成了家常便饭，夏家的空气越来越令人窒息。

在董竹君的眼里，现在的丈夫不但沉迷某些嗜好，而且会因为一点小事而发怒吵架，责骂14岁的女儿，早已不是当初她爱慕的青年英雄了。夏之时变得喜怒无常，但董竹君也不是任人捏的软柿子。反正折腾到最后，已经到了夏之时跑到厨房里，拿着菜刀追董竹君的地步。他们走到了离婚的边缘。

夏之时哪里想到董竹君会提出离婚，他慌了，使出了挽救感情的招数——挟恩、吓唬和谴责。

他离不开她，不全是因为爱。他对她的态度，明显受到了他的革命事业起伏的影响。在追求董竹君的过程中，夏之时付出了很大的耐心，面对她的一次次犹豫，他一次次地软语温存。那个时候，他是有底气的，因为他是英气的青年、都督、革命志士，他的事业虽波折，但是有同志站在一起，前路是越过黑暗可以到达的黎明。而他来堂子里是为了躲避追捕，养精蓄锐，并非英雄末路，即便不能抱得佳人归，未来还有无限可能。在他事业的顶峰期，正是潘驴邓小闲，所以他对董竹君是放心的，觉得能掌控她。即便在东京的时候，他对她看得紧，让弟弟监督着她，但不至于像后来那样经常盯着她的举动，找个事由就吵架。

在他的世界渐渐沉下去的时候，他因为恐惧，控制欲大大加强了。现在换了人间，外界传说他是不满政治，主动归隐的，但事实是他中了他人黑枪，颓然倒下去，而且看起来不会有东山再起的那一天。天下也许还是乱世，但是地震后的岩石开始团聚成山峰，有了秩序的雏形，派系之间的角力，已经不是当年的规矩。他初出茅庐的时候，天地鸿蒙，乱世草莽，人生的际遇会有无数的可能。而今，他却只能变卖家产，托人找老关系，但都是泥牛入海。他只能望着西山的薄暮，仿佛看到了自己余生的道路。如果再没有了董竹君，他就真的失去了一切。

1929年，为了改变生活现状，董竹君毅然放弃了华贵和富裕，带着4个女儿回到上海。这个离家出走的壮举，轰动了成都，成为小报哄炒的热门新闻。

最后，夏之时和董竹君协议暂时分居5年，并相约在上海的复兴公园进行一次长谈。董竹君怀着沉重的心情，踏上了谈判小屋的楼梯，她想，如果5年之后双方谁都没有改变自己的思想和观点，那么就跟他离婚。可走到一半的时候，她腿软了。假如真的和他离婚了，自己怎么办？孩子怎么办？转念又想再不离婚的话，自己和孩子将没有未来，她以她又重新站起来。董竹君下了决心谈不好的话就和他离婚。就是在这时候，夏之时说了一句话："你要跟我夏之时离婚，如果你将来在上海滩站得住，能把这个女儿养活养大，不要说受教育了，我在手板心里煎鱼给你吃。"

分居后，董竹君带着4个孩子苦度岁月，生活的艰辛有时到了令人绝望的地步。为了抚养孩子，她整天出入于当铺。1930年春末，董竹君向朋友借钱创办了群益纱管厂，眼看事业慢慢红火起来，不料厂房却被日军飞机炸为一片废墟。这时，夏之时仍不断写信劝说董竹君回来，他甚至想出一些荒唐的谋害计划：他想找上海旧社会比较有名的人物，比如范少杰、戴季陶，希望他们把董竹君装进麻袋里，再扔到河里。但恰恰戴季陶、范少杰这些四川军阀都很尊重董竹君，他们把这些计谋原原本本讲给董竹君听。他们批评夏之时，说他是一个糊涂蛋。

直到1934年秋，分居期满，两人才正式办理了离婚手续。

与夏之时离婚后，董竹君没有再嫁，她的桌子上，一直摆着夏之时的照片。他们的儿子后来回忆说：我的母亲，从来都没有说过一句父亲的坏话。也许，这些就足以印证那份爱情对董竹君的刻骨铭心。而是非功过难以评说的夏之时，在1950年以"组织策划土匪暴乱"的罪名被枪决。27年后，历史才还他一个清白，为他平反，恢复辛亥革命党人士的荣誉。

3.炮火纷飞中缔造锦江奇迹

大凡成功者除了自身具备勇气和实力外，通常还会遇到意想不到的贵人，董竹君否极泰来，重新崛起，也不例外。

有一天，董竹君家中来了一位不速之客——四川人李嵩高。此人曾留学法国，是四川地方军队的军火采购员。他听说她会经商，但资金方面遇到难处，慕名而来，表示愿意慷慨解囊，借给她两千元做生意，这岂不是雪中送炭吗？由于此人语气诚恳，且没有提出任何非分要求，董竹君便欣然收下了这笔救命钱。她仔细琢磨，办厂太难了，只好放弃，而办川菜馆，也许更有奔头。当时，在上海酒菜业中最受欢迎的是粤菜和闽菜，川菜并不吃香。主要原因是川菜太麻、太辣、太咸，不对下江人的胃口。但她觉得若将川菜的花色、品种加以重新组合和改造，未必不能与粤菜、闽菜争雄。

想到就做，谋定不夺，是董竹君的一贯作风。打从一开始，她的定位就极高。在民以食为天的中国，吃饭不仅仅是吃饭，还是食文化，瞄准了这一点，她开川菜馆，就不单纯出于赚钱的商业目的，还把它当作文化产业来经营。取店名，她无须挖空心思、绞尽脑汁，"锦江"二字是现成的。四川成都依傍着美丽的锦江，因此，古时候它被称为"锦官城"和"锦城"。在锦江边，有一座著名的望江楼，曾是唐朝女校书薛涛吟诗会客的地方，后来成为川中名胜。风雅的游人也许还能背诵楼中的那首七绝：

望江楼上望江流，人自望江江自流。人影不随江水去，江声不断古今愁。

董竹君与薛涛均出身青楼，天涯沦落，虽然异代永隔，但是两心相契。以"锦江"为店名，可说是川味十足，文化味十足，雅气十足。她意犹未尽，还进行了与之相称的设计，店徽是一片青青竹叶。

1935年3月15日，在上海法租界的华格桌路，锦江川菜馆正式挂牌营业，开门就是满堂红，此后生意节节攀升，简直好到爆棚的程度。上海滩青、红帮的头面人物杜月笙、黄金荣、张啸林固然捷足先登，南京、上海的军政要人也经常在此设宴，默片时代的头号明星查尔斯·卓别林访问中国时，在此品尝过香酥鸭子，还在他的回忆录中特意提到一笔。满座的时候，竟连杜（月笙）老板也得排队。有一回，他等得实在不耐烦了，就让招待员捎话给董竹君，赶紧扩充店面，房间不够，就用他的名义跟房东孙梅堂商量。董竹君求之不得，而孙梅堂误以为杜老板是她的靠山，只好尽力玉成。锦江向后弄深入，必须搭天桥过去时，又是杜老板出面疏通，促使法租界工部局破天荒签发了特许营业执照。扩充店面后，锦江的生意更是蒸蒸日上，而董竹君也名声大噪，被视为神通广大的女强人。

在当时的酒菜业中，还没有人像董竹君那样讲求文化品位。锦江的室内装潢十分考究，除了红木雕刻的宫灯、意大利样式的雕塑外，墙上还挂有张大千画的丛竹、郎静山拍的照片和郭沫若写的条幅。这里应特别提及郭沫若，因为他困居上海期间，一直由锦江照料饮食，所以他称赞董竹君为一饭救韩信的"漂母"，还写诗填词以表谢意，其诗为：

患难一饭值千金，而今四海正陆沉。今有英雄起巾帼，娜拉行踪素所钦。

1936年初，董竹君开办锦江茶室，给社会贤达名流提供一个幽雅整洁、安静舒适的清谈环境。茶室全用女招待，却从不播放靡靡之音，以示正派经营。董竹君之所以会将锦江川菜馆和锦江茶室办得红红火火，固然与其经营理念和严格管理分不开，但更重要的是，她能在三教九流、各路神仙中周旋自如。比如，官场中的上海警备司令杨虎、国民党政要戴季陶、红人郑毓秀，黑道上的帮派头目杜月笙、黄金荣、张啸林，白道上的文、教、法、工、商、报界的名流，她能一一摆平，却不会开罪任何一方。她在商言商，从不卷进政治旋涡，虽然她也掩护和资助过一些爱国人士、地下共产党员，但她做得天衣无缝，即便后来军统特务沈醉有所察觉，也没能抓到她的把柄，不敢轻举妄动。

1940年冬，董竹君搭乘一家荷兰公司的轮船前往菲律宾马尼拉，一是探望大女儿国琼，二是为锦江两店募集新的股金。她选择的时机显然不对，日本远征军于翌年入侵菲国，董竹君与女儿沦为难民，险些死于菲国新兵的枪口（误以为她们是日本间谍），幸亏朋友跪地作证，才逃过劫数。董竹君临危不乱，关照大家要穿戴整洁，妇女略施脂粉，因为菲律宾是美国的殖民地，尊重富人和女士，打扮得漂亮些也许能博取同情，获得救助。事实证明，她确实神机妙算，在日本飞机的狂轰滥炸下他们果然多次得到意想不到的援手，从而死里逃生。

1945年初，在菲律宾受困5年后，董竹君乘日本红十字会的难民船，回到上海。沦陷区的上海早已面目全非，日本人的“善治德政”通过汪伪政权尽展“魅力”，有钱有势的人纸醉金迷，没钱没势的人忍气吞声。她回国后，立刻发觉锦江两店（川菜馆和茶室）的代理人张某贪污严重，经营额已急剧下滑，如果她再晚回一段时间，锦江两店势必会落入他人之手，而她的心血也会付诸东流。由于急于筹集资金，她在证券交易所栽了个跟头，屋主要挟收回店面。1946年下半年，国民党政府发行法币和金元券，物价疯涨，锦江两店险象环生。此时，董竹君如履薄冰，战战兢兢，但她相机行事，一一化险为夷。

4.赤胆忠心，爱国奇女子

虽然婚姻失败了，但是夏之时最初为董竹君播下的革命种子，长成了枝繁叶茂的参天大树。在炮火连天的战争年代，董竹君以锦江酒店为掩护，不断支持革命的事业。锦江酒店成了当时革命党人在上海碰面和开会的据点。此外，董竹君利用印刷厂，为革命宣传提供支持。她周旋于权贵大亨之间，同时又秘密掩护共产党人。她活得从容而又美丽，赢得了人们的广泛尊敬。新中国成立后，董竹君受邀成为全国政协委员。

1950年，上海市政府为了方便接待中央首长、国际友人，需要有一个安全的高级食宿场所，政府不便公开出面办理，希望早已驰名中外的锦江酒店能承担此事。董竹君奉命迅速将两店合并，迁移到13层楼（长乐路89号，原名华懋公寓，英国犹太人沙逊的大厦），扩充发展成为锦江饭店，店徽仍为竹叶。其后，她更毅然将16年含辛茹苦经营价值15万美金（折合黄金3000两）的锦江饭店，奉献给了国家。

1951年6月9日，董竹君主持了锦江饭店正式扩大的开幕典礼，出任董事长兼经理。此后，这家接待过夏衍、潘汉年、郭沫若、于伶、曹荻秋、陈同生、李一氓等进步人士的上海名店，成为毛泽东等中央首长在上海开会的地方，并成为中外高层旅游观光者的下榻胜地，先后接待过400多位外国元首。此后，董竹君以全国政协委员的身份，享受了半个世纪的荣誉。而就在同一年，董竹君的前夫、辛亥革命的功臣夏之时，却被当作阴谋策反的土豪劣绅，被判死刑，夏家遭到了灭门之灾。董竹君与夏之时的恩恩怨怨，终于画上了一个悲剧性的句号。

夏之时生前，董竹君从没有对孩子们说过一句他的不好，只是说他脾气非常暴躁、古怪。而夏之时与董竹君正式离婚以后，过了6年，才跟一个姓唐的中学老师结婚。因为，他一直认为董竹君有一天会回心转意。的确，董竹君与夏之时之间，似乎一直存在着藕断丝连的微妙感情。比如，与董竹君离婚20多年后，夏之时听说上海处于解放军的包围之中时，还从四川来信力劝董竹君到四川去躲避兵灾。而董竹君，也一直把她和夏之时的结婚照放在卧室的床头，每天夜里，她都要独自面对这个曾经赐给她幸福和苦难的男人。带着这些甜蜜而沉重的回忆，她孤独地走过了近一个世纪。1997年12月，董竹君在北京安然逝世，享年98岁。

董竹君一生历经了晚清、辛亥革命、北洋军阀统治、五四运动、北伐战争、抗日战争、解放战争、新中国成立、十年"文革"、改革开放，其中两次经历世界大战，百年人生，百年缩影，百年风光，百年传奇。一代文豪郭沫若多次想为她代写回忆录，但她都以"无可称道"婉拒而未行。

从一个妓院里的小小"清倌人"到商界的女强人，董竹君所走的路，注定就是一个坎坷的传奇。正如她在自己的回忆录中说："我认为人生必然要经过许多坎坷磨难，对它一定要随遇而安。"随遇而安，是她的心境，但在那条路上，在每一个坎坷面前，她却从来没有消极等待、束手就擒。

董竹君——一个青楼女子，凭自己的机智勇敢跳出火坑；一个填房太太，借自己的贤淑恭良赢得举家上下的尊重；一个离婚的女人自立自强，没有要求赡养费，独立抚育4个女儿，白手起家，办纱厂，开饭店，创办了自己的事业。

你可以不被她的美貌所打动，但你不能不为她的人格魅力倾倒；你可能不屑于她的出身，但你不能不为她的人生事业所折服。

有时候，不是一场令他人羡慕的婚礼，就能成就所谓的婚姻；不是一个男人说我娶你，就能承担起女人整个未来。

不同的女人面对感情和男人，处理的方式是不一样的，自然产生的结果也是不同的。面对一个自己心爱的男人，有的女人奋不顾身，把全部的感情都投入进去，并一再让步，因此在很短的时间内，男人就对她产生乏味感，降低对她的兴趣和尊重。而真正聪明的女人，懂得在感情上要独立，她们对感情收放自如，所以她们的命运掌握在自己的手心里。

成功的女人，面对情感上的创伤时，她们善于把挫折转化为事业成功的动力，至少，不会一蹶不振。她们知道幽默，知道自我开解，知道原谅、轻松。因为，她们把快乐放在自己身上，不系在别人的言行上。

善于驾驭自我命运的女人，是最幸福的。情感的自立，让女人的人生没有羁绊；经济的自立，让女人享受工作的快乐；生活的自立，让女人更热爱自己所选择的生活；独立思考，让女人能够领略人生别样风光。风雨过后的彩虹总是别样的美丽，自立的女人不会迷失人生的方向。

庐隐：
为自由与爱而生的荆棘鸟

　　虽然叫庐隐，但是五四文学女青年庐隐，绝对不想隐去她的庐山真面目，她要让女性的血性尽染苍白人生，她暴烈地说道——热血不住地沸吧，泪泉不住地流吧！万事都一瞥过去了，只灵魂的伤痕，深深地印着！

　　于是，一位福州官宦家庭的女子，直奔北平城郭而来，"咔嚓"一下，扭断了命运的脖颈。

1.笨小鸭的苦闷童年

　　在那个男尊女卑的时代里，却有一家人始终在盼望一个女婴的出生，他们渴望再生一个女孩。于是，1898年5月4日，庐隐在福建省闽侯县城内出生了。然而，这不是幸福的开始。不知道是命运的安排还是纯粹的巧合，她出生那日，偏偏外祖母去世。一喜一悲相缠绕，终究是悲多于喜。

她的母亲是一个旧式女子，没有读过书，也不懂得什么文化。面对亲娘的去世，她内心充满悲痛，于是，她把满心的痛苦归咎于这个刚刚出生的小婴儿身上。她认为这个小生命是一颗灾星，正是这颗灾星的到来，夺走了她娘的命，正所谓"一命换一命"。这样的偏见产生了一种先入为主的思想，于是这个小婴儿从出生那天起，便失去了应有的爱。

父亲乘船赴任，在去长沙的途中，幼小的庐隐，并不懂这是要随父亲去享荣华富贵，她只是终日望着海水哭闹，竟哭得父亲心头起火，抱起她便向碧水抛去，幸亏被一个听差搭救，才免一死。6岁时，父亲因心脏病在长沙去世，毫无援助的孤儿寡母马上陷入愁海之中。舅父得到消息，立刻发电报要接他们到北京。母亲把父亲历年积存的一万多两银子和一些东西变卖了，折成两万块现款，到北京外祖父家生活。

舅父是清朝农工商部员外郎，兼太医院御医，家里房子多，还有大花园，庐隐的表姊妹就有20多个。到北京的第二年，她因母亲厌恶，不得入学，但拜了没有进过学校的姨母为师，才算开始启蒙教育。但是，读书对于她是真正的惩罚。每天早晨，姨母教她一课《三字经》后，便把那间书房反锁上，让她独自去读，待到中午，再叫她背，背不下来，便用竹板或鞭子抽打，有时还不给饭吃。那间房子，除了书桌和椅子，一无所有，使她感到一种说不出来的荒凉。所以，对于读书，她没有一点趣味。每天除了在那间比牢狱还可恶的书房里关半天外，她总是一个人溜到花园里，同鸟儿、虫儿、花儿相亲相爱，而不愿见任何人。

庐隐和婢女住在一起。每逢舅父家里有什么喜事或请客，母亲便把她锁在另一个院子里，怕她给他们丢脸，而她的哥哥妹妹们则都打扮得像小天使，在人群中飞翔……这种非人的摆布，使她麻木了。虐待摧毁了幼小心灵里的爱和希望，她只有怨恨，恨家里的所有人，于是，她心里产生了对生命的厌恶，她模模糊糊地觉得："假使死了，也许比活着快活……"

庐隐在家读书的成绩极坏，于是在她9岁那年，被送到一所美国人办的教会学校——慕贞学院，去读小学。学校的楼舍壮丽、冷森，令她常常有空虚的感觉，但学校里那片大草坪，那碧绿青翠的颜色，各色盛开的花儿，给她留下了极深的印象。那位当校长的高鼻子、蓝眼睛的美国女人，在她入校时对姨母说："信道理（宗教），守规则……每年只暑假回家，平常是不许出学校的……还有她将来的婚姻问题，也由我们替她主张。"这些话，每个字都像一块恐怖的石头，投进了她那小小的心海，溅起了悲苦的浪花。

这所教会学校有两种学生：一是穷人的子女，每天吃老米饭、窝窝头和不放油的咸菜；一是有钱人的子女，进小厨房。虽然庐隐家有钱，但是她和学校里的"无产阶级"一起，吃那种最低劣的饭。她在那里受着罪，但她的厄运并没有走完，快乐之神离她还很遥远。这时，她的脚长了疮，几乎使她成了残废；后来，肺管破裂，又令她吐血不止。

病好了，她同大伙儿去做礼拜，但幼小的心里并没有上帝的位置，所以她东张西望，很不专心。这时美国人朱太太在她身边跪下，用颤抖的声音劝她："亲爱的孩子，上帝来祝福你！"

"我不信上帝，我没有看见上帝在哪里！"她说。

"哦！亲爱的孩子，上帝正在你的左右，你不能用眼睛看见，但是他是时刻都不离开你的……你是他你所迷失的一只小羊……"朱太太虔诚地祈祷着，而且哭起来。

这时，心灵空虚、没有母爱、被兄妹抛弃、又经病魔折磨的庐隐，为了朱太太的话，感动地哭了起来："我信了，我真的信了！"就这样，庐隐皈依了宗教，她后来说："宗教的信仰，解除我不少心灵上的痛苦，我每次遇到难过或惧怕的时候，我便虔诚地祷告，这种心理作用，我受惠不少……现在虽觉得是一件可笑的事，但也多谢宗教，不然我那童年的残破的心，必更加残破了！"

1911年，当革命军在武汉高擎义旗的时候，残忍的家庭竟抛下庐隐和她的两个表妹，躲到天津租界去了。待清朝被推翻以后，她在大哥的帮助下，第一次开始练习作短文，由于她拼命用功，竟考上了高小。这时母亲和亲戚的脸上有了喜色，从此，笨小鸭居然有了聪明之誉。后来她更加勤奋，不久又考取了师范预科，更使家里人惊奇不已。

2.倔强而又任性的初恋

在女子师范学校的庐隐，是班里最小的一个学生，不仅年龄小，身体也娇小，她常常自嘲"短小精悍"。可是长相平平、又矮又瘦的庐隐，不仅在学校里交到了好朋友，与她们结成闻名全校的"六君子"，还大量阅读了古今小说，在同学们中间享有

"小说迷"的称号。她曾经回忆说："我发现了看小说的趣味，每天除了应付功课外，所有的时间全用在看小说上，所以我这时候看的小说真多，中国几本出名的小说当然看了，就是林译的三百多种小说，我也都看过了，后来连弹词，如《笔生花》《来生福》一类的东西，也搜罗净尽……"

正是这些细腻而多情的小说，让她渐渐地沉迷于文学的世界里。她的世界里，那个时候除了小说文学，就没有别的什么了。对于母亲突然关心自己的婚事，庐隐不仅慌张，还很害怕。在她的印象里，结婚一直是一件神秘而又圣洁的事情，她不想草率地进行，更不愿意被干涉。

女儿大了，总是会变得细致而隽秀。很多事情，她其实是能够感知的，只是迟迟不能理解。婚姻其实没有想象中的那么可怕，因为它来的时候，是悄悄的，既是悄悄的，就连一点害怕的心理都没有来得及产生。

有一天，她偶然在舅父家里遇到了一个姨母家的亲戚，他的名字叫林鸿俊。他曾经在日本留学，却因为父亲生病中途回国，没有获得学位。家境贫寒的他，虽然无依无靠，但是聪明、漂亮。他很喜欢庐隐的聪明、干练和善良，便大胆地托人向她母亲提亲，却因为没有完成学业、造就太浅，而且家境不好等被拒绝了。于是，他把自己的经历和贫苦写成书信，向庐隐倾诉。多情善良的庐隐在看到那些信之后，不仅对他充满同情和理解，还为他洒了很多眼泪。当看到他在信里抒发因不能与她结为夫妇，而绝望与悲伤的时候，原本对婚姻有恐惧症的庐隐，作出了一个惊人的决定。她勇敢地站出来，并强烈地反对母亲和哥哥，决意要嫁给林鸿俊："我情愿嫁给他，将来命运如何，我都愿意承受。"

作为母亲，虽然从来没有真正疼爱过她，但是她十分了解女儿执拗的性格，因此只好做出让步。但是母亲提出林鸿俊必须大学毕业，并且在学有所成之后，才可以与她成婚。对于这个要求，林鸿俊欣然接受，并在婚约上签了字。可是因为贫穷，他根本交不起学费。于是，庐隐便为他的学费四处奔走张罗，最后一个善良的亲戚动了恻隐之心，好心地资助了林鸿俊两千元。其实，这两千元是她母亲在看到她四处张罗无果后，托人辗转拿给她的。虽然小的时候很厌恶她，但是作为母亲，她希望自己的女儿能够得到幸福。

得到学费之后，林鸿俊如愿以偿地考进了北京工业专科学校。在校期间，他勤奋好学。但是，庐隐在与他的日益深交之中，发现他思想守旧，两人在志向上没有太多的共同点，这令庐隐非常苦恼。林鸿俊在大学毕业之后，就提出要与庐隐完婚。可是，矛盾之中的庐隐以自己还没有毕业为由，没有立即同意结婚的请求。林鸿俊认为，女子不要过多地抛头露面、不要热衷于社会活动，而应做一个相夫教子、贤惠的知识女性，对于这种言论，庐隐十分反感。最后，当她发现林鸿俊处心积虑地想要去报考一个文官，进入仕途，甘愿当军阀政府的政客的时候，她的内心便对他充满了厌恶。于是，庐隐与他解除了婚约。她对好友程俊英说："林来信总讲他目前的地位、收入、享受，太庸俗了。我已经回信，请他另找高明。"

这段短暂的初恋就这样不知不觉被掐灭了，它匆匆而来，又悄悄离去。她是一个爽朗豪放的人，无论做什么决定从来都是自己做主。当初，她执意要嫁给林鸿俊，最后，她又因为两人志向不合而决定悔婚。她做什么事情，向来都是凭一股天生的纯真稚气，从来不会考虑后果。或许正是她的这一性格，才给她带来了那么多的痛苦和磨难吧。

虽然林鸿俊非常不愿意与庐隐解除婚约，但是面对她的倔强与任性，他只能同意。

3.爱上有妇之夫终不悔

1919年秋，庐隐考进了北京女子高等师范学校国文部，做旁听生，经过学期考试后，升为正班生。

在大学期间，庐隐不仅成了文坛上有影响的作家，还碰到了郭梦良。

郭梦良也是一位已婚的作家，他曾同庐隐一起参加了文学研究会在北京中央公园来今雨轩召开的成立会。在文学研究会里，他们俩共同的语言很多，算是志同道合。郭梦良热烈的爱情像滚滚的洪流，摧毁了庐隐的理智大堤。他们在一片反对声中坠入爱河。庐隐的惊世骇俗、独立特性，真的让那些正人君子无法忍受。爱情，本来是他们的事情，但是，那些不相干的人偏偏爱管闲事。家人、朋友都说他们相恋不合适，但是，庐隐不这样想，她说："只要有了爱情，什么问题都没有了。"

庐隐不顾家庭的阻力和社会的议论，和有妇之夫的郭梦良结了婚。不顾一切追求的热烈爱情，终于修成正果，她满足了，同时也失望了。郭梦良其实不是她理想中的伴侣，浪漫热烈的爱情和婚后的实际生活完全相反。婚姻是爱情的坟墓，这或许有点道理。郭梦良自诩为新青年，但他和封建的旧家庭割不断联系，而封建的道德观念和家庭的责任感像两座大山，压在他的肩上，他喜新但不厌旧。可是，这不专一的爱情，就是对庐隐最大的伤害。

庐隐和林鸿俊解除婚约，已经闹得鸡飞狗跳，遭受许多污言秽语、嘲笑蔑视。如今，她又和有妇之夫结为伉俪，做了被世人唾骂的第三者，她被爱情冲昏了头脑。可她就是豁达豪放，她只要郭梦良的爱情，其他的，所谓的名分、名誉、名声、名节，对她来说都无所谓。她的行为遭到许多人的反对，甚至连最好的朋友石评梅都批评她。但是，也有人称赞她的勇气。比如，她的另一个好朋友——作家苏雪林，就为她辩护，说"不应当拿平凡的尺，衡量一个不平凡的文学家"。

婚后，庐隐心绪不佳。不佳的情绪和委屈的感情像阴云一样，抹在了她的面颊上。人们说："这庐隐永远都是一张哭丧脸，从没见她笑过。"她实在是笑不出来呀！庐隐在婚姻和爱情的浊浪中沉浮，她没被淹死，反而更顽强、更勇敢了。她不会屈服，她用手中的笔，为自己倾诉，为自己正名，她写出了《胜利以后》《父亲》《秦教授的失败》等短篇小说。1925年7月，她又出版了第一个短篇小说集《海滨故人》。创作的成功给她带来了幸福感，郭梦良对她的爱情也是真挚的。他们在一起虽然有争执、困惑，但是，他们毕竟是志同道合的伴侣。女儿郭薇萱的出世，更是给他们带来了希望和幸福。

庐隐终于苦尽甘来，可以过上安定、温馨的家庭生活了。但是，她就是才高命苦，不幸突然向她袭来，丈夫郭梦良因肠胃病竟一病而逝。她只身一人带着女儿，这孤儿寡母可怎么过日子？

失去爱侣给她精神上的打击真是太大了，她心里充满了绝望的哀伤。她真的不明白，为什么命运之神总是对她无情？她总是怀着美好的善心去看人，而她得到的却是倾轧和敌意。

孤苦伶仃的庐隐带着孩子，千里迢迢，风尘仆仆，历尽千辛万苦，护送郭梦良的灵柩回到福州安葬。她希望夫家能给她们这孤女寡母一点儿慰藉，为她们提供一些庇护和帮助。她在郭家居住，也不是养尊处优，过少奶奶的生活，她会到福州女子师范任教，一边教书，一边写作。这对于一个失去爱侣的女人来说，该是多么不容易。按说，郭家也是她的家，应该为她们提供一些庇护才对，而且郭家是个贵族大家庭，养活她们母女也没有什么困难。何况，庐隐还在努力地工作，挣钱养家。事实上，郭梦良的前妻倒是接纳她，对她不算太坏，她们这一对苦命的姐妹，同病相怜，是能够相处得好的。但思想守旧的婆婆，非常刻薄冷酷，她把儿子的死归咎于庐隐，如同母亲把外婆、父亲的死都归咎于庐隐一样。心怀怨恨的婆婆对媳妇的虐待，真是叫人发指。每日里指桑骂槐，侮辱嘲笑是家常便饭，连晚上点煤油灯看书写作，都要遭到婆婆的恶骂。

丧夫之痛让庐隐无限哀伤，婆婆的虐待更让她忍无可忍，天下之大，竟没有一个天才女作家的容身之所。她带着孩子，像一只失偶的孤鸿，被命运驱赶着，从福建漂泊到了上海。这一时期，她写了《寄天涯一孤鸿》《秋风秋雨》《灵海潮汐》等短篇和散文，记载了这些暗淡生活和哀痛的心情。

她病倒了，她不愿在这个世界上受苦了，她想死，她想追随郭梦良去那冥冥地府，去他们快乐的二人世界。

4.冷鸥的重生之恋

郭梦良去世之后，庐隐一度陷入悲痛之中，整个人变得极为消沉。她整日以泪洗面。最后，她为了生活，再一次回到北京师大附中教书，并且与石评梅成为同事，两人感情渐渐变得深厚。之后不久，石评梅的情人、中共一大代表高君宇病逝，葬于北京陶然亭。那段时间，两个苦命的女人相依相伴，总是常常去陶然亭，一边对着荒坟喃喃自语，一边放声尽情痛哭。同是天涯沦落人，同样是失去最爱的女人，痛苦极其相似，却又不完全一样。

1928年9月30日，庐隐最亲密的挚友石评梅患急性脑膜炎猝死。得知这一消息后，庐隐简直无法支撑了。因为，这接二连三的打击都是毁灭性的，每一个打击都让她生不如死。最爱的丈夫去世之后，她好不容易遇到了一个闺中密友，相互陪伴。如今，挚友没有打一声招呼，便突然离开了，留下她一个人踽踽独行。悲苦与难过困扰着她，她只能终日郁郁寡欢。从那个时候起，她学会了游戏人间，并且整日以烟酒来消遣度日。她于绝望之中自叹"死比生乐"。

就在她快要放弃希望的时候，有一个年轻的大学生悄悄地走入她的视线，甚至进入她的生活，改变了她人生的轨迹。这是一个叫作李唯建的青年诗人，他长得很帅气，并且颇有才气，与徐志摩、沈从文、邵洵美等名流也有些交往。

早年丧母的李唯建是一个孤儿，他极度向往温暖的亲情，并且在潜意识中渴望"一个好的有力量的乳母"。此时，庐隐不仅比他大8岁，同时还是一个事业成功的知名作家，这个对象简直是为他量身定做的。生活苦闷的庐隐每每接到李唯建的信件后，都会耐心地回复。他们在通信之中，一个自称"异云"，一个署名"冷鸥"。浪漫的诗人用他伟大而纯净的爱，渐渐地感动了这只孤独的"冷鸥"，让她心甘情愿地在自己这片纯美的"异云"之中自由翱翔。

随着信件往来渐多，他甚至在信中大胆地表白道："我愿你把你心灵的一切都交给我，我虽是弱者，但担负你的一切我敢自夸是有余的！"甚而膜拜道："你是我的宗教，我信任你，崇拜你，你是我的寄托。"

面对如此炽热的语言、如此深厚的感情，庐隐毕竟是见过世面、经历过风霜的人，所以她显得很冷静，她不想轻易开始一段感情，不是已经没有爱的能力，而是不想再轻易地爱上。因为，她的每一次爱恋都仿佛是飞蛾扑火，没有好结局。郭梦良的病逝让她身心俱疲，不愿意开始新的恋情。于是，她委婉地拒绝了诗人的追求。然而，生性浪漫的诗人怎么可能就此轻易放弃，他是一个风度翩翩的骑士，一直不断地对她倾诉自己的一往情深。

面对诗人如此执着的追求，内心充满疑虑的庐隐直白道："我爱你太深，便疑你也深。"她已经开始对他动情，只是还没有做到最后的放开，只能在信里互相倾慕。她内心里是渴望爱情的，但是又害怕悲剧再一次来临。在李唯建猛烈而浪漫的进攻之下，庐隐固执坚守的防线最终还是彻底瓦解了。因为是他让她眼前的"世界变了颜色"，是他给她带来了春天的灿烂阳光，让她仿佛重生一样快乐。于是，她情不自禁地投入他的怀抱。

20世纪20年代的北京，虽然是一个新思想漫天的地方，但是不少人不能接受，一个新寡的女人带着前夫的孩子，下嫁给一个比她小8岁的大学生，何况她又是一个当红的作家。但是，庐隐始终坚持自己的决定，并且认为"生命是我自己的，我凭我的高兴去处置它，谁管得着"。

5.生死契阔，幸福戛然而止

随着时间的流逝，甜美浪漫的蜜月变成了平淡的婚姻生活。回归于平静之后的平淡无奇，不但让庐隐的物质生活得到了一定的保障，而且使她飘荡许久的精神世界暂时宁静了许多。他们婚后恩爱如初，感情非常深厚，两个人形影不离。朋友们每一次见到她，她都是和李唯建在一起。

庐隐与李唯建婚后的4年，无疑是她一生最快乐最幸福的4年。这4年里，由于受到爱情的滋润和激发，她的文学创作大面积丰收，单是1931年至1932年这短短两年间，她就创作了两部长篇小说《象牙戒指》和《火焰》，还有《飘泊的女儿》等20余篇短篇小说，以及许多散文、随笔。照此势头，照此创造力，一路往前冲，她的成就未可限量。可是，这花样年华还是遭天妒了，她在1934年因为难产而猝然逝世。

这年，庐隐怀孕将产，为节省费用计，她没有进医院，仅以十数元代价雇助产女士来家伺候。但是，手术欠佳，流血不止，她因为分娩难产导致子宫破裂，于5月13日死于上海大华医院。

庐隐的死亡完全是由于庸医所误，但她对此并无怨恨之心、责备之言。在她生命垂危之际，李唯建悲愤交加，曾写状子，要去控告助产士。但是，庐隐劝阻了他："算了，不要去告了，人已死了，告她又有什么用呢。"人之将死，其言也善。此话一出，李唯建的眼泪就下来了，是不舍，是心痛，是无奈，也是回天无力。36岁的庐隐怀着遗憾，与自己眷恋的世界作别。后来，她的遗体被安葬在上海公墓。

庐隐一生清贫，度日艰难，没有任何财产，只有几部比生命还宝贵的作品。为了慰藉庐隐的在天之灵，李唯建将她的全部作品放进棺内，让她毕生心血的结晶永世伴着她。

庐隐去世后，留下大女儿郭薇萱（郭梦良之女）和李瀛仙（李唯建之女），而贫穷、年轻的李唯建却无力抚养两个孩子。这时，舒新城约集庐隐生前好友和她的哥哥黄勤（当时任天津上海银行经理）到上海，在南京路冠生园餐厅共商郭薇萱的抚养问题。最后，大家一致赞同由其舅父黄勤抚养，庐隐的著作版权归属郭薇萱所有。不久，李唯建带着李瀛仙回到四川，从此便与郭薇萱失去联系，音信杳无。

点评

关于庐隐的为人与为文，她的朋友们有中肯的评说：

"虽然这几篇（指《海滨故人》集内前七个短篇——编者按）在思想上和技术上都还幼稚，但'五·四'时期的女作家能够注目在革命性的社会题材的，不能不推庐隐是第一人。"（茅盾：《论庐隐》）

"我平生最瞧不起锋芒外露或浮而不实的人，对于庐隐不仅不讨厌，竟反十分喜欢。这中间有两种原因：一则佩服她敏捷的天才。二则庐隐外表虽然飞扬跋扈，不可一世，甚或骄傲得难以教人亲近，其实是一个胸无城府、光明磊落的人。"（苏雪林：《关于庐隐的回忆》）

"在那群老同学中，她是比较最能接受新思想的；在别人对于新诗小说的创作还在迟疑犹豫的时候，她的作品已在报纸上发表了。她那微近男性的谈吐，她那时似傲慢的举措，她那对于爱的热烈追求，这些使她的老友对她常有微词的地方都可以显示她是有个性的，有使她不落于庸俗的个性。"（冯沅君：《忆庐隐》）

"人生是时时在追求挣扎中，虽明知是幻想虚影，然终于不能不前去追求；明知是深渊悬崖，然终于不能不勉强挣扎；你我是这样，许多众生也是这样，然而谁也不能逃此罗网以自救拔。"（石评梅：《给庐隐》）

"庐隐的天真，使你疑心'时光'不一定会在每一个人心上走过；喝酒是她爱的，写文章是她爱的，打麻雀是她爱的，唯建是她爱的。"（邵洵美：《庐隐的故事》）

"庐隐就是这么一个很痛快的人，高兴起来，就哈哈大笑；烦闷的时候，就痛饮几杯；伤心的时候就大哭一场，看不顺眼的事情，就破口大骂，毫不顾到什么环境不环境。"（谢冰莹：《黄庐隐》）

"庐隐既是一个受时代虐待的女性，她又是一个叛逆时代的女性。"（陆晶清：《浅谈庐隐及其作品》）

庐隐自己则说："我想游戏人间，反被人间游戏了我！""我就是喜欢玩火，我愿让火把我烧成灰烬。"

蒋碧薇：
重金休夫，拒做爱情的乞丐

蒋碧薇在中国当代女性社会里知名度并不高，然而她以爱为轴心，自主选择，将一生瓣成了两段历史，改变了当年分别叱咤画坛和政坛的两个人物的生命历程。前段是与徐悲鸿的"半生缘"，后段是同张道潘的"交响曲"，两个男人共同构成了蒋碧薇令人感慨、难以评说的一世情缘，也一度让她暗香盈袖、羽衣翩跹。

1.爱情不需要理由

蒋碧薇原名蒋棠珍，碧薇是徐悲鸿给她起的名字。1898年4月9日，她出生于江苏宜兴。父亲蒋梅笙是一位饱读诗书的学士，在当地办了一所小学，蒋碧薇自小跟着父亲读书。在她13岁的时候，父母做主，将蒋碧薇许配给了苏州望族查家的二公子查紫含。

蒋家和查家的联姻，可以说是门当户对，毕竟蒋家在宜兴也属于名门大。小时候的蒋碧薇，就有一种大家闺秀的风范。她少言讷语，却又心思敏锐。虽然她的眼睛稍微有点儿肿眼泡，可是，谁看到她，都会夸她很漂亮。

蒋碧薇的漂亮，是一种藏绌的美。她美得不招摇，不夸张，安安静静，亭亭玉立，一举一动间，都透着大家闺秀的隽秀。在知书达理的父亲和母亲的培养下，她就好像一株郁郁葱葱的玉兰，散发出动人的魅力。

可是，谁也没有料到，这个安静的女孩子，竟然会做出私奔这么一件惊世骇俗的事情。

蒋碧薇私奔的对象，是徐悲鸿。多年以后，不知道蒋碧薇有没有后悔过18岁的一时冲动。假如，她按照当时的礼仪，嫁入查家的豪门，那么以后她的命运，将会改写。她也许会做一个标准的贤妻良母，平平安安地度过自己的一生。

人生的十字路口，总会有一个重要的人，影响着你的一生。这个人，或许是你的初恋，或许是你的朋友，也或许是一个路人甲。这个人，是我们道路上的杠杆，他或许只是无意走过，却扭转了我们人生的轨迹。这条路，或许是充满泥泞的，或许是铺满鲜花的。这就是命运。

为了心中倾慕已久的他，为了坚贞不移的那份爱，18岁的蒋碧薇毅然跟随徐悲鸿奔赴重洋，远至法国。这种爱，在那个年代让人觉得有种叛逆的反封建心态，却也透露着真挚和永恒的感动。用现代人的眼光来看，这叫为爱赴汤蹈火，再所不惜。

爱一个人，是不需要任何理由的。处在青春芳华的年纪，蒋碧薇在梦里一直都憧憬着幸福的爱情影子。刹那之间，七彩光环便席卷了她的全身，脑袋嗡嗡跳动着的思绪乱了弦。这是她第一次看见徐悲鸿后的感觉。这种感觉与对父母的依赖有所不同，她更想从对方身上拥有比物质更珍贵的东西。这就像是她内心深处燃烧的一簇火，没有人去要求她，她却一直在心底虔诚地祈祷着：能与自己爱的人咫尺天涯，那该多好！

2.冲破礼教的私奔事件

蒋家是宜兴的书香门第，她13岁就许配给了家族的世交查家，按理说她已是别人的未婚妻，可是，谁耐得住徐悲鸿的魅力呢？这个家伙嘴巴甜，他爹写个诗，他就卖力夸；她母亲做的每道菜，他居然会夸张到"天下第一"。徐家家境没有蒋家好，他9岁开始学画。后来，被父母定了门亲事，他不喜欢这个老婆，18岁生了儿子，居然将儿子叫作劫生，遭劫而生的意思。再后来，妻子病故，儿子7岁夭折，他又变成了单身汉。

第一次在上海家中见徐悲鸿，蒋碧薇便被他怪异的外表和行为所感染。那时，她躲在窗帘后面，听徐先生与伯父、姐夫的对话。一来觉着他的名字取得怪，二来为他的奇闻逸事所吸引。比如，徐悲鸿服父丧，白布鞋里却穿双红袜；又说他兼授始齐女学的课程，天一亮由城里步行30里赶去上课，中途过家门而不入……总之，他被视为与众不同的特殊人物，而她喜欢这个另类的男人。

她从伯父伯母的嘴里进一步了解到徐悲鸿，他们不会在意一个刚满18岁处在青春萌芽期的女子心里在想些什么。但就是这样的初识，让蒋碧薇有了无数次的思念，如泉水般涌进心田的各个缝隙，直到小心房灌得满满的，全是徐悲鸿的影子。那时候男女间的爱恋，更多的是带着一种崇敬迷恋的味道，蒋碧薇也是如此。说她爱徐悲鸿，不如说她看中的是，他二十出头就有的出众才华和不朽魅力。

记得父母叹惋时曾说："如果我们再有一个女儿，那该多好啊！"蒋碧薇明白，此时的姐姐早已嫁人，而自己也已经订婚，可是父母多么希望有徐悲鸿这样一位好女婿啊！那时候，徐悲鸿的太太因病去世，留下的一个儿子也在7岁那年患了天花离开人世。或许是在同情他的遭遇，就像自己的心被割了一块肉，蒋碧薇的心情很是复杂。或许是为表达对父母的恩情，她觉得自己应该做点什么。尽管这样的做法不为人接受，甚至父母也很反对。

封建的礼教约束下，蒋碧薇刚开始还不敢有过激的行为举止。只是那颗心，早已抛却了尘世，随着徐悲鸿的声音，寻去。这天，徐悲鸿的挚友朱了洲先生来到蒋碧薇家，趁她父母不在的空当，问她："如果有一个人，想带你出国，你愿意吗？"蒋碧薇似乎预料到了什么，脸上火辣辣的红。她知道，那个人就是梦里百般思量的男人；同时她也肯定了，徐悲鸿是爱她的，一直都是。出国的强烈吸引，爱人的声声呼唤，急促地在她耳边环绕着。"我去，怎么会不去！"蒋碧薇很肯定地回答。蒋碧薇做梦都没想到，徐悲鸿要带自己一起去法国，听说那边有很多浪漫爱情元素，她的心又微微颤动了下。这个年龄的女子，除了敢爱外，还真没什么事比这更重要了。

最让蒋碧薇感到幸福与满足的，就是她那好听的名字了。这是徐悲鸿特意帮她取的，并用两枚定情戒指当作爱情信物，寓意他俩能够天荒地老，幸福美满。祖父为他取的"棠珍"名，自此也就画上了圆满的句号。她的翅膀，终于飞出了亲人的怀里，来到了爱人的鹊巢。之后，他们就一直秘密地为出国做着准备，等着吉时。1917年5月13日的夜晚，是蒋碧薇一生都无法忘记的日子。那天，徐悲鸿深情地把刻有"碧薇"两字的戒指，戴在了她的手上。蒋碧薇感受到，从徐悲鸿手心传递过来的爱意，暖暖的。此刻，她就是这个世界上最幸福的女人。翌日，他们就开始了私奔之旅，从上海到日本，从日本到北平，再从北平到法国。无论路途多坎坷，时光多恒久，这一切都只是幸福路上的石子，最终铺垫着他们的爱情之路。蒋碧薇渴望的爱情，终于找到了。

女儿和人私奔，对名门望族的蒋家来说是件很不体面的事，况且也不好向已经定亲的查家交代。蒋家无奈之下，只得宣称蒋棠珍因疾病身亡，并在宜兴家中设了灵堂。出殡时，为免起疑心，棺材里放进了石头。多少年后，宜兴城里对此事还是津津乐道。

虽然最后两人终因人生志趣不同而在28年后分道扬镳，但是这场轰轰烈烈的爱情之旅，最终赢得了父母的宽慰、朋友的包容、后人的流连。把爱的私奔，看成一次与爱人的浪漫旅行，就会有另一种收获与感受了。

3.贫贱夫妻的苦涩与快乐

蒋碧薇和徐悲鸿来到日本，开始了正式的同居生活。

当时的徐悲鸿，只是一介书生，他虽有几分才气，可是美术造诣和名气都还远远不够，一幅画，连出手都很难。

两个年轻人蜗居在日本的一家叫"下宿"的旅馆里，日子过得非常的清贫，好在爱情滋润着他们。徐悲鸿一到日本，便如醉如痴地喜欢上了日本的仿制原画，见到喜欢的，就会毫不犹豫地买下来。而他们身上，仅仅带着两千元，尽管蒋碧薇不买衣服，不买鞋子，心甘情愿和丈夫受苦，可还是不到半年，钱都花光了。

此时，只有回老家筹备款项。当初出来的时候，蒋碧薇就没有想到还能回去，但现在丈夫穷困潦倒，不回去，就没有了活路。蒋碧薇毕竟是大家族的女儿，此时回去，她知道意味着什么。

果然，回到了娘家，一些对父母不好的议论就传了出来。本来，当年蒋梅笙是给她大张旗鼓办了丧事的，此时一个大活人，活蹦乱跳地回来了，一切谎言不攻自破。好在蒋梅笙并不是一个顽固不化的老人，他们爱女心切，重新接纳了女儿蒋碧薇，也接纳了徐悲鸿。

徐悲鸿在康有为的帮助下，弄到一个官费的名额。于是，当他们重新远航，到法国继续深造的时候，蒋碧薇的心里宽裕了许多。毕竟，学费有了保障，吃饭的钱可以节省。

这就是蒋碧薇和徐悲鸿远赴巴黎时的生活，只要有了学费，她的心里一块石头就落了地。因为她还年轻，她认为自己可以做女工补贴家用。一个大户小姐，沦落到做女工的地步，也是难为了她。

1919年3月20日，徐悲鸿和蒋碧薇顺利达到了巴黎，徐悲鸿进了法国的最高国立艺术学校，蒋碧薇进了一家学习法语的学校，先练习法语。毕竟人生地不熟，语言再不能沟通，是很难融入当地的生活的。那段时间，是蒋碧薇和徐悲鸿生活最为清苦，而两人的感情最为融洽的一段时间。蒋碧薇出身于大家望族，气质和谈吐都有着高人一筹的魅力，而且正处于年华21岁，是女人爱打扮的年龄，可是，蒋碧薇却没有条件打扮自己。

或许，年轻就是一笔财富，这个时候，面临的一切，在蒋碧薇眼里，都是可以克服的。

由于国内时局战乱，徐悲鸿的官费经常供应不上，两个人数次饿着肚子过日子。有一次，蒋碧薇硬着头皮到中国驻巴黎的领事家借钱。在领事家，领事夫人很热情地和她聊天。而蒋碧薇几次想把借钱的事情说出来，但是话到嘴边，又很难出口。她其实是个很内向、很腼腆的女人，她第一次求人，生怕下不来台，最后，直到走出领事家门，她也没能说出借钱的事。到了家里，她就扑在徐悲鸿怀里，哽咽着说："对不起，悲鸿，我没有借到钱。"

徐悲鸿抱着蒋碧薇，苦涩的滋味在心头蔓延开。那一夜，他们没有吃饭，互相用体温为对方取暖，可是，他们是幸福的。蒋碧薇在最困苦的时候，没有抛弃丈夫，她艰难地和徐悲鸿挺过了生命里的严冬。

1925年，由于清政府停发了官费，为了筹款，徐悲鸿只得独自回了国。而等徐悲鸿再到巴黎的时候，他手里已经有了7万大洋，那是他给几个南洋富翁画了几张肖像得到的酬金。

蒋碧薇本以为有了这7万元，可以改善一下生活，可是徐悲鸿对艺术有着偏执的喜爱，他竟将这7万元全用于买一些绘画作品，她又一次面临饥馁的状况。蒋碧薇为此和徐悲鸿吵了一架，她是一个女人，需要吃饭，需要穿衣，需要一份安全感，可是，没有官费的、手无分文的徐悲鸿，用什么养家呢？

多年之后，蒋碧薇还在回忆录里说："我从十八岁跟他浪迹天涯海角，二十多年的时间里，不但不曾得到他一点照顾，反而受到无穷的痛苦和厄难……"

虽然风雨不断，但是相知、相爱、相依、相偎的两个人，依旧搀扶着走过这风雨旅程。留学期间，他们结交了一群十分要好的朋友，其中有张道藩、刘纪文、邵洵美等人。他们模仿上海的"天马会"，成立了一个"天狗会"。由于蒋碧薇身材高挑，容貌端庄典雅，皮肤白皙，且是这一群人中唯一的女性，于是，她当仁不让地成了"压寨夫人"。

蒋碧薇在这群人中间犹如众星拱月，是很多人心目中的女神。1925年，徐悲鸿去新加坡筹款，蒋碧薇在"天狗会"朋友张道藩、谢康寿、邵洵美等人的照料下，比徐悲鸿在时过得还要快活。他们经常一块儿去咖啡馆、电影院，他们一起聊天、跳舞。

蒋碧薇犹如女神一般，高贵的气质比起金发碧眼的外国女郎，有过之而无不及。当然，时日一久，他们难免就会对蒋碧薇渐生爱意，只是碍于徐悲鸿的面子，不便于表现出来而已。后来与蒋碧薇维持了几十年情人关系的张道藩，就是其中的一位。但是在当时，张道藩也只能把这份爱深深地埋藏在心底。

1927年10月，蒋碧薇和丈夫徐悲鸿一起回到了祖国，蒋碧薇此时也有孕在身。

回到上海不久，徐悲鸿就加入田汉和欧阳玉倩领军的南国社，担任美术系主任。此时，中国饱受帝国主义的压迫。一些人的媚敌求荣行为深深触动了徐悲鸿的内心，他怀着极度的愤懑，创作了第一幅巨作《田横五百士》，在上海引起了巨大的轰动。蒋碧薇见了画，却埋怨说："为什么要画《田横五百士》，画点轻松点的题材有什么不好？"

有一天，蒋碧薇趁徐悲鸿不在家，把他的衣服、被子、画具等东西搬出了南国社，甚至把家从上海搬到了南京，她向徐悲鸿发出最后通牒：要么离开南国社，要么就离婚！

这样的分歧令徐悲鸿完全没有想到，自己费尽心力选择的女人怎么会这样不理解自己呢？他选择了沉默和忍耐。

1927年底，蒋碧薇生下了儿子徐伯阳。一年多后，她又生下女儿丽丽。蒋碧薇沉醉在养儿育女的天伦之中，徐悲鸿继续在丹青中求索，他们都没有想到，另一个危机悄悄地来了。

4.情海生波，第三者插足

1930年，蒋碧薇回老家省亲奔丧。因为先是弟弟患病死去，接着就是姑母去世，事情很多，蒋碧薇就在家乡多住了几个月。1931年，蒋碧薇忽然接到了徐悲鸿的一封来信，信上说："碧薇，你来南京吧，你再不来的话，我会爱上别人的。"这句话好像是徐悲鸿心底的呐喊。从这封信里可以看出，徐悲鸿对蒋碧薇还是很看重的，可是，他管不了自己的心。

在张健初的《孙多慈与徐悲鸿爱情画传》的扉页上，有这样一段文字：如果说徐悲鸿情感历程是一棵大树，那么他身边的女人就是这树上的花——蒋碧薇是靠树根的一朵，廖静文是靠树梢的一朵，而树间盛放的这朵花却鲜为人知。这朵花就是曾任台湾大学艺术系教授、著名的画家孙多慈。知情人把他们二人之间的交往称作"美丽的悬念"。

安徽安庆的才女孙多慈高中毕业，报考南京中央大学文学系落榜，做了徐悲鸿教授的旁听生。第一次见面，徐悲鸿面对这位17岁少女白皙的面容和忧郁的眼神时心中就不免一动。孙多慈见到徐悲鸿的感觉更是特别，她不仅没有感到紧张，甚至感到似曾相识和分外亲切。徐悲鸿很快就发现孙多慈内秀外美，她不仅绘画的感悟极好，而且温柔体贴。没多长时间，孙多慈就成为徐悲鸿画室的常客。更麻烦的是，徐悲鸿越来越想让孙多慈待在自己身边。

1934年10月，徐悲鸿带领孙多慈等十几个学生到天目山采风。在高大的红豆树下，孙多慈选了两颗最亮最圆的红豆，放在胸前，闭上双眼祈祷，然后把红豆捧到徐悲鸿面前。二人忘情至极，相拥而吻，这一幕竟然被写生的同学用相机偷拍到了。多日之后，徐悲鸿以二人在天目山的经历为素材，创作了一幅油画《台城夜月》，而那两枚红豆则被徐悲鸿装饰成两枚戒指。

很快，接吻、绘画、打戒指的事情就传到了蒋碧薇的耳中。她开始了一系列的报复行为，她当众羞辱孙多慈，并向她发出离开徐悲鸿的最后通牒。她激进的方式把徐悲鸿逼得越紧，徐悲鸿便向孙多慈靠近得越快。此后，徐悲鸿对孙多慈的追求开始公开化。

在蒋碧薇和徐悲鸿的分分合合里，这个女子扮演了夹心人、第三者的角色。多年之后，当一代大师徐悲鸿患脑溢血去世时，沉默多年的孙多慈第一次面对媒体记者，公布自己的这段感情，她说："我后悔听了爸爸的话，没有和徐悲鸿结为夫妻。"

这也算是一段旷世之恋，可是，对于另一个当事人蒋碧薇，就是别有一番滋味在心头了。

蒋碧薇是一个自尊心很强的女人，也可以说，对感情她带着一点偏执和洁癖。她不允许自己的男人心里有别的女人，爱情是自私的，她需要百分百不含水分的爱情。从此后，家无宁日。

蒋碧薇开始和徐悲鸿大吵，并用多种手段最终将小三赶跑了。但是，蒋碧薇忽然发觉，经历了这场保卫战，自己忽然不爱徐悲鸿了。同时，她觉得自己原来并不了解这个男人，而这个男人，也从来没有珍惜过自己。所以，与其苟且，还不如分道扬镳。

此时，张道藩受到陈立夫的重用，在国民党政府担任要职，他衣着名贵，气质轩昂，事业上处于春风得意的关口，但他的心里，依然对蒋碧薇感情深厚。他看到蒋碧薇整日落落寡欢，作为一位温柔体贴的"男小三"，他不失时机地又一次走进了蒋碧薇的生活。

当时的南京城，经常遭到日本的轰炸，但徐悲鸿的心思不在蒋碧薇这里，经常消失半个月不见。蒋碧薇已经没有心力去管徐悲鸿了，她也知道，丈夫可能又去湖南长沙找孙多慈了，鞭长莫及，她很失落。

张道藩像一股清泉，流进了她的心里。他们开始通信，蒋碧薇把自己的烦恼通过信笺告诉了张道藩，而张道藩安慰着她，并在警报响起的时候，帮助她和孩子一次次逃难。

蒋碧薇第一次产生了被呵护的感觉，她对这份感情投降了，她接纳了张道藩。在漫长的通信过程中，他们的心碰撞了，终于，在1937年初，他们住到了一起。

很多人为蒋碧薇的这场感情所不齿，就连蒋碧薇的两个孩子，长大后也不屑于母亲和张道藩的这场感情。但蒋碧薇是个女人，她需要爱，需要在自己受到惊吓的时候，有一个男人勇敢地保护自己。她希望拥有一份完美的感情，可是，她已经对徐悲鸿失望了。

5.没有爱，有很多很多钱也可以

徐悲鸿追求孙多慈的道路并不平坦，孙多慈的父母不赞成女儿和徐悲鸿结婚，并在很快的时间内，把孙多慈许配给了国民党浙江省教育厅厅长许绍棣。徐悲鸿和孙多慈的这场师生恋，就此收场。这让他很失望，他在国外周游了几年后，又回到蒋碧薇身边，希望蒋碧薇接纳自己。蒋碧薇神情淡远地说："假如你和孙多慈决裂，这个家的门随时向你敞开。但倘若是因为人家抛弃你，结婚了，或死了，你回到我这里，对不起，我绝不接收。"

这话说得堂堂正正、不卑不亢，而徐悲鸿的确是因为孙多慈出嫁，而吃"回头草"来了，蒋碧薇没有给他草吃，她要活出自己。她不为第一段感情活，因为那男人不在乎自己，她为在乎自己、关心自己的男人活得有滋有味，痛并快乐着。

1944年，徐悲鸿重新觅得一位红颜知己廖静文，并登报说和蒋碧薇已经解除了同居关系。

这时候，蒋碧薇一笑，她打算打一场官司，争取自己的权益。于是，她开口朝徐悲鸿索要100幅徐悲鸿自己的画、40幅古画，还有100万元钱。

徐悲鸿一一照办，并且为了赶出蒋碧薇的100幅画，废寝忘食。

这个女人，面对离婚，要青春损失费，要高额离婚费，因为她的付出，值这个钱。她为了徐悲鸿，付出了青春、才貌，背弃了豪门之约，背弃了父母，10多年陪着徐悲鸿打拼、受苦。徐悲鸿知道自己欠她，所以他给她，还特意多给了一幅她最喜欢的《琴课》。

这幅《琴课》一直摆在蒋碧薇的卧室里，直到她去世，也没挪过地儿，而张道藩给她的画，一直摆在大厅里。

这个摆设，是不是反映了女主人的某种心理呢？

1958年，张道藩倦鸟知还，他结束了和蒋碧薇30年的爱情长跑，接回了自己的家眷，而蒋碧薇理智退出。

1978年12月16日，蒋碧薇死于台湾，享年80岁。

此时，张道藩已作古10个年头，徐悲鸿已作古25个年头。

打一场婚姻保卫战，是很多女人都不得不面对的事情。男人出轨固然令人气愤，可是用出轨去报复男人并不是好的方法，最后只能让事情向最糟糕的方向演化。比如蒋碧薇，一时的报复快感，却让自己踏上了一条众叛亲离的歧路。

虽然出轨让人绝望，会把人气疯，但不一定需要离婚。有些夫妻坦诚相待，能从婚外情中恢复过来，甚至增进了彼此的沟通和亲密感。要取得这样好结果，双方都要为对方付出努力，说出实情，避免日后再受到诱惑。修复之路是崎岖而漫长的，但婚姻值得你们去努力。

如果不忠的是你，可以考虑：永远不要简单地让你的伴侣"忘记它"，而是倾听对方的痛苦和愤怒，用心去感受这种似乎没完没了的感觉。你不要怕对方提起那件事，应时不时主动拿出来谈，让对方感到安心。

如果被背叛的是你，在提出离婚之前，不妨进行婚姻咨询，努力让自己宽恕对方，让对方有机会修复关系，以后能重新赢得你的信任。

两个人能最终走到一起结为夫妻，其实并不容易。夫妻之间，对方出轨了，固然让你愤怒，可是不一定非要走到离婚这个地步，两个人可以坦诚相对，找方法解决这件事。有时候，你还要为你的孩子考虑一下，家庭破碎对孩子的成长会有很大的影响。

婚姻不是儿戏，是两个人的一辈子，因为各种心理而出轨，实在是不负责任和特别幼稚的行为。不管是什么缘由都不该背叛对方，否则不仅使婚姻破碎，也给对方的心理造成了极大的创伤。希望不管是已经结婚了还是准备结婚的，都请认真对待自己的婚姻，别走错了路。

阮玲玉：
贪点儿依赖，贪一点儿爱

我们常听到《葬心》这首曲子，歌声哀婉、缱绻，让人贪点儿依赖，贪一点儿爱……阮玲玉一生都渴望有个可以依靠的人，命运却偏偏事与愿违。甚至读完了她的生平，我们会忍不住发问：究竟谁真正爱过她？

1.吾家有女初长成

1910年4月26日，一个美丽的小生命诞生在上海祥安里一个阴暗、拥挤的小屋里。这家人姓阮，男主人阮用荣年近四十，在浦东亚细亚油栈当工人，而女主人何氏25岁，由于生活的重压，显得憔悴而衰老。当这对一直想要个儿子的夫妻看着怀中漂亮的二女儿时，不知心中是喜是忧。望着她一双美丽的丹凤眼，父亲给她取了个有点儿男性化的名字——凤根。

　　父亲是她生命中第一个为她着迷的男人。以后，阮玲玉听到任何人对自己美丽眼睛的赞赏，都没有一个像父亲那样真挚、亲切，更不会有那种出自肺腑、满心的喜悦。

　　有一段日子，父亲所在的亚细亚油栈的外国老板发了善心，答应一些住得远的工人搬到油栈附近的工人住宅去住。

　　那段日子对于阮玲玉来说是最难忘的。她每天坐在自己家的门槛上，等父亲下班回来，时光在等待中充满幸福。随着时间的流逝，渐渐长大的她，变得更加可爱、美丽，再加上大女儿的夭折，更使得父亲视她为掌上明珠。每天，父亲回来，顾不得洗一把脸，喝一口茶，就把长着一双美丽眼睛的女儿架在肩上，到空场上去兜圈子，向邻居们夸耀。

　　这样的日子仅仅过了一年，外国老板要把工人住宅改为高尔夫球场，强令工人迁出。他们一家又被迫搬回了破房子。不过，令她最难受的不是住回了破房子，而是和早出晚归的父亲在一起的时间更少了。但即便这样，她仍然会每天等父亲回家，而父亲对她也更加宠爱，自己省吃俭用，每天都带些好吃好玩的东西给女儿。

　　一天深夜，下班回家的父亲摔倒在屋前的积水中，手里紧握着一个被水浸湿的小纸包，里面是给她的礼物——用彩珠穿成的耳环。可是，父亲再也没有起来。这个世界上唯一真心爱她的男子，就这样远离了她的视线，让她日后的生活渐渐走向了孤寂。

　　父亲去世后，家中的重担就全落在了体弱多病的母亲身上。为了生计，母亲开始到大户人家做帮佣，小小的她也跟随母亲当了大户人家的小丫头。当时，上海是资本主义最发达，但社会矛盾也最尖锐的地方，等级制度非常严重，到处都是歧视。佣人这样职业非但赚不了什么钱，还被人瞧不起的。小小的阮玲玉在母亲帮佣的张家，度过了她的童年时光。

张家是上海有名的富商，家中有很多佣人。客观来说，张家对佣人还是不错的，从没有虐待、克扣这种事情发生。而张家对阮玲玉的母亲也有所照顾，所以阮母能够一个人将女儿养大。

阮玲玉由于父亲早亡，家中也没有兄弟姐妹，几乎整天跟在母亲身边。母亲烧饭时候，她帮着摘菜；母亲扫地时候，她帮着抹桌子。就这样，阮玲玉在深宅大院的张家度过了整整9年时光。

只是，为维持生计才选择做佣人的阮玲玉母亲万万不会想到，这样的抉择会给女儿埋下非常深重的孽根。

在张家人的眼中，阮玲玉只是一个佣人的女儿，一个小佣人而已。阮玲玉在张家人的轻视中长大，形成了敏感、好强的性格。阮玲玉在成年后，从不提起她母亲的职业，根本没有人知道她的母亲是别人的佣人。其实，这也是她母亲从小对她的叮嘱。

阮玲玉的母亲很辛苦，每天从早到晚地为人干苦活、累活，以养活自己和女儿。不过，她对女儿阮玲玉非常好，从牙缝中省钱出来让她念书，居然还让她读到中学（上海崇德女子中学）。这在当时是极少有的。

一般来说，就算是有钱人的女孩，往往读个中学也就是顶天了，毕竟当时很少能有女孩去上大学。

以当时女人的标准，阮玲玉的教育程度还是很高的，也大大高于普通的女电影演员。这也是她后来在演艺生涯中从容不迫、得心应手的重要原因。

16岁的阮玲玉出落得亭亭玉立、光彩照人，她顾盼迷离的眼眸里，流露的全都是烟视媚行的美丽。

阮玲玉是一个标准的江南美女，她皮肤白皙细腻，五官端庄，眉目清秀，身材高挑，腰肢纤细。

除了长相、身材以外，阮玲玉更有一种温柔入骨的女人味，让所有看到她的男人忍不住心动。当然，她还有一个聪明伶俐的头脑。

2.天生的悲剧皇后

1922年至1923年间，阮玲玉观看了早期默片《海誓》和《孤儿救祖记》后，对电影产生了深度迷恋。其后，明星公司拍摄《挂名夫妻》，向全社会公开招聘女主角，阮玲玉前往报名。她举止文静大方，虽不是倾国倾城的绝色佳人，却也不乏脱俗的灵秀气，迥异于上海大都会那些搔首弄姿、矫揉造作的摩登女郎。《挂名夫妻》的导演卜万苍当即拍板，让她角逐女主角，并且热情洋溢地说："密斯阮，我看你一定能演戏，让我来给你这个机会吧。"

这堂面试惊动了大老板，主考官由明星公司的决策人张石川担纲。性格羞怯的阮玲玉虽然酷爱表演，此前在学校也积累过一些舞台经验，但从未见过眼前三堂会审一般的阵势，她简直比小鬼见阎王心里更发毛，别说饰演女主角，就连举手投足都有点不知所措。看到她脸色飞红，又紧张，又慌乱，卜万苍导演也爱莫能助。

试戏完毕，主考散去，阮玲玉自知面试不合格，不由得好一阵难过。卜万苍心中的万里晴空也变得阴云密布，他许久没说一句话。待他看到阮玲玉泪流满面、深深自责时，内心又不禁生出怜惜之情，他决定破例再给她一次试戏的机会。

阮玲玉不再挂怀这是她最后的机会，也不再顾虑将来能不能成为电影明星，只一门心思由着自己的理解，将少女妙文内心的悲苦、郁闷和忧伤演绎得淋漓尽致。她完全进入状态，沉浸于角色之中，神情态度仿佛变成了另外一个人，该落泪时，泪水便潸然而下。

这一回，连大导演张石川的眼睛都看直了，脸上满是赞赏的笑意，他还与卜万苍交换了一下眼色，两人不约而同地点了点头。幸亏卜万苍的一念之仁，阮玲玉才没有与电影失之交臂。然而，从影初期，阮玲玉在明星公司过得并不开心。因为张石川更喜欢走才子佳人的路线，而这种题材的电影限制了阮玲玉的表演。

张石川能够慧眼识胡蝶，还发掘过宣景琳等多位影界奇才，却因为艺术观的局限，识不得阮玲玉是精金美玉，这的确令人遗憾不已。

阮玲玉离开"明星"，转投"联华"，这步妙棋使她的事业迅速迈向辉煌的顶峰。她与优秀导演孙瑜、卜万苍（同样是由"明星"转投"联华"）、费穆、吴永刚、蔡楚生合作，自始至终相得益彰，而她与一代影帝金焰联袂，更是双星闪耀。

阮玲玉的艺术感悟力极强，表演时分寸把握得恰到好处，每当她掌握了一个角色的精神基调之后，她就不再需要日思夜梦，而是随时随地都可以从容自如地进入角色。

做导演的都希望遇到阮玲玉这种能随时入戏的演员。开拍前，只须稍加点拨，她就能充分理解导演的意图，在大多数情况下，总能一拍即成，极少返工，其他演职员也跟着少受许多劳累。尤其令导演感动的是，即使阮玲玉对导演具体规定的某些形体动作不以为然，她也不会在镜头前停顿下来，去与导演争长论短，而是满怀信心地表演出她所理解的角色，使导演心悦诚服。

1933年元旦，《明星日报》在上海创刊，为了招来读者，扩大销路，报社发起了评选"电影皇后"的读者参与活动。这果然是一个金点子，影迷投票十分踊跃，短短两个月内，就收到数万张选票。2月28日，《明星日报》邀请社会各界名流举行揭晓仪式。结果，明星公司的胡蝶以超过两万票的人气指数，名列第一，荣登"电影皇后"的宝座，而天一公司的陈玉梅和联华公司的阮玲玉分列第二和第三位。

成名之后，阮玲玉接戏颇有主见，不是她喜欢的角色，创作班子再齐整，她也未必加入；若是她喜欢的角色，即使是新手执导，她也欣然应约。《神女》是阮玲玉的巅峰之作，该片的艺术价值经久不衰，在中国电影史上占有特殊的地位。1995年，中国电影诞生九十周年之际，《神女》被评为十大国产佳片之首。

阮玲玉从影9年，在共计29部电影中，塑造了社会各阶层的妇女形象，其中有交际花、歌女、舞女、妓女、尼姑、乞丐、农村少女、丫头、女工、女学生、小手工艺者、女作家，有正角也有反角。由少女到老年，从吃人社会的殉葬者到与命运抗争的时代女性，这些人物往往都有一个悲惨的结局，有的自杀，有的入狱，有的被逼疯，有的被害死。这些充满悲剧色彩的银幕形象合在一起，就是旧中国千百万苦难妇女的缩影。她们的不幸遭遇震

111

撼着人们的心灵，激起观众的无限同情和久久共鸣。阮玲玉能够准确到位地把握悲剧人物的心理，一方面固然因为影片中某些角色的际遇，与她本人的身世颇有暗合之处；另一方面也由于她卓越的天赋和敏感的心灵，能与受苦受难者的精神世界形成直接的感应和沟通。她是中国电影史上，尤其是默片时代里，当之无愧的"悲剧皇后"。

3.爱恨交织的三个男人

阮玲玉曾有一只小藤箱，里面装满了青年男子对她吹捧，甚至求爱的信。对于这些痴心人的信，她既不加以嘲笑，更不忍心撕毁，她把它们藏在这藤箱里，上面加了把锁，还贴了一张纸，写着"小孩子的信"。一些60岁以上的、在旧上海滩上颇会白相的男子说，阮玲玉的美丽是别人学不来的。

青年时代的阮玲玉很喜欢画眉。当年，人们盛传她在北平要花一个小时画眉，在哈尔滨要花两个小时，而且她多以入鬓细眉示人。这体现了阮玲玉感情细腻，却又追求完美的特点。阮玲玉一直渴望自己能有幸福的归宿，但她的感情生活却十分坎坷。她一直希望找到一个好男人，依靠到他身边。这种期待有无限的惶恐和温柔，而历次的失望使她走向绝望。

纵观阮玲玉的一生，在她如流星一样短暂却美丽的生命里，出现过三个男人。遗憾的是，这三个男人都没有成为阮玲玉情感旅途中幸福的归宿，相反，他们带给她一次又一次的失望乃至绝望，甚至成为她选择死亡的重要原因。

在母亲帮佣的院子里，少女时代的阮玲玉认识了她生命中的第一个男人，张家的四少爷张达民。年轻的张达民长得非常白净，衣服总是穿得干干净净的。他在一个大学里混了张大学文凭，然后就待在家里。而此时，阮玲玉也在母亲身边一点一点地长大了。

张达民那个时候正好18岁，他年轻，有叛逆精神，也有热情，虽然是一个纨绔子弟，但他也是受过"五四"新思潮影响的青年，所以他对保姆的女儿并没有歧视。张达民遇到阮玲玉的时候，阮玲玉15岁，已是一个发育成熟的少女。于是，张达民开始对阮玲玉发起了进攻。此刻，阮玲玉对于复杂的社会一无所知，她禁不住他的甜言蜜语，对他倾心相许。因为她是保姆的女儿，生活一定是拮据的，于是张达民就经常拿自己的钱，去接济她们母女两人。

第二年，张达民就私下和阮玲玉开始同居。当时，阮玲玉只有16岁。两个人都没有工作，就靠着张家那点月份钱，他们吃吃喝喝、搓麻将，然后去跳舞消磨日子。张达民非常喜欢跳舞，他也把阮玲玉带到舞场去跳舞，于是阮玲玉也喜欢上了跳舞，并且跳得非常好。

1932年，当阮玲玉在电影艺术上有了迅速发展的时候，"一·二八"事变在上海爆发，日本把侵略的战火烧到了上海。此时，上海很多富商为了安全纷纷躲避到了香港，阮玲玉也带着自己的养女小玉和张达民一起来到了香港。在香港，阮玲玉遇到了她生命中的第二个男人唐季珊。

唐季珊是当时东南亚非常著名的茶叶大王，也是阮玲玉电影制片厂联华公司的一个大股东。他在见到阮玲玉后，就想方设法地追求她。

而这个时候，唐季珊除了在乡下的老婆以外，身边已经有一个情妇张织云。她是阮玲玉的前辈，10年前是一个很著名的女明星，当时已经息影了。张织云的气质和阮玲玉非常相像，都有一种讲不出来的、压抑着的那种悲哀的感觉。但唐季珊认识阮玲玉后，就渐渐把张织云抛弃了。

这个时候，张达民由于迷恋赌博，已经穷困潦倒了。所以，当他看到与自己同居了6年的阮玲玉，居然和唐季珊开始新的同居生活时，嫉妒心理油然而生。他开始使用无赖的方式纠缠阮玲玉。

于是，阮玲玉暂时平静的生活再次掀起了风波。而这次风波直接把阮玲玉推向了死亡。这个时候唐季珊在外面又有了新的相好。这个相好叫梁赛珍，是当时上海滩上一个著名的舞女，舞跳得好，人也长得好，所以也经常去拍电影。

由于张达民的无赖和唐季珊的不忠，阮玲玉再次失去了感情的寄托。此时，阮玲玉唯有把心中的悲哀和痛苦，融化在所扮演的角色当中。这时候，一次偶然的机会，另外一个男人闯入了她的生活。

当时，阮玲玉正在拍电影《新女性》，导演是后来非常著名的导演蔡楚生。在演到最后一场自杀戏，并且抢救不过来的时候，阮玲玉扮演的女主人公躺在床上，对医生说："救救我，我要活。"这个镜头拍得相当出色，在场所有的人都被阮玲玉的表演所打动，潸然泪下。

在阮玲玉最危急的时候，在她已经看透张达民和唐季珊的时候，她去求助过蔡楚生，想让蔡楚生帮助她，但是蔡楚生并没有回应这一段感情。在最后时刻，她曾要求蔡楚生带她走。可是蔡楚生是个有家室的人，他要对家庭负责，不能因为阮玲玉而抛弃自己的老婆孩子，他只好拒绝了。自然，蔡楚生并没有做错！

她问蔡楚生："你可不可以带我走？我们去香港。"

蔡楚生却说："去了还是要回来的。"

由此阮玲玉彻底失去了生存下去的希望。

4.自杀还是谋杀？

阮玲玉在陷入生活和感情的双重危机时，她在事业上也遭遇了寒流的袭击。

1935年3月6日，上海地方法院以正式传票传她，必须于1935年3月8日上午9时半，针对张达民的诉讼出庭做证，否则她要受到拘提处分。

几年前，皇妃文秀跟满清最后一个皇帝溥仪在天津离婚的时候，溥仪也曾经被迫出庭。以溥仪九五之尊的地位，还被律师问起是否是性无能，他遭受了极大的羞辱。阮玲玉认为一个电影明星，一旦上法庭不知道会给侮辱成什么样子，又会被舆论攻击到什么地步，她下决心，她宁死也不愿意接受这样的羞辱！

3月7日是与阮玲玉搭档演戏的小生金焰的生日，酒席上阮玲玉一反常态地大笑大闹，还吻遍了在场所有的女星。大家见她失态，以为是喝醉了，赶忙将她送回家。其实，此时阮玲玉已经下决心要死了。

临走的时候，她抱住好友王人美，流着泪说："我要走了，天下没有不散的宴席，好姐妹，再见吧！"

然后，她又分别与大家紧紧地握手道别。大家觉得奇怪，却也只是认为她喝多了，没有在意。

1935年3月8日，阮玲玉又一次和唐季珊激烈争吵。并且，在有可能被唐季珊殴打以后，她在半夜两点服用安眠药自杀。

阮玲玉服用安眠药以后很快被母亲发现，当时她尚且神智清醒，还没有昏迷。她母亲紧急通知唐季珊，而唐季珊随后的所作所为，几乎等于谋杀了阮玲玉。

其实，照常理来说，阮玲玉服用的是安眠药，不是剧毒，安眠药起效需要一段时间。所以，服用安眠药自杀的人如果在早期被发现，并且立即抢救，那么生还的几率还是很大的。

当时，上海有不少家大医院，不少医院还是洋人开的，医疗水平很高。唐季珊不是骆驼祥子，他有的是钱，再好的医院也能看得起。

但唐季珊却将阮玲玉送入一个日本医生的诊所里面。这个诊所很小，而且地点偏僻，唯一的好处就是能为所有病人保密病情。

所以，当时很多女明星做人工流产，都来这个地方。唐季珊跟这个诊所的日本医生非常熟悉。

唐季珊开车赶往这家诊所，由于距离太远，仅仅把阮玲玉送到日本人医院的路上，就花费了1个多小时。

当时的上海远远没有今天这么大，1个多小时几乎可以从城市这一头到另一头了。

对于一个服毒自杀的女人来说，这1个小时已经足以致命了。

他们到了以后，却发现那个诊所的日本医生并不在，诊所空无一人。唐季珊把已经昏迷不醒的阮玲玉留在车上，自己四处去找人，却始终找不到。没有办法，他只好再次驾车横穿城市，将阮玲玉送到他的朋友邹医生开始的私人医院中。

这个私人医院规模很小，邹医生也只是一个保健医生，没有什么临床经验。

而此时，已经是早上6点，离阮玲玉服安眠药已经4个小时了。她的中枢神经已经被药物麻痹，瞳孔对光完全失去反应，呼吸由中毒早期的深长变成表浅而不规则，血压下降，脉搏快速而细弱，皮肤发凉。

邹医生见阮玲玉已经气息奄奄，随时可能断气，根本不敢收治，让唐赶快送到大医院去。到了这个地步，唐季珊还是不肯送去大医院。邹医生无奈，只得电话请来几个同僚会诊。这几个医生又花了1个小时，才从四面八方赶到私人医院。这些医生见阮玲玉中毒已深，都强烈要求立即去大医院抢救，不然他们就要报警。

唐季珊无奈，只得将阮玲玉送到大医院。当时已经是上午10点，离阮玲玉服毒已经整整8个小时。阮玲玉的呼吸已经几乎停止，就是神仙来也救不活她。

在阮玲玉走上绝路的过程中，她还是有机会活过来的。然而，施救的医生都明白，抢救的时机已被延误，他们只能眼睁睁看着死神将阮玲玉带走。

1935年3月8日下午6时38分，阮玲玉的心脏停止了跳动，她年仅24岁。

阮玲玉的自杀在社会上引起了很大的震动，有不少喜爱她的观众也跟随她自杀。上海戏剧电影研究所的项福珍女士，听闻噩耗，随即吞服了鸦片自杀；绍兴影迷夏陈氏当天吞服毒药自杀；杭州联华影院女招待员张美英也因痛悼阮玲玉服毒自尽。单单1935年3月8日这天，上海就有5名少女自尽，其他地方也有多位追星成员自尽。她们留下的遗书内容大同小异：阮玲玉死了，我们活着还有什么意思？

阮玲玉生前名闻天下，死后也是极一时之盛。

阮玲玉去世后22年，蔡楚生写了长文《追忆阮玲玉》。

5.真假遗书扑朔迷离

阮玲玉死后，狡猾的唐季珊出示了两份遗书。

在一份遗书中阮玲玉说：我现在一死，人们一定以为我是畏罪。其是（实）我何罪可畏，因为我对于张达民没有一样有对他不住的地方，别的姑且勿论，就拿我和他临别脱离同居的时候，还每月给他一百元。这不是空口说的话，是有凭据和收条的。可是他恩将仇报，以冤（怨）来报德，更加以外界不明，还以为我对他不住。唉，那有什么法子想呢！想了又想，惟有以一死了之罢。唉，我一死何足惜，不过，还是怕人言可畏，人言可畏罢了。

而在另一份遗书中，阮玲玉对唐季珊的态度是：我很对不起你，令你为我受罪。

当时，媒体立即一起攻击张达民，而没有追究唐季珊。其实，张达民虽然不是好人，却并非完全没有良心。他对阮玲玉的自杀相当悲痛，对自己也非常自责。在阮玲玉死后，张达民撤销所有起诉，也很少接受媒体采访。他默默地守住了阮玲玉的最后一个秘密，也就是她是佣人女儿的出身。

在很少的几次采访中，张达民说：我此刻受的刺激和精神上的痛苦，真是超过死者百倍，我的方寸已经大乱，实在没有精力跟记者做长时间访问。只说一句话，我现在最愧疚悔恨的就是自己缺少金钱（指因为经济困难被乘虚而入），以及交友不慎（指认识唐季珊），以致美满家庭有如今之结局。事实现在都摆在这里，我还何必多说呢？大家可以随便评论吧。

其实，张达民是被更狡诈的人耍了，唐季珊公布的遗书完全是他自己伪造的。

唐季珊在阮玲玉死后，想方设法掩盖自己拖延治疗时间的行为，并且假惺惺地说：我为阮玲玉的丈夫，不能预防她的自杀，自然是难辞其咎的。我对于阮玲玉的死，可谓万念俱灰。今生今世，我再不娶妻，愿为她独身至死。

阮玲玉死后，跟唐季珊同居的梁赛珍深感兔死狐悲，更出于同情阮玲玉的良心发现，她突然在媒体面前抛出两份阮玲玉的真正遗书。

其中一份确实是对张达民的控诉，但另一份则是对唐季珊的控诉。

　　阮玲玉写给张达民的是：达民，我是被你迫死的，哪个人肯相信呢？你不想想我和你分离后，每月又津贴你一百元吗？你真无良心，现在我死了，你大概心满意足啊！人们一定以为我畏罪？其实我何罪可畏，我不过很悔悟不应该做你们两人的争夺品，但是太迟了！不必哭啊！我不会活了！也不用悔改，因为事情已到了这种地步。

　　阮玲玉写给唐季珊的是：季珊，没有你迷恋梁赛珍，没有你那晚打我，今晚又打我，我大约不会这样做吧！我死之后，将来一定会有人说你是玩弄女性的恶魔，更加要说我是没有灵魂的女性，但，那时，我不在人世了，你自己去受吧！过去的织云（张织云），今日的我，明日是谁，我想你自己知道了就是。我死了，我并不敢恨你，希望你好好待妈妈和小图图（养女小玉）。还有联华欠我的工资2050元，请作抚养她们的费用，还请你细心看顾她们，因为她们惟有你可以靠了！没有我，你可以做你喜欢的事了，我很快乐。

　　后一份遗书撕破了唐季珊的假面目，让他的丑恶嘴脸暴露于世。阮玲玉的死，是张达民和唐季珊联手造成的。

　　阮玲玉真正的遗书面世后，张达民和唐季珊被舆论大肆抨击，两人也赶紧同阮玲玉撇清关系。

　　张达民后来设法回归张家，再次过上他少爷的生活，他不久找了位门当户对的女子结婚生子。阮玲玉去世短短3年后，也就是1938年10月15日，始终郁郁不乐的张达民因患疟疾死于香港。

　　一般认为张达民是伤心死的，他毕竟还是爱着阮玲玉的！

　　至于唐季珊比张达民要无耻老练多了，他装作悲痛地办完阮玲玉的葬礼。

当时，因为阮玲玉真正的遗书还没有被披露，所以唐季珊还颇受好评。可惜好景不长，新的遗书被曝光以后，虽然唐季珊一再说自己是被人陷害的，但是他再也不被别人信任了。最后，唐季珊也被骂得体无完肤。

到了这个时候，唐季珊干脆以真面目示人。他继续跟各种女人鬼混在一起，一年之内跟多人同居。随后，他又毫无掩饰地无视之前所谓的不再婚的说法，短时间后就娶了剑桥大学戏剧专业毕业生王右家为妻。

1949年，唐季珊仓皇丢下内地的茶叶公司逃到台湾。到了台湾以后，唐季珊的生意一落千丈。但年过六旬的他，居然还跟一些年轻女星鬼混在一起，真是老花花公子。后来，唐季珊迷恋一位酒吧女安娜，搞到不可收拾的地步。他的妻子王右家一怒之下出走香港，随后宣布跟他离婚。此后，茶叶公司因为经营不善和被人诈骗也宣告破产，山顶别墅被抵押出去。当年的茶叶大王不得不捧着茶叶在街头兜售，最终凄惨地死去，也算是报应。

可怜阮玲玉一生就毁在这两个无耻的男人身上，在今天来看，真是太不值得了。

出现在阮玲玉身边的三个男人，她都抱以希望地相守，只为守得云开见月明。但，没有一个女人知道自己最终会爱上哪个男人，没有一个男人知道自己最终会拥有哪个女人。因为，遇到一个人，就会错过另一个人；爱上一个人，就会失去另一个人。男人一生最大的遗憾是选错了职业，女人一生最大的遗憾是爱错了男人。

你开车，发现自己走错了路，你会不会想：已经错了一百公里，索性继续开吧！事实上，你不会，你一定会朝正确的方向马上调头。爱情也是如此，不会因为错得久了，会变成对的。一发现分歧无法弥补，就应停止。

女人找对象和结婚前要明白，年轻人在恋爱的时候可以天真浪漫，可以花前月下，可以不食人间烟火，但婚姻毕竟是需要柴米油盐的。也就是说，爱错了人，就等于是荒废了女人珍贵的青春，浪费了女人宝贵的生命，错过了选择幸福生活的机会。而这种可怕的错误往往又是不可逆的，没有办法重新来过的。

因此，女人找对象和结婚应擦亮眼睛，明辨容易毁掉女人的男人，并且避而远之。

王映霞：
佳缘孽缘，爱是时间的沉沦

王映霞可谓是郁达夫一生中最重要的女人，两人之间那段以激情始却以悲剧终的情爱纠葛，曾轰动一时，被认为是"现代文学史中最著名的情事"之一。然而，这场轰轰烈烈的爱情并没有经得起时间的考验。

1.才子佳人一见钟情

郁达夫是位风流才子，他13岁在富阳高等小学堂读书期间，与比邻的"赵家少女"，就有过一段"水样的春愁"的初恋之情，大约在同一时期，他还与另外两位姑娘有过恋情。留学日本期间，他与后藤隆子、田梅野、玉儿等产生过恋情。后藤隆子被郁达夫昵称为"隆儿"，是郁达夫下宿处附近的"小家女"。田梅野是名古屋旅馆的侍者，玉儿也是侍女。1919年，郁达夫入东京帝国大学经济学部，其间多次嫖妓，并写下成名作《沉沦》。

1917年，21岁的当郁达夫从日本回国省亲时，奉母命与乡绅大户孙孝贞之女孙兰坡订婚。后郁达夫为孙兰坡改名为孙荃，意即孙家香草之意，爱惜与尊敬充盈其间。

1922年3月，郁达夫自东京帝国大学毕业后归国。5月，他主编的《创造季刊》创刊号出版。7月，其小说《春风沉醉的晚上》发表。1923年至1926年间，他先后在北京大学、武昌师大、广东大学等校任教。1926年底，他返沪后主持创造社出版部工作，主编《创造月刊》《洪水》半月刊，发表了《小说论》《戏剧论》等大量文艺论著。此间，他在安庆时与妓女海棠曾产生荒唐恋情，在北京与妓女银娣也有频繁交往。直至遇到王映霞，郁达夫才在情场上浪子回头，专心于王映霞的感情。

王映霞，1908年出生于杭州，她本姓金，因为父亲早逝无人照料，便过继给外祖父王二南做孙女，这才有了王映霞一名。外祖父是当地名士，家里读书条件良好。在这种书香四溢的环境熏陶下，她也算是琴棋书画样样精通。长大后，她便有了亭亭玉立大家闺秀之风范。时人流传一句："天下女子数苏杭，苏杭女子数映霞。"

1923年，王映霞考入浙江女子师范学校。在学校的岁月里，她接触到了新文学，鲁迅、郭沫若等大家的作品没少读。她也看《沉沦》，佩服作者文笔细腻且放浪，但没想到几年之后会和作者有段不解之缘。

1927年初，郁达夫来到上海主持社部工作，顺道去拜访一位老友。在他看来，这只是一次平常的拜访，谈完事后就该潇洒走人。却没想到，他遇见了一生中最重要的女人，命运从此跌宕起伏。在和老友孙百刚谈话期间，王映霞走过来招呼。那一天，她穿着端庄典雅，雍容华贵，让人看了就挪不动步。

在后来的谈话中，郁达夫得知她便是王映霞，着实惊艳了一番，而她也被他的谈吐和绅士的风度所吸引。当得知他就是小说《沉沦》的作者，王映霞对他的崇拜之情，犹如滔滔江水，一发不可收拾。此次遇见这位心仪已久的大作家，又见他如此殷勤，虽然自己已有婚约在身，对方也有家室，但王映霞仍不免为之怦然心动。

不久，王映霞和郁达夫在上海江南大饭店的一个房间里，进行了一场长谈。王映霞提出了这样的婚嫁条件：必须明媒正娶，组成一个属于他们二人的完整世界。郁达夫满口答应，两人的恋爱轰轰烈烈地开始了。在两人热恋期间，郁达夫写给王映霞无数情诗，其中一首常为人传诵：

朝来风色暗高楼，偕隐名山誓白头。好事只愁天妒我，为君先买五湖舟。

1927年6月5日晚，郁达夫和王映霞在杭州聚丰园举行了订婚仪式。6月10日，郁达夫写信把此事告诉了发妻孙荃。孙荃无可奈何，只好默认。

1927年六七月间，郁达夫和王映霞在上海租房安家，过了一段甜蜜的日子。在王映霞的帮助下，郁达夫出版了自己的作品集《寒灰集》。在序言中，郁达夫声称是王映霞爱的火焰，复燃了他这堆已经行将熄灭的寒灰。

1927年9月，郁达夫将他和王映霞的恋爱过程，编成《日记九种》，由北新书局出版发行。从中可见，郁达夫当时的爱狂热到了何种程度，他真的是不要名誉，不要地位，什么也不要了。1928

年2月，才子郁达夫抱得美人归，王映霞终于做了他的"自由女王"，两人在杭州正式结婚。文豪柳亚子赠诗郁达夫，称两人"富春江上神仙侣"，一时传为佳话。

郁达夫和王映霞确实过了一段神仙眷侣的婚姻生活，小日子过得甜蜜丰裕。王映霞在自传中曾提道："当时，我们家庭每月的开支为银洋二百元，折合白米二十多石，可说是中等以上的家庭了。其中一百元用之于吃。物价便宜，银洋一元可以买一只大甲鱼，也可以买六十个鸡蛋，我家比鲁迅家吃得好。"

2.心塞，娇妻变妾妇

婚后，王映霞发挥了妻子的柔情，除了竭尽所能与郁达夫共同建立一个爱的窝巢之外，并有目的地每天准备鸡汁、甲鱼、黄芪炖老鸭，想尽了办法对丈夫的肺痨病体加以补养。郁达夫也以"日记九种"的形式把他对王映霞的爱登在报刊上，使人们都知道他有一位贤淑、聪明、美丽的好妻子。这时他们的第一个儿子出生了，夫妻更加恩爱有加，过了5年甜蜜的生活。1933年，他们举家由上海迁到杭州，建了一座"风雨茅庐"居住下来。

郁达夫夫妇移居杭州后，与当时的上流社会有了很多的交往。极喜结交名人的王映霞，也由此成为一颗交际明星。与其相识几十年的汪静之曾经说过："王映霞最爱郁达夫带她去认识所有的朋友，专门同人家交际。"

对于自己当时的这一段生活，王映霞自己也回忆说："(初回杭州) 这就很自然地给我招来了不少慕名和好奇的来访者，增添了麻烦和嘈杂。从此，我们这个自以为还算安静的居处，不安又不静起来。比如，今天到了一个京剧名角，捧场有我们的份；明天为某人接风或饯行，也有给我们的请帖。什么人的儿女满月，父亲双寿，乃到小姨结婚等等，非要来接去喝酒不可。累得我们竟无半日闲暇，更打破了多年我们家中的书香气氛。我这个寒士之妻，为了应酬，也不得不旗袍革履，和先生太太们来往了起来，由疏而亲，由亲而密了。所谓'座上客常满，杯中酒不空'，正是我们那一时期热闹的场面。同时因为有东道主的招待，我也就饱尝了游山玩水的滋味，游历了不少名胜。"

王映霞之美，令时人叹为观止。当年曾去过"风雨茅庐"的日本历史学家增井经夫回忆："(王映霞) 漂亮得简直像个电影明星，给我留下深刻的印象。当时她在杭州的社交界是颗明星，而她在席上以主人的身份频频向我敬酒，说'增井先生，干杯！'时，就把喝干了的酒杯倒转来给我看，确是惯于社交应酬的样子。又有她那深绿色翡翠耳环和手镯，在灯光下摇曳闪烁的情景，至今还很清晰地如在眼前。想起来，那个时候大概是郁先生最幸福的时期吧，一下子就在饭馆里款待十个客人，实在是豪兴不浅。"

作为新女性的王映霞很介意名分，从一开始她就希望在郁达夫与孙荃离婚后再嫁，但郁达夫的矛盾与拖延使她这一心愿没能达成，勉强可算是个"两头大"的格局。1932年，郁达夫在杭州养病时，在题赠王映霞的一首七律《登杭州南高峰》中，还有意无意地将她视为"妾妇"：

> 病肺年来惯出家，老龙井上煮桑芽。
>
> 五更衾薄寒难耐，九月秋迟桂始花。
>
> 香暗时挑闺里梦，眼明不吃雨前茶。
>
> 题诗报与朝云道，玉局参禅兴正赊。

在这里，郁达夫以朝云比王映霞。朝云是苏东坡的小妾，也姓王，也是杭州人。苏东坡对朝云非常钟爱，在她死后，曾作《悼朝云诗》寄托哀思，而朝云作为古代文人侍妾的代名词而闻名。郁达夫此诗题名《寄映霞》，自然有欠妥当，所以，后来他又将"朝云"改为"霞君"。

后来又发生了一件事，使王映霞的妾妇身份可谓"名至实归"：郁母七十大寿时，郁达夫曾带王映霞回富阳老家拜贺。寿堂前郁母高坐，原定由各门夫妻依次同拜，但郁母临时改变了主意，改由男归男，女归女，从大房到小房依次拜寿。郁达夫兄弟三人，他行三。轮到小房媳妇拜寿时，王映霞刚欲上前跪拜，孙荃就从左侧快步插入，抢先朝婆婆下拜。郁母见小房媳妇孙荃拜过了，就从座位上立起身，以示拜寿结束。

郁达夫的赠诗和郁母与孙荃的态度，都明白无误地说明在郁家王映霞不过是"姬妾"！这是王映霞所无法容忍的。思想上的距离、年龄上的悬殊、性格上的差异，使他们隔膜越来越多。终于，王映霞的外祖父王二南先生出面，让郁达夫写了"保证书"和"版权赠予书"给王映霞。从此，郁达夫对王映霞产生了一个非常坏的印象，他觉得她把金钱、物质看得比什么都重，是一个未脱尽世俗的女子。于是，"幻灭的悲哀"涌上心头。此后，二人误解日深，裂痕越来越大。

3.轰动的婚变风波

他们原以为"只要有了爱情，就什么问题都没有了"。

是，当年爱上有妇之夫的庐隐也是这么想的。

1929年，王映霞生下了长子郁飞，一年半后，又生下次子郁云，他们开始感到生活的压力。以前的小资情调，现在全被柴米油盐和孩子所替代，再者说郁达夫前妻孙荃母子的生活开支，郁达夫也是要接济的。这样一来，经济显得日渐拮据。

最先出招的是郁达夫。他总觉得王映霞和许绍棣有说不清、道不明的关系，理由是当时为躲避战乱，他们转到丽水和许绍棣做了邻居，由于两家孩子经常在一起玩耍，两家自然常常接触，再加上许绍棣对王映霞的美貌早有耳闻，钦慕之心自然是会有的，而关怀备至也是难免的，毕竟时局动荡。

王映霞还牵线搭桥，把与徐悲鸿有过绯闻的孙多慈介绍给许绍棣，没想到两人还真成了。此时，郁达夫本人在福州。这样一来，王映霞和许绍棣的暧昧，经过街头大妈的添油加醋就被传得有鼻子有眼。而且，王映霞跟当时中国的盖世太保戴笠的谣言也是满天飞。郁达夫听闻自然是极其愤怒，但苦于没有证据，他只好隐忍。

后来，郁达夫转到武汉工作，把一家人接了过来。1937年某日，郁达夫偶然间发现了许绍棣写给王映霞的信件，所以，他以为王映霞要和许绍棣私奔。男人一旦愤怒后，情商会降为负数，做错事的概率极大。因此，失去理智的郁达夫在《大公报》刊登寻人启事：

> 王映霞女士，鉴乱世男女离合本属寻常，汝与某君之关
> 系及携去之细软衣饰金银款项契据等都不成问题，唯汝母及
> 小孩想念甚殷，乞告以地址。郁达夫谨。

任何一个女人，看到丈夫刊登这些内容时都会抓狂，这就等于把家庭矛盾公之于众，让她背了全责。其实，王映霞只是去朋友曹秉哲家里了，并没有所谓的私奔。而郁达夫等于是自己打脸，他太冲动。后来，郁达夫跑到曹秉哲家里请她回去，却得到王映霞一句："如果要我回去，你必须在大公报上刊登道款的启事。"

郁达夫也知道自己的冲动犯下了大错，经过朋友的从中调解，他在报上刊登道歉启事：

> 郁达夫前以神经失常，语言不合，致逼走妻王映霞女
> 士，并在登报寻找启事中，诬指与某君关系及携去细软等
> 事。事后寻思，复经朋友解说，始知全出于误会。兹特登报
> 声明，并深致歉意。

到这时剧情反转，有点儿此地无银三百两的感觉，大家就权当看笑话了，两人算是冰释前嫌，重归于好。可感情这东西有了裂痕，就不会再完美，无论如何弥补都会留下阴影。

不知道郁达夫是要报复王映霞带羞辱的登报之事，还是抽风，他做了一件事，把自己的婚姻推向了坟墓。1939年，郁达夫

在香港《大风》旬刊上，发表著名的《毁家诗纪》。这算是把刚刚修补好的婚姻又曝光在大众面前，写的尽是两人之间的情感恩怨，而他把责任推向了王映霞，说她的背叛导致家庭破碎。这样一来，又是轰动，满城风雨。众人纷纷指责郁达夫，郭沫若公平地说："他实在是超越了限度，暴露自己是可以的，可为什么还要暴露自己所爱的人?"此时的郁达夫已经失控了，失去了理智，只会做出一件又一件的蠢事。

王映霞看后冷静至极，直接摆手说："我想要的是一个安安定定的家，而郁达夫是只能跟他做朋友不能做夫妻。所以同郁达夫最大的分别就是我同他性格不同。"她能说这样的话而不是拿刀砍过去，算是大度。这种欲加之罪的痛苦让人崩溃，更何况还是自己最爱的人，罢了，罢了。

1940年3月，王映霞与郁达夫在新加坡协议离婚。王映霞经香港飞往战时首都重庆，郁、王两人在新加坡、香港、重庆分别刊出离婚启事。

王映霞走后，郁达夫冷静下来，对她仍是思念不已，有诗为证：

> 大堤杨柳记依依，此去离多会自稀。
> 秋雨茂陵人独宿，凯风棘野雉双飞。
> 纵无七子为哀杜，犹有三春各恋晖。
> 愁听灯前谈笑语，阿娘真个几时归。

郁达夫希望以母子之情去打动王映霞，妄想她幡然悔悟，然而一切已无法挽回了。

这对曾被誉为富春江上的神仙眷侣，算是走到了终点。昔日的才子佳人，就这样以彼此怨恨的方式劳燕分飞了，不禁让人嘘唏。

后来，郁达夫在新加坡与广播电台工作的李筱英同居。李筱英是福州人，在上海长大，暨南大学文科毕业，中英文造诣均佳，具有非凡的语言天才，银铃般的声音令人着迷。然而，由于郁达夫儿子的坚决反对，两人未能成婚。

1942年日军攻占新加坡前夕，郁达夫渡海逃亡到印尼的苏门答腊。为了掩护身份，也使家中有人照料，经朋友介绍，郁达夫与华侨女孩何丽有结婚。在日本宣布无条件投降后两个星期，1945年8月29日晚，几名日本宪兵队突然秘密绑架了郁达夫，并在9月19日将其枪杀。一代才子就此陨落，最终客死他乡。后人谈起至此，不禁叹息。

郁达夫费尽辛苦追得的美人，还不是一样与他炊烟来去，带着孩子，他并没有把她变成一个神话。其实，婚姻在经过12年后，总会无比乏味。婚外的暧昧之情难免，关键是看你想要什么。

4.平静幸福的第二次婚姻

王映霞回到重庆后，开始了新的生活。1945年冬，她任妇女指导委员会保育院保育员。次年6月，任军事委员会特检处秘书，随即到外交部担任文书科科员。事实上，王映霞在重庆的工作和生活，都得益于军统头子戴笠的鼎力相助。

在外交部上班的第一天，她刻意打扮了一番，穿上一身凹凸有致的花色旗袍，足登三寸高跟皮鞋，加上她那"荸荠白"的皮肤，确实是艳光四射的。她款摆腰肢地走进办公室时，四座皆惊。

王映霞清楚地知道，红颜易老，青春不再，她必须有效地把握自己犹存的风韵，而且还要尽量摆脱"郁达夫弃妇"的阴影。于是，她努力重塑淑女的形象。除了化妆和衣着外，往日在重庆的故交反而很少往来，她谨言慎行。不久，经过精心准备，她又重在社交界抛头露面。商会会长王晓籁成了她的干爹。王映霞凭她的家世、学识、美艳、机敏，再加上岁月的磨炼、爱情的波折、饱经世故，她已是人情练达，还有人见人怕的戴笠撑腰，真是左右逢源，日子过得顺风顺水。

1942年4月，由曾代理民国国务总理兼外长、后任南京国民政府外交部长的王正廷做媒，王映霞在重庆再披嫁衣。新郎钟贤道是江苏常州人，毕业于北京中国大学，任职于重庆华中航业局，是王正廷的得意门生。王映霞与钟贤道的婚礼冠盖云集，贺客如云，极为排场，宴宾三日，王莹、胡蝶、金山这些当时的大明星也前去赴宴。郁达夫的朋友、专栏作家章克标在《文苑草木》中说："他们的婚礼是十分体面富丽的。据说重庆的中央电影制片厂还为他们拍摄了新闻记录片。他们在上海、杭州各报上登载了大幅的结婚广告，而且介绍人还是著名外交界名人王正廷，可见这个结婚的规格之高，怎样阔绰。"

著名作家施蛰存专门为王映霞赋诗一首："朱唇憔悴玉容曜，说到平生泪迹濡。早岁延明真快婿，于今方朔是狂夫。谤书欲玷荆和壁，归妹难为和浦珠。蹀蹀御沟歌决绝，山中无意采蘼芜。"

山城重庆为之轰动，有说法称："钟贤道拐了个大美人！"

对于这次隆重的婚礼，王映霞本人也是念念不忘。1983年，她在《阔别星洲四十年》（载1983年7月14日新加坡《联合早报》）一文中回忆说："我始终觉得，结婚仪式的隆重与否，关系到婚后的精神面貌至巨。"

1946年，戴笠因飞机失事而死。王映霞顿失凭依，辞去外交部的文书工作，急流勇退，过起朴实无华的主妇生活。她随丈夫到了芜湖，生了一子一女。

钟贤道对王映霞非常体贴。在婚前，他对王映霞许诺要把她失去的年华找回来，婚后他让王映霞辞去工作专事家政。新中国成立前夕，当时的达官显贵都纷纷逃往台湾，钟贤道却退了预订的机票，留在了大陆。新中国成立后，钟贤道到上海航联保险公司工作，生活比较安定。"三反"运动中，钟贤道被怀疑贪污受到审查，经调查为冤案。1952年，王映霞突然被拘留，起因是她在重庆外交部工作时参加过国民党。幸运的是，她只是口头参加，既无党证也没缴过党费，向组织说清楚这段历史后即被解禁。在王映霞被关押期间，钟贤道心急如焚，他探视、送物，竭尽所能，关怀备至。回家后，钟贤道在锦江饭店开了个房间让王映霞安心静养，又带她到外地旅游散心，"真像是一次蜜月旅行"。钟贤道对王映霞极为慷慨大方，对自己却非常节俭。王映霞对此深为感激，她感谢命运给了自己一个温暖的港湾。

1980年，与王映霞过了38年平静婚姻生活后，钟贤道病逝于上海，终年72岁。

对于自己婚姻中的两个男人，王映霞晚年在自传中作了一个比较中肯的评价："如果没有前一个他（郁达夫），也许没有人知道我的名字，没有人会对我的生活感兴趣；如果没有后一个他（钟贤道），我的后半生也许仍漂泊不定。历史长河的流逝，淌平了我心头的爱和恨，留下的只是深深的怀念。"

她在《王映霞自传》中，对郁达夫和钟贤道都有所提及。只不过，全书一共54章，直接讲到钟贤道的只有5章，绝大部分篇幅还是围绕着郁达夫展开。这个男人曾让她心醉，也让她心碎，还让她到了生命终了也无法与其脱离干系。那个给她尘世幸福的平凡男人钟贤道，只是和她共同经历生活风雨，只是和她相互扶持，只是和她平淡度日，只是拿她当作宝贝宠着爱着，却没有留下更多的故事。

5.活到老美到老

王映霞的晚年，除患轻度白内障和心脏病外，并无大病，日常生活全自行料理。她长期一人独居上海，不愿与儿女们共同生活。

偶然间，她开始动笔写一些文章——关于郁达夫的往事，关于与鲁迅、许广平、陆小曼、丁玲、庐隐等人的交往。

1986年，王映霞被聘为上海市文史馆馆员。她整理了郁达夫书信49通，结集成册，出版了《达夫书简——致王映霞》。又写

了《半生自述》《王映霞自传》，在大陆和台湾出版。另编就她
与郁达夫的散文合集《岁月留痕》等。

1990年，已82岁的王映霞应台湾《传记文学》杂志社刘绍唐
先生和原《中央日报》社长胡健中先生之邀，以"杰出大陆人
士"的身份访问了台湾。王映霞在台前后逗留了3个月，其间会
见了多位亲朋故旧，并专门拜访了30年代的旧交、国民党元老陈
立夫。

陈立夫寓所位于台北士林区一座绿意盎然的山坡上，当王映
霞步入客厅时，时年92岁高龄的陈立夫甩掉拐棍趋步上前，作个
揖说："王女士，想不到我们还能见面，不容易，不容易呀！"
王映霞含着眼泪细细打量陈立夫，只见这位当年儒雅风流的故交
已须发皆白。老友重逢，他们沉浸在逝去的岁月中，陈立夫谈到
50多年前他们在杭州"楼外楼"相聚的往事。那是1933年秋天的
一个黄昏，胡健中在西湖孤山南麓的"楼外楼"，为来杭州休假
的陈立夫洗尘，他特邀郁达夫、王映霞作陪。陈、郁、胡都是对
中国传统文化颇有研究的才子，面对桂子飘香的西湖，品尝着远
近知名的醋鱼，大家谈诗论道，尽欢而散。陈立夫还兴致勃勃地
忆起台儿庄大捷与武汉会战期间，两次与郁达夫见面长谈的往
事，对郁达夫英年早逝深感痛惜。见面后的第二天，意犹未尽的
陈立夫让秘书送来了赠给王映霞的条幅："春花开得早，夏蝉枝
头闹，黄叶飘飘秋来了，白雪纷纷冬又到。叹人生容易老，总不
如盖一座安乐窝，上挂着渔读耕樵，闲来湖上钓，闷时把琴搞，
喝一杯茶乐陶陶，我只把愁山推倒了！——映霞大姐雅属，陈立
夫时年九十二。"老先生乐观的生活情趣和对老友的深深叮咛，
令王映霞感慨万千、唏嘘不已。

访台归来后，一直在上海独住的王映霞不慎跌倒伤骨，从此搬到杭州与女儿一家住在一起。杭州是王映霞从小生活的地方，女儿经常用轮椅带着她去西湖走走。在如诗如画水光潋滟的湖畔，常常会有游人回顾赞叹："这么漂亮的老太太！"

2000年2月，王映霞在西子湖畔乘鹤归去，终年92岁，与钟贤道合葬于杭州南山公墓。

点评

正如多数新婚情侣一样，吃饱喝足之后就开始没事找事乱怀疑，不是臆造对方和前任藕断丝连，就是说和异性走得过于亲近，隐约有婚外情的迹象，敏感多疑。不少情侣在这种相互猜忌中引爆争吵，最后劳燕分飞。说到底，还是一个感情基础问题。

郁达夫与王映霞的结合，搁现在算是闪婚。虽不是昨天认识今天就领证，但从相识到结婚不过一年，他们彼此没有经历太多，看到的都是闪光点，对于双方的性格、爱好、感情经历等并不了解。没有经历过贫贱的夫妻，不足以谈婚姻。这也造成对方只要有一点异动便浮想联翩，主观能动性出奇的活跃，可大多都不是事实，最后就这么作散了。

王映霞就是那样一个俗气的女子，她爱美、爱物质。她老了，还靠着与郁达夫曾经的关系，孜孜不倦地出了那么多本书，但仍谩骂着当年爱过她的男人。其实，真的不必了。因为前一个丈夫让她名满天下，后一个丈夫给她现世安稳，她比乱世的那些美才女幸运得太多了。

盛爱颐：
繁华落尽，宠辱不惊

盛爱颐是含着金汤匙出生的"富二代"，不仅容貌清丽，而且能诗会绣，交际能力极强，年方豆蔻就已出入社交场合，绝对的名媛范儿。但她最大的魅力，是出身名门，骨子里透彻的优雅。这份优雅宠辱不惊，伴随了她的一生。

1.门不当户不对的爱情故事

盛爱颐是盛府的当家人庄夫人的亲生女儿，排行老七，其父去世时她才16岁，已出落得亭亭玉立了。她的胞兄盛老四（即盛恩颐）时任汉冶萍公司的总经理，在上海滩各路朋友很多，整天忙在外面，盛爱颐则是妈妈的心肝宝贝，朝夕陪伴在侧。庄夫人外出应酬或是打牌，七小姐是当然的"保镖"。庄夫人若是有什么个人私密的事情，多半也是由她出面周旋。所以，她不到20岁却见多识广，伶牙俐齿，以"盛七"闻名上海滩。

初见宋子文，盛爱颐还是一个年方十六的纤纤少女。那时候，她是上海滩名门盛氏家族的七小姐，前来想一亲芳泽的名门公子自是踏破了盛家的门槛。

而那时的宋子文，却还只是个留洋回来的穷小子，因与盛老四盛恩颐是同学，便留在四公子身边做贴身秘书。宋子文每天按着钟点，到盛府汇报工作，不久，他便结识了名满沪上的盛爱颐。

一个是颜若春花、优雅端庄的大家闺秀，一个是博学多才、英俊潇洒的翩翩公子，很快，宋子文和盛爱颐之间便绽放出爱情的火花。

起初，宋子文追求盛爱颐的时候，他想方设法地把自己在国外的见闻趣事展示给她。在他看来，盛爱颐不过是个深居简出的大家小姐，而自己的博闻广识、奇妙经历一定能让涉世不深的小女孩儿心生仰慕。可是，他低估了盛爱颐的见识。打小就跟随着母亲周旋在社交圈里的七小姐，对宋子文这粗陋低俗的伎俩自然心知肚明。

盛爱颐不动声色，一面只当没事人一般继续和宋子文谈笑风生，另一面，暗中派大管家打听来宋子文的家世背景——广东人，信基督教，父亲是教堂里拉洋琴的。

盛爱颐一听，心里打起了鼓。她权衡起利弊：宋子文既没有良好的家世，又缺乏强有力的靠山，事业上刚刚起步，想扶摇直上、平步青云，恐怕难之又难，如若自己下嫁了他，将来必定过不了锦衣玉食的好日子，只怕还会遭人耻笑。

想到这些，盛爱颐对宋子文刚刚燃起的爱情之火，便熄灭了一大半。她开始渐渐冷落宋子文，还利用盛老四的关系，把他调到武汉做汉阳铁厂的会计处科长，她想以此来打消宋子文的求爱。

偏宋子文就是倔得很，越是得不到的，他越是想要。到武汉没几天，宋子文就因为挂念盛爱颐返回上海，他想方设法地求见心中的女神。后来，他无计可施，竟当街拦了七小姐的车，要求与她"对话"。

那一段日子，宋子文是痛苦的，事业上处处碰壁，爱情上一片迷惘。恰在这时，孙中山在广州建起了革命政权，正需要各方面的人才。宋子文的二姐宋庆龄把弟弟引荐给孙中山，孙中山一封封电报催其南下。宋子文认为这是个人发展的好机会，可他心里还是放心不下盛爱颐。

那一天，盛爱颐和妹妹盛小八去浙江钱塘江看潮。宋子文捏着三张开往广州的船票一路追到了杭州，他力劝两位小姐同他一起去广州，共创年轻人的天下。

望着宋子文无限痴情期待的眼神，盛爱颐犹豫了。她明白，这个男人是真心爱自己的，可是跟了他以后，自己的未来又将怎样呢？

对于孙中山的广州革命军，盛爱颐也听说过一些，她心里清楚，如果革命成功，宋子文作为国舅爷势必不同凡响、平步青云。自己今日若向前走出这一步，便是与宋子文携手共进、风雨同舟，那未来的成功喜悦里也同样有她的一份。可是，万一革命失败呢？盛爱颐不敢再想下去了。

犹豫和矛盾充斥在盛爱颐的心里，许久，盛爱颐长叹了一口气，掏出一把金叶子给宋子文，她说："还是你自己去吧，我等你回来。"

虽然宋子文早已预料到结果，但他还是心如刀绞。钱塘江的风那么凉，一阵一阵，吹散了他和她曾经的一切。

她转身，不再回首，从此，留给他一个模糊、冰凉的背影。

盛爱颐是个太过理性的女子，她不愿意拿自己的未来做赌注。她总以为，就算不跟宋子文，自己还是那高高在上的千金小姐，还有无数的名门公子在等着自己。何况，那离别前相赠的金叶子，那含情脉脉的一句"等待"，她天真地以为，宋子文真的会把她当成心头的朱砂痣、床前的明月光，对她念念不忘。

可是盛爱颐太自信了。

宋子文此去经年，从中央银行行长一直做到了广东省财务厅厅长。当他荣归故里的时候，身边多了一个温婉贤惠的太太张乐怡。

盛爱颐没有想到事情会变成这样，山盟海誓竟是一场空，整日闷闷不乐，闹了一场大病。

她不是没有后悔，不是没有遗恨，只是一切，都已经无从说起了。

2.使君已有妇，却未忘罗敷

"最难过的不是你爱的人不爱你，而是那个爱了你很多年的人转身离去。"这样一句话，用来形容盛爱颐重逢宋子文时的感想，是不是恰如其分呢？

抗战胜利之后，抗战期间大批到大后方去的人又大批回沪，盛家的兄弟姐妹也团聚了。他们常在盛老五（盛重颐）的淮海中路大花园中聚餐、喝茶，或是打牌。有一天，七小姐接到电话，再次来到盛老五的花园喝茶，想不到刚走进客厅，发现宋子文也在场。

想必是宋子文曾透露过想与七小姐见面的愿望，盛家兄嫂就热心地安排了这次活动，因为担心七小姐知道了不肯来，事先并未告知她实情。看到七小姐走进来，宋子文主动上前搭话，盛氏其他人也力促他们"讲和"。

可是七小姐一脸冰霜，甚至还有些动怒，丝毫不肯给宋子文面子。她不需要任何解说，而且，年轻时的那段恋情已经过去20多年了。大家都劝她留下来共进晚餐，但七小姐不干，站起来冷冷地说："不行！我丈夫还在等我呢！"说完拂袖而去。

宋子文讨了个没趣，也走了。

事后每当有人问起这件事，七小姐总是说："我才不跟他啰嗦呢！大家都有了自己的生活，何必再去惹麻烦，况且他正高官厚禄、春风得意，我何必去巴结他呢？但话也得说回来，他那把金叶子还没还我呢！"

后来，她的儿女长大了，也知道了金叶子的故事。这个故事在盛家代代相传，最后就权当一个笑话了。

七小姐的心高气傲是出了名的，但是，天有不测之风云，盛家在后来的日子中屡遭麻烦，在紧要关头，有时还不得不求助于这个宋大部长。

抗战胜利以后，国民党肃奸部门空前忙碌，盛老四的儿子盛毓度也被关入监狱。

盛毓度早年曾在日本读书，抗战爆发后返回上海，曾在汪伪时期的复兴银行里做过事，很快又转到日本领事馆当秘书。虽然他在敌营工作，但他与国民党军统头目戴笠有单线联系，曾策应、营救过一些国民党人士。只是戴笠后来飞机失事后，他有口说不清，被"挂"了起来。尽管他不断地写申诉，甚至让曾被他营救过的人写证明材料，可是朝中无人就是无法出狱。

盛家兄妹自然是急得团团转，能动的脑筋都动了，能托的人也都托遍了，可就是不见放人。最后，大家只好央告七小姐给宋子文打个电话，请这位宋大院长出面帮帮忙。因为宋子文的权势正如日中天，他出任国民政府行政院院长，而且直接掌管对敌伪产业的接收和处理，据说放不放人全在他一句话。盛毓度的元配夫人叶元婵跑到七小姐家，在她面前长跪不起，几乎是逼着七小姐打电话——你不打，我就不起来。

七小姐被逼得没办法，只好答应了。她心里好窝囊，当初不屑于理睬宋子文，如今倒真的要求他了，想不到这天底下还真有过不去的桥！但想想盛毓度毕竟是自己的亲侄子，还是自己亲手抱回来的，她不能见死不救。于是，她答应叶元婵：电话只打一次，成就成，不成就算了。

想不到宋子文那头十分痛快，一口答应了。七小姐心想此事不能含糊其词，光听你空口说说不行，必须讲好具体时间，于是苛刻地提出："我想明天中午跟我侄子吃饭。"电话那头很爽快地说："OK！我一定让您明天中午跟毓度一起吃饭。"放下电话，满屋子的人一阵狂喜，还是大人物有力道，一个电话就解决了问题。而七小姐却觉得一阵心酸，她明白，宋子文心里还是有她的。第二天中午，盛毓度果真被放出来了。

1947年，由于全国黄金风潮的影响，宋子文辞去了行政院长的职务，新中国成立前夕去美国当了寓公，1971年在旧金山逝世。

在后来的日子里，宋子文一直没有忘记七小姐，离开大陆之前，曾委托一位留在大陆的民主人士对其关照。七小姐晚年患病期间，宋庆龄曾叫她办公室的同志专程从北京来探望她，大概也与宋子文有关。

3.勇争财产继承权

1927年秋天，老太太庄夫人去世了，盛公馆一时方寸大乱。

在遗产清理时倒有新收获，估计是庄夫人的"颐养费"的剩余部分。按照盛氏愚斋义庄的规矩，这应当一分为二——一半归盛家五房子孙，另一半归盛氏愚斋义庄。这样分下来，盛氏愚斋义庄实得一百四十七万三千九百三十二两七钱四分九厘，加上原先在盛宣怀去世时已经归入义庄的五百余万两，合计共有公有产为七百二十七万六千九百八十九两九钱四分三厘。按说，大家按章办事，相安无事，天下太平，皆大欢喜。可是，盛老四节外生枝了。

1927年11月26日，盛老四和盛家义庄的董事狄巽公一起向上海临时法院提出要求，要求将早已归入愚斋义庄属于慈善基金的那部分，由盛氏五房（即盛宣怀的三个儿子盛老四盛恩颐、盛老五盛重颐、盛老七盛升颐，以及大房的孙子盛毓常、三房的孙子盛毓邮）分掉。这在家族内部引起了轩然大波。

首先，七小姐不服气，这笔基金已归入公产，怎么还可以讨回呢？如果可以讨回的话，按照民国的法律，未出嫁的女子也有继承权，那么就应该分成七份，七小姐、八小姐都应有权分到一份。于是，七小姐向盛老四要10万银元出洋留学。

谁知盛老四不同意，他自己钱都不够花，何来心思顾及其他！

七小姐虽是高墙深院里的大家闺秀，但更是上海滩上的新女性。五四新文化运动给她以很大的启发，她决定尝试着维护自己的权益。所以，你不给，那就法庭上见！

1928年6月，盛爱颐把他三个哥哥（恩颐、重颐、升颐）及两个侄子（毓常、毓邮）告上了法庭。

此案在报界一经曝光，即刻引起极大反响。因为按照中国传统的大家族析产的惯例，女子的确是没有财产继承权的。民国后虽然讲男女平等，政府法律条文上已经明确女子也有继承权，但真正实行起来困难颇多，得有人带头才行。所以，盛爱颐打的这个官司，是民国以来第一例女权案。其社会意义远远超出了盛氏家族内部的矛盾，成为一个社会公众所关注的传统制度的改革问题，因而颇有轰动效应。这是盛老四等人万万没想到的。

坊间流传七小姐曾参与孙中山和宋庆龄的革命运动一事，现在已无从考证了，但她敢于在全国第一个打起关于女权的官司，则充分说明了她的胆识和气概。

9月5日开庭之日盛况空前，不仅引起了社会上的广泛关注，还引起了法律界的高度重视，因而到庭旁听的人极多，名律师江一平、詹纪凤亦到场旁听。七小姐本人未出席，而是请律师陆鸿仪、庄曾笏为之代理。盛老四也没到场，也是由律师代理。七小姐的律师陈述案情后，盛老四的律师反驳，主要理由是：盛宣怀是1916年去世的，从那时起，就有了继承权的问题，就有了财产分配的问题，然而那时并没有关于男女平等的法律条文，所以，盛爱颐不具有分得遗产的权利等。接着又有盛重颐、盛升颐、盛毓常的律师出场，他们一致反对盛爱颐有继承权。盛毓邮的律师未出庭。

眼看着这场官司将要败诉，此时，宋庆龄和宋美龄姐妹却意外地站了出来。她们在媒体上说，盛爱颐敢于在全国打第一个关于女权的官司，很有胆识和气概。这场官司的社会意义，远远超出了盛氏家族的内部矛盾，是一个历史性的事件。

正是宋氏姐妹的支持，这场官司才引起了广大民众的关注，大家自发地支持盛爱颐，支持为了女性权利而努力奋斗的七小姐。

有了民众的支持和舆论的压力，在这场官司中，盛爱颐反败为胜了。

一个月后，法院的判决书下来了，宣告盛七小姐胜诉，应当可以分得先人的遗产50万元。

这一消息不仅鼓舞了七小姐，八小姐盛方颐见事有可为，也大着胆子，向租界的临时法院递上了状子，要求法院判决她亦有同样的财产继承权。法院请张正学推事承审。开庭审理时，八小姐本人没有到场，也请律师代理。而被告的五房人马也没到场，双方均由律师代理。律师们唇刀舌剑，各不相让，让众多的旁听者又看了一场精彩的好戏。

租界临时法院自是支持盛方颐一方，不久即宣布盛方颐胜诉，她也应当得到该项遗产的七分之一。七小姐和八小姐在法律界的支持下，终于打胜了这场官司，拿到了自己应有的份额，尽管付出了高昂的律师费。这是一场有重要社会意义的官司，从此女性遇到财产继承权问题时，就有榜样了。

官司打赢后，盛爱颐为了表示感谢，特地去拜访宋氏姐妹，也是在那时候，她意外地得知，宋氏姐妹的支持，皆是出于宋子文的周旋游说。

那是一种怎样的惊愕、羞愧和百感交集呢？

曾经，盛爱颐为了门第之见把宋子文拒之门外，后来又算计着自己的未来和他玩了一回爱情游戏，可是如今，在自己最落魄、最无助的时候，却又是他在后面为自己辛苦奔命、运筹帷幄。

真爱莫过于此，当年少不更事的她，一次次地错过，一次次地不懂得珍惜，如今百转千回，当她了然于心、追悔莫及的时候，世事沧桑早经把他和她生生隔成了岸。

以后，盛爱颐再没有对人说起过宋子文，他成了她心底最后一抹温情婉转的晕红，是梦里梦到醒不来的梦，也是握在手里，流失于指缝，又落空的红。

1932年，32岁的盛爱颐下嫁给庄夫人的内侄庄铸九。以后的岁月，繁华落尽，她辗转成凡世里一颗沧桑的砂。

4.创办"百乐门舞厅"

在新婚那年，盛爱颐在上海市静安寺附近用遗产官司赢得的50万银元建造了一座美式风格的"百乐门舞厅"，楼高六层，今天已成为历史文物性的著名建筑。

百乐门之于上海人，无异于一个熙熙攘攘的梦。"月明星稀，灯光如练；何处寄足，高楼广寒；非敢作遨游之梦，吾爱此天上人间。"此诗特为1932年百乐门的建成所作。诗的作者不可考，诗里的情绪却是明明白白的。百乐门的金色年华是在万众的啧啧赞叹中度过的，旋转楼梯、玻璃地板、弹簧舞厅……每夜彩灯绚烂，歌舞升平，人头济济。

1932年2月16日，《申报》用一个整版记录了百乐门开张时的盛况：

> 当时国民党政府上海市长吴铁城亲自出席发表祝词；一个外国人写道："白色的大理石旋转楼梯通向大舞厅，阳台上另有一个舞池，玻璃地板，下方有脚灯，让人感到像在鸡蛋上跳舞。表演合唱的是俄国女子，她们穿戴很少：帽子、浅帮鞋和非常细的腰布。"

百乐门建成后，即刻成为上海最负盛名的豪华舞厅。张学良时常光顾；陈香梅与陈纳德的订婚仪式在此举行；徐志摩、陆小曼是常客；卓别林夫妇访问上海时也曾慕名到此跳舞；黄金荣、杜月笙等大佬经常到此聚会。百乐门已经成为上海上层生活的一部分。当时，上海滩最时髦的娱乐活动就是吃西餐、看电影，最后到百乐门跳舞。

那时的百乐门，周围没有高的建筑物，它的光环可以照耀到一里以外，上海的夜晚在暗绿色灯光的闪耀下，演绎着十里洋场的灯红酒绿。

百乐门是染过血的。1940年2月25日，红舞女陈曼丽被枪杀在舞厅内。关于这个案子的说法很多，最流行的一种是，她不肯为日本人伴舞，故遭毒手；也有说她是国民党地下工作人员，或是汪伪特务；还有猜测只是普通的情杀。

但无论如何，陈曼丽小姐的追悼会是隆重的，正如当年阮玲玉香消玉殒，整个上海城为之悲恸。据说陈曼丽小姐极负艳名，且擅长京剧。但如今，楼梯转角处当年挂红舞女的头牌已换作明星们的黑白玉照：胡蝶、周璇、王人美、黎莉莉……当然，还有阮玲玉。

玩赏不尽的风花雪月，数不尽的红颜，只是这温柔乡里总也撇不去那么一点闺怨之气。这闺怨气如今当散去了吧，挂在墙上新百乐门"五大金钗"的照片，颜色是彩色的，玉色或金色的旗袍，肤若凝脂，顾盼生辉，神情是轻松的、职业的。又一曲响起，舞池中央渐渐聚集起来，灯光掩映下，一条一条剪影，时光错落……

从盛爱颐创办百乐门舞厅，追溯到盛宣怀与中国近代工业，盛家为发展中国民族产业做出了不可替代的巨大贡献。盛宣怀几乎创办了中国工业的所有第一：第一个钢铁企业、第一个招商局、第一个造船厂、第一个军工企业、第一个重型机器制造局、第一个电信局、第一条国家铁路、第一批轨道交通制造企业、第一批现代化大学（上海交通大学、天津南开大学）等。可以说，

149

现在中国所有重工业的基础和脉络，全部出自盛家产业。就连中国人自己创办的第一个娱乐场所，竟然也出自盛家小姐之手。盛爱颐同时也致力于教育事业和慈善事业，她本身就是上海交通大学（南洋公学）校董，她把盛家愚斋藏书楼的10多万卷藏书，全部捐献给了上海交通大学和上海圣约翰大学。

5.令人唏嘘的最后岁月

1949年上海解放，盛爱颐选择留在上海。可惜在上海的几十年间，她有很多日子过得并不愉快。

1950年上半期情况还好，她住在淮海中路常熟路路口附近的愉园小区8号。那是上海市中心的一处很好的联体花园别墅区，独立门户，楼高三层，楼下有一方花园，七小姐在里面种植了一些果树和盆花，日子过得还挺太平。平时丈夫上班，儿女上学，她在里弄里参加些社会活动，主要是当里弄的小组长，负责管理、督促街道和居民小区的清洁卫生，也参加了居民区的文化扫盲工作，帮助不识字的家庭妇女认字、读报……这些对她来说都是小菜一碟，轻而易举地就对付了。业余她还要练练毛笔字。她能写一手很漂亮的毛笔字，朋友中常有人来讨她的墨宝，她的案头经常是忙碌的。1956年公私合营以后，虽然自己的固定资产没有了，但能按季度拿到定息，起码生活还是安定、富裕的。

1950年代末期，社会生活渐渐乱了套。先是遇上三年自然灾害，副食品供应非常紧张，有钱也买不到东西，一日三餐都成了问题。后来，她的丈夫庄铸九莫名其妙地被打成反革命；儿子庄元端被打成右派，送安徽农村劳动改造；女儿庄元贞浙江美术学院（现为中国美术大学）毕业后，由于家庭出身的牵累，被分配到福建省教书……更不幸的是，1966年"文化大革命"爆发时，他们的房子被造反派占据了，家中细软被搜刮殆尽，她被赶到五原路上一栋房子的汽车间里居住，受尽磨难。

丈夫病逝以后，七小姐就一个人住在这里。

面对这一切变故，七小姐表现得异常冷静。她心里明白，"世上没有不散的宴席"，世家大族向来都是"富不过三代""三十年河东，三十年河西""天有不测之风云，人有旦夕之祸福"……何况盛家从盛隆开始，已经富了四代。她太明白世态炎凉了，所以一切都见怪不怪，一切都顺其自然。

然而，她那些在海外的众多亲戚和朋友，听说她在汽车间受难，无不为之感叹唏嘘，纷纷伸出援助之手，不断寄钱寄物来。尤其在她生病的时候，她在日本开留园饭店的侄子盛毓度，总是不断汇巨款来供其治病。每当又有雪茄烟抽的时候，她就拖一只小椅子，优雅地坐到门口来，从层层烟雾中，观看五原路上的人来人往。

那时，五原路是一个马路菜场，路上买菜的、卖菜的人群，熙熙攘攘，川流不息。有位并不认识她的人从她门口走过，从她手持雪茄烟的坐姿和芳郁的雪茄香味判断，她定是哪个豪门望族的落难小姐了。当一位朋友告知他，这就是当年大名鼎鼎的盛七小姐啊，那人恍然大悟："怪不得！"

令她安慰的是，女儿庄元贞成长为著名的工艺美术师，有多项作品在全国得奖，有的还被送到国外展出；女婿周荷生擅长肖像雕塑，出任上海工艺美术学校校长，是教授级的雕塑大师；儿子庄元端的"右派"问题在改革开放之后获得了平反，后来赴美国发展。

七小姐活到83岁，临终的时候，她的儿女庄元贞、庄元端和盛家许多亲友都在她身边，送她远行。她依旧干干净净，一脸镇静，非常体面，非常从容。

她的儿女把她安葬在苏州郊区的一座山上，从那里可以看到城里著名的古典园林——留园，那是她的祖父盛康购置的一处园林式的豪华别墅，盛氏家族的祠堂当年也在那里，是盛爱颐生前无数次住过的地方。

点 评

有过失恋的苦涩，也许会让下次的爱情多些理性的等待和成熟的耕耘与浇灌；有过失恋的痛苦，也许对爱情的珍视会真正从内心深处生发出来。人只有经历过一次真正失恋的痛苦和折磨，才会开始成熟起来。爱的觉醒即自我的觉醒、世界的觉醒。对于弱者，真正的失恋经历足以摧毁一个世界；对于强者，则会获得一个世界。所以，不如把失恋当作走向金刚不坏的祈福路。

一个人在处世中，拿得起是一种勇气，放得下是一种肚量。对于人生道路上的鲜花、掌声，有处世经验的人大都能等闲视之，屡经风雨的人更有自知之明。但对于坎坷与泥泞，要做到以平常之心视之，就非常不容易。面对大的挫折与大的灾难，能不为之所动，能坦然承受，则是一种胸襟和肚量。

徐来：
东方标准美人的爱恨情仇

在旧上海的电影圈，徐来是与著名影星胡蝶齐名、上过《良友》杂志封面的"八大明星"之一，其因貌美，被当时的观众赞为"东方标准美人"。徐来喜欢唱歌跳舞，又善于交际公关。正当她如一颗红星在人生舞台上冉冉升起的时候，却转而嫁给了国民党将领唐生明，且随夫深入汪伪虎穴当起了"卧底"，为抗战事业做出了贡献。

1.命运交织的三人行

徐来，1909年出生在上海，原名徐洁凤，父亲在南市老城厢开了一家小店。她从小喜爱歌舞，18岁那年报考了黎锦晖的中华歌舞专修学校。黎锦晖为她取的艺名为徐来，有"清风徐来"之意。

黎锦晖，中国流行音乐的奠基人，1891年生于湖南湘潭县。1927年，他在上海创办"中华歌舞学校"，后又组建"中华歌舞团"。1929年，他组织了"明月歌舞团"……因为有了他，中国出现了第一首流行歌曲；因为有了他创办的明月歌舞社，中国诞生了第一个歌后周璇。他还培养了聂耳、王人美、白虹等一大批艺术家……任何歌手，只要唱他写的歌就红……就是这个湖南音乐人发现了徐来，并娶她为妻，把她培养成上海滩一颗耀眼的明星——可以说是黎锦晖成就了徐来！

唐生明，1906年生于湖南东安县，国民党一级上将唐生智之胞弟。1926年10月，他毕业于黄埔军校第四期，后成为国民党的高级将领。他同时又是共产党的好朋友，他既是毛泽东、周恩来的学生，又是蒋介石的学生。他相貌英俊、善于交际、人脉广、有胆识、有谋略，在国民党官场很吃得开，和军统局长戴笠称兄道弟。他又是一个花花公子，虽然年轻就身居高位，但胸无大志，成天吃喝嫖赌，呼朋唤友……直到徐来嫁给了他，他的人生终于改变了。唐生明由一个不思进取的公子哥儿，变成了一个传奇的抗日英雄——可以说是徐来成就了唐生明。

1926年中秋节之夜，在上海赫德路（今常德路）恒德里内，上海文人举行中秋聚会。田汉致辞，黎锦晖即席挥毫写下"明月歌舞社"几个大字，中国流行歌曲的摇篮从此诞生了。1927年，明月歌舞社在上海公开招生，黎明晖（黎锦晖的大女儿）、徐来成为最早的队员。

那时候在上海有"湖南会馆"，在上海的湖南老乡基本上都认识，他们也经常聚会。大家听说黎锦晖手下有很多年轻美女，所以一到招生、演出时，总有一帮老乡来捧场，顺便泡妞。

这中间有一阔少打扮的年轻人，经常出入明月社，他就是唐生明，他是国民革命军第四集团军警卫二团团长，军务之余常来上海这个花花世界消遣。徐来和黎明晖正忙着帮黎锦晖接待新生，看见唐生明进来和黎锦晖打招呼，黎锦晖老不高兴地应了几句。徐来好奇地看着这两个湖南人，一个是老夫子，书生气实足；一个风流倜傥、春光灿烂。她怎么也料想不到，眼前这一大一小的两个男人，都先后成为她的丈夫，将本来平凡的她书写得那么精彩。

正在徐来比较着这两个外乡男人时，黎明晖在远处叫她过去，她非常不喜欢这个色眼迷迷的唐生明，她叫徐来小心，少惹他。黎锦晖也不喜欢唐生明，但知道他是大军阀唐生智的弟弟，他得罪不起。唐生明一有时间就泡在明月社，让黎锦晖非常头痛……

"四一二政变"后，明月社小学员王人美的哥哥王人杰遭到追捕，黎锦晖把王人杰藏起来，结果自己却被军警抓走。徐来求唐生明帮忙，唐生明乘机占徐来的便宜，要徐来陪他出去玩，徐来急哭了。唐生明要徐来亲他一口，他对徐来早就不怀好意。泼辣的湘妹子王人美火了，大骂唐生明："你和黎先生都是老乡，这点忙不帮，丢人不?!"唐生明只得说："我去帮你们去打听一下吧。"然后，灰溜溜地走了。

唐生明终于打听到黎锦晖被关在哪里，通知徐来她们去监狱救他出来，但条件是：明月社要劳军演出一场。

黎锦晖为明月社的生存焦头烂额，因为明月社经常揭不开锅，他只得为唱片公司写流行歌，以稿费来补贴明月社，培养这帮小孩子。心地善良的徐来想给他分忧。在所有的女孩子中，徐来最大，也最懂事，一方面她崇拜黎锦晖的才华，另一方面她觉得只有自己可以关心他、疼爱他。她常给黎锦晖洗衣服，显得很能干。黎锦晖有时看着这个逐渐成熟的、在他眼前晃来晃去的美丽身体，总是需要努力控制自己体内的冲动，他是老师呀，怎么可以去爱和自己女儿一般大的学生呢！……于是，他把情欲发泄到笔尖，音符如山泉奔涌而出！

黎锦晖为了让孩子们吃到肉，就去给英商百代唱片公司写歌。本来黎锦晖有十条不写的准则，如妓女的歌不写，猥亵的歌不写，"三妻四妾十美图"不写，等等。可今天他不得不出卖了自己，毕竟老板爽快地预付给他100块大洋，要求他写风花雪月的歌曲。黎锦晖神情沮丧，老板开导他说："这年头作曲救不了国家，只能救你和你的剧团。"

1928年5月，南洋商人刘雨来邀请明月社赴南洋演出。在香港大剧院，黎明晖、徐来、王人美、钱珍珍等8位演员，站在台上深情地合唱《总理纪念歌》，观众掌声雷动。随后，他们在曼谷、吉隆坡、雅加达、万隆、新加坡等地演出，当地华侨夹道欢迎祖国歌舞团的到来。他们的演出非常成功，但总是被权势欺侮。轰动一时的南洋演出结局凄惨，队员们跑的跑、散的散，剧团只有就地解散了。

徐来经常问黎明晖有关她母亲（也就是黎锦晖前妻）的情况，黎明晖说父母离婚多年，当初母亲就是不愿跟父亲到上海来才离婚的，这几年真是苦了父亲，身边一直没人照顾。

在新加坡，黎锦晖独自一人在小屋里喝酒，呆呆地看着桌上的明月社社牌，醉得一塌糊涂。黎明晖知道徐来喜欢父亲，要她去劝。徐来一进屋，抓起桌上的酒瓶就往嘴里灌，黎锦晖呆了，想夺过徐来的酒瓶。徐来抗拒着说：如果醉酒能解决一切问题，那么大家都一醉方休吧。黎锦晖放下酒杯，徐来拎起一桶水往他头上倒下去。黎锦晖一把抱住徐来，两人抱头痛哭……

黎锦晖精神好起来后，运气马上就来了。一家唱片公司来函说，黎锦晖的歌谱在上海畅销，请他作爱情歌曲100首，预付定金500块大洋。这样几个人的生活无忧了。

一日警察来查户口时，对黎锦晖说：依照新加坡的法律，你与两个外姓少女住在一起，会被误认为拐骗人口，不能同住。于是，黎锦晖让徐来做了自己的太太，将钱珍珍改名为黎莉莉（其实是钱壮飞的女儿），认作自己的女儿。就这样，他们组织了一个大家庭，黎锦晖整天在家里作曲，徐来给了他无尽的灵感。

黄昏时分，徐来挽着黎锦晖，去海边散步。黎锦晖面对夕阳下的大海，说起家乡风景如画的桃花江，还有那江边的美女……搂着徐来，黎锦晖忽然来了灵感，歌声脱口而出，一首脍炙人口的《桃花江》就这么诞生了：桃花江上是美人窝，桃花千万朵，比不上美人多……我每天都踱到，那桃花林里坐，来来往往我都看见过……

1929年底，徐来和黎锦晖回到上海后，正式结为夫妻。唐生明时任第四集团军第八军副军长，在徐来去了南洋后，唐生明发现自己非常想念徐来。所以，他知道徐来已经嫁给黎锦晖的时候，非常痛苦。

2.爱女病亡，黎徐婚碎

1931年春节，黎锦晖和徐来有了女儿。黎锦晖弹着钢琴，徐来抱着女儿唱《慈母曲》，小日子过得很温馨。联华影业公司的罗老板上门要黎锦晖重组明月社，加入联华成为其属下的歌舞部，除参加市场演出外，他还可参与拍电影，培养电影明星。黎锦晖马上同意了，并把徐来推荐给罗老板，说她想拍电影，罗老板马上答应下来。

1931年9月，明月社更名为联华歌舞班，隶属联华影业公司，拍摄了一些歌舞短片。当时，正值有声电影兴起，明月社的好几位主要演员先后登上银幕，其中包括徐来、王人美、黎莉莉、薛玲仙等。

一天下午，一个昆明来的、背着小提琴的土里土气的年轻人来到剧社，他叫聂紫艺。黎锦晖和他一番交谈后，发现这年轻人是个难得的音乐人才，当场录取，这就是聂耳。田汉前来祝贺明月社重整旗鼓，就此认识了聂耳。后来，他们合作创作了《义勇军进行曲》，被定为国歌。

黎锦晖带着明月社，到天津演出时，唐生明正好在天津，他想找徐来，就来旅店借口邀女演员出去玩，女孩子们乐坏了。这时的唐生明已经成熟多了，徐来看见他有种别样的感觉。

见到成熟了的徐来，唐生明越发爱她了，他下定决心，要想方设法得到徐来。

黎锦晖他们先后又到北京、沈阳、哈尔滨、南京、汉口等地演出。结果，他们一路上被各地军阀污吏、流氓地痞欺侮，还有"和事佬"来敲诈黎锦晖，聂耳很看不惯黎锦晖的懦弱。时值"一·二八"战争爆发，明月社被迫再次解散。

徐来开始对黎锦晖不满，她已成了电影明星，她多次劝黎锦晖关闭明月社，安心写歌，这样可以名利双收，生活也可以安适幸福。而黎锦晖却要搞明月社，培养新秀，毕竟那是他的事业和理想。最近，他又招到一个新歌手周小红，她因演唱抗战歌曲《民族之光》而大受欢迎。黎锦晖为周小红改名为周璇，为周璇的首张唱片《睡的美人》作词作曲。

在黎锦晖栽培周璇的同时，徐来正忙着拍电影，夫妻俩经常不在一起，女儿给佣人照顾。唐生明终于找到了机会，他经常去片场接徐来。一天，唐生明送徐来回家，黎锦晖又不在家里，他便乘机一起进了房间。徐来打开收音机，里边传出周璇的歌声，接着播放歌星的评选结果：第一名白虹，第二名周璇，本次竞选活动的状元、榜眼都出自黎锦晖先生的门下……想到黎锦晖经常说她的歌喉不美，徐来伤心地哭了起来。这时，唐生明关上收音机，将徐来搂在怀里……

渐渐地，有人搬走了黎家的钢琴，汽车也被黎锦晖卖了，徐来气得大吵大闹："你不办社就有钱，一办社就穷，这个家是完了！"阿姨抱着女儿下楼惊呼："太太不好啦，宝宝病了！"徐来发疯似的砸东西骂人。几天后，女儿病故了，他们唯一的感情纽带断了。

在女儿的墓地前，黎明晖挽着父亲黎锦晖，唐生明挽着徐来。葬礼结束后，徐来坐进唐生明的车走了，真如清风徐来，轻轻飘去。黎锦晖呆立在那里看着车行渐远，一切仿如清梦一场……

黎锦晖回到空荡荡的家里，徐来的律师来了，黎锦晖感叹上海女人的决情，当即同意离婚。而关于财产分割，黎锦晖挥挥手说："这里的房子包括里面的一切都给她。"说完离去……

才子佳人的剧目终于结束，不过不久又将重复上演，周而复始。

3.特工夫妻共赴国难

1935年，离异后的徐来正式与国民政府军事委员会中将参谋唐生明结婚，从此，她开始了另外一个世界里的生活。29岁的唐生明终于得到他的新娘，有了徐来后，他开始安分下来，知道要做个负责任的男人，国难当头要为国出力。

1937年，唐明生任长沙警备司令部副司令，徐来随丈夫到了长沙。1938年春，她又随丈夫去常德赴任。1940年，他们的生活发生了巨大转折。

1940年春，蒋介石授意戴笠密召唐生明来重庆，面授机宜，令唐生明潜往上海南京卧底，利用汪伪高层的矛盾，做分化工作，并收集情报。唐生明毅然接受了这个危险而艰巨的任务，为掩护唐生明，国民政府发出了"通缉令"，将唐生明列为汉奸。而唐生智也登报声明与弟弟脱离关系，唐生明和徐来夫妻俩以极大的勇气共赴国难！

徐来随丈夫由香港乘坐虎脱总统号邮船，来到上海。由大后方来到敌战区，生死难料，徐来着实捏了把汗，但她还是毅然随丈夫出征。对于一个美丽柔弱的年轻女子，其勇气真的令人敬佩。

1940年春夏之交，上海特务头子李士群陪同唐生明、徐来，由上海去南京。他们在下关火车站，受到汪伪政要叶蓬等人的欢迎，连日军宪兵司令也前往欢迎。欢迎宴会结束后，汪精卫亲自将唐生明夫妇安置于城西牯岭路的花园洋房居住，并任命唐生明为军委会委员、中将高参，以示恩宠。

唐生明和徐来都是社交高手，简直是天生的一对。他们追求享受，出手阔绰，爱打麻将，热衷跳舞，家中常高朋满座。于是，徐来很快与汪精卫的老婆陈璧君、陈公博的情妇莫国康、周佛海的老婆杨淑慧等混熟了。通过牌局、饭局，徐来把搞到的汪伪核心层的重要情报报告给丈夫。而且，她搞到的情报比她老公还多。

1941年底，上海特务头子李士群精心策划了中华旅馆绑架案，将负责领导江苏沦陷区抗日斗争的国民党干部马元放、张北生、葛裕奇、江秉中等6人在开会时全部逮捕，重创了重庆抗日分子。事发后，戴笠电令军统驻沪工作站陶一珊尽快找出内奸，结果迟迟侦查不出来。倒是徐来在南京慈悲社58号杨淑慧家打麻将时，听杨淑慧透露是张北生被捕告密，李士群才一举成功。徐来回家后，把这一情况立即告诉了丈夫。唐生明迅速设法通知军统及中统上海站的负责人，切断与张北生的一切联系。

1942年秋，唐生明在南京参加一个汪伪高层会议。在会上，汪精卫说，近日内调遣两个师配合日军，对苏中的国民党军队和新四军进行突击扫荡。汪精卫告诫大家严守机密。唐生明回到住所后，因短时间内无法将这一极重要的情报传递出去而头痛。当时，南京的国民党抗日情报网已陷于瘫痪，与他保持联系的女情报员夏筱梅在上海治病。唐生明考虑再三，决定让爱妻冒险回上海送情报。徐来感到身处险境，危机四伏，压力很大，但她终以抗日事业为重，躲过宪兵和特务的盘查，亲自将情报及时送回上海，减少了苏中抗日力量的损失。

南京的汪伪政治警卫总署署长马啸天，对唐生明夫妇一直心存怀疑。他不时暗中监视唐徐夫妇，并派驻电讯局特务监听过他们的电话，但一无所获。1943年初，徐来亲自开车探望因谋刺汪精卫而遇害的抗日志士黄逸光的遗孀王者香。徐来的行为，被一直在暗中监视的汪伪特工当即报告了马啸天，引起了马啸天、苏成德两个特务头子的严重怀疑，差点儿惹出大祸。三天后，马啸天在夫子庙国际饭店设宴款待唐生明和徐来，企图试探他们。因为唐生明、徐来在南京名气很大，汪精卫已几次召见唐生明，礼遇甚高，而且唐生明又与周佛海关系密切。马啸天不敢对唐生明夫妇采取行动，只得委婉地请唐太太以后不可与政警总署内控名单上的人接触，以免让他马某人为难。唐生明听出话外有音，当即表示感谢，夸马啸天够朋友，并责备了徐来。徐来吓了一大跳，看来南京的马啸天绝不亚于上海的李士群，怪不得这一两年里，南京的中统、军统人员几乎被一网打尽。

1943年4月，日本授意汉奸物色中国知名演员拍摄颂扬"帝国之花"的南造云子谍报生涯的影片，让文化大汉奸胡兰成等筹建摄制组。由于找不到适合演日军女间谍的演员，胡兰成便去找徐来出演，但徐来以身体欠佳为由，一口拒绝了。唐生明怕妻子出事，只好亲自护送徐来去上海，让她隐居在好友家里。胡兰成无可奈何，拍片计划不了了之。事件平息后，徐来多半时间避居在上海金神父路（今瑞金二路）的寓所，她深居简出，悄然淡出了交际场所。后来，她又去香港隐居。

唐生明则继续留在南京做卧底。他大智若愚，在狼窝虎穴里进行着艰巨的没有硝烟的战斗。1943年9月，他借日本人冈村之手毒死了汪伪特务头子李士群。1944年，他配合戴笠成功策反了周佛海，还拉拢了汪伪陆军部长叶蓬、汪伪海军部长任道援等人，经其手"反正"的汉奸不计其数。

唐生明绝对是结束太平洋战争和抗日战争的大功臣。他一不留神，就在酒桌上喝出一个大情报。1944年下半年的一天，唐生智过去的日语翻译、日本海军省军官古川邀请唐生明到他家吃饭。因为喝多了，古川透露出重要情报：日本海军正在琉球群岛附近秘密集结所有战舰，准备对美国舰队再来一次"珍珠港"式的突然袭击。唐生明回家后，立即密电重庆。重庆方面迅速通知美国海军，美国海军将计就计，搞了一个"日本版的珍珠港"，对尚未集结完毕的日本舰队进行了毁灭性打击，击沉击伤100多艘日舰。从此，日本海军的主力损失殆尽，加速了日本法西斯走向灭亡的进程。

4.风云一生，美人蒙难

1936年2月，黎锦晖与他的新崇拜者、小他20多岁的北京女孩梁惠芳结婚。老夫少妻生活在歌声舞影之间，小日子过得像神仙一样。黎锦晖为这段美好的婚姻写下一首《爱的新生》，献给爱妻梁惠芳。1939年初，黎锦晖举家来到大后方四川，在那里为抗战写歌，直到抗战胜利。

1956年，唐生明去北京任国务院参事，徐来也从香港返回北京定居。"文化大革命"中，徐来在狱中含冤去世，终年64岁。

唐生明被关押了8年，方才获释。1981年，中国电影资料馆邀请唐生明和他的子女，来观看徐来的遗作《船家女》。儿女们在看到母亲徐来在银幕上一边摇船一边歌唱："莫把船儿翻了，莫把船儿翻了……"时，莫不热泪盈眶。

唐生明生前曾经有过两个愿望：一是写一本回忆录，二是将徐来的骨灰迁回湖南东安老家安葬。但是，这两个愿望还未实现，他却得了肺癌。1987年10月24日，唐生明在北京去世，终年81岁。

唐生明生前思念徐来时，他总是说："她实在是一个难得的好女人！"

点 评

虽然人各有志，但夫妻应保持基本的一致，即在兴趣、志趣、情趣方面，有大致相同的看法观点。唯有如此，夫妻才能步调一致，而不会越走越远，甚至离心离德。

只有和一个志趣基本相投的人生活，婚姻才能够维持得更久、更远。

此外，守护美满的婚姻需要做的就是，坚定地支持着对方。这点十分重要。毕竟，婚姻不同于恋爱的重要一点就是，婚姻中需要面对更多的现实生活压力和问题。而婚姻也更烦琐甚至乏味，因而遇到的困难和难题会更多。

　　无论是妻子还是丈夫，无论是生活中还是工作中，都会遇到不可预期的一些难题。这并不可怕，关键是要能得到对方的坚定支持。如果一遇到问题就退缩，这连朋友都不如，而婚姻生活也将无法进行下去。当然，彼此还需要接受对方的家庭。这是不可避免的话题，不论家境好与不好，在婚姻中这都是需要接受的。

于凤至：
爱到极致是放手成全

她是出身于古镇上的小家碧玉，才貌双全，19岁时她依父母之命嫁给张学良，成为风光一时的少帅夫人。但好景不长，丈夫移情别恋，自己罹患癌症，在大洋彼岸独自承担抚养儿女的责任。异国漂泊一去50年，故土难归，3个儿子早夭离世，痛断肝肠。66岁毅然签下一纸离婚书，成全了丈夫与情人的爱情，写就了千古绝唱。

1.凤命千金的包办婚姻

于凤至不同于当时的旧式女子，她有思想、有文化、有美貌，但是，她最终没能逃脱包办婚姻的命运，并且一路栽下去。

于凤至的父亲曾经救过张作霖的命，张作霖无以为报，正好听一个算命先生说，救命恩人的女儿福泽深厚，凤命，而名字又正好叫于凤至，张作霖便立刻给儿子订了亲。

凤命虎子，张作霖很是满意，何况这女孩儿既美又知书达理。爱新觉罗·溥杰见了她，也曾惊叹：容貌如雨后清荷。

于凤至比张学良大3岁，在那个时代，这也是个吉利的数字。

只是，张学良不喜欢，他成亲的时候还小，是著名的花花公子，又是有名的美少年。权力金钱，往往伴随着风流，张学良也不例外，他并不想那么早找个媳妇成家，管着自己。虽然张作霖说一不二，但是面对张学良的反对，他也最后妥协：你的正室原配非听我的不可。你如果不同意旧式婚姻，你和于家女儿成亲后，就叫你媳妇跟着你妈好了。你在外面再找女人，我可以不管。

张学良依言娶亲，结婚后不叫夫人叫大姐。

于凤至家世好，人也美貌，有文化有思想，又具备女子的美德，心地善良，和婆婆形同母女，整个帅府后院那么多女人，唯独她得到上上下下的敬重。连张作霖都对她高看一眼，对这个儿媳妇非常满意。张作霖平时脾气不好，发起脾气没有人敢上前，但是于凤至轻柔一劝，他马上就消气。

于凤至有着良好的家教和个人涵养，对婚姻的认识非常清晰。她说过一段颇有见识的话："夫妻之间的关系犹如弓与箭，夫如箭，妻如弓，如果弓坏了，箭就无法射出去。"于凤至的学识和见识也不一般，所以张学良在关键时刻总征求她的意见。

张学良在晚年的回忆录里说，他与于凤至在婚前没见过面，他很不情愿这包办的婚姻，婚后日子说不上美满，但也还是过下来了。这样的记录与于凤至晚年的回忆大相径庭。在于凤至的记忆里，她与张学良在结婚之前，是有过一段时间接触培养感情的，这是张学良日后很信任她的一个原因。

两位当事人各执一词，已无从考证孰是孰非，但从他们留下来的老照片合影里，还是可以看出他们有过甜蜜岁月。比如，他们一起打高尔夫球；于凤至穿着时髦的貂皮大衣与张学良十指紧扣，行走在街头；每次重要聚会上，张学良的身边都有于凤至相伴。

少帅的风流是出了名的，他在晚年曾形容自己：平生无憾事，唯一爱女人。因此，婚后的张学良女人不断，他对她们都好，但不给她们名分，而这也不妨碍她们爱他，即使他已有妻室。张学良是民国四大美男之一，他有权、会玩，又很会哄女人开心，什么样的女人能抵挡得住少帅的魅力呢？这是个很有趣的现象，少帅花心，却无法把他与贱男人画上等号，似乎他被女人爱是理所当然的。

在赵四小姐出现之前，张学良无论怎么在外面玩，都没有影响于凤至的地位。有一次，于凤至生孩子时生命垂危，家里人提出让于凤至的侄女来照顾张学良，却遭到张学良的拒绝。少帅说，我现在娶别的女人过门不是催她早死吗？即使她真的不行了，也要她同意，我才能答应。神奇的是，这件事之后，于凤至的病竟很快好转了。于凤至康复后，感动得不行。她以为这辈子自己和少帅会这么相守到老。可是，有一天，少帅在外面玩出了事儿。

1927年，张学良在舞场上偶遇到16岁的赵一荻，也就是日后被人所熟知的赵四小姐。两个人一见钟情，神魂颠倒，赵四年纪轻轻，却痴恋少帅；而少帅阅女无数，偏偏倾倒在赵四的石榴裙下。爱情来了挡也挡不住。赵四小姐也是名门出身，家大业大。当时，她正在天津贵族女校读书，还订了婚。

为了张学良，她退婚，和父亲闹翻，自天津跑到沈阳，只为见他一面。赵四小姐娴雅安静，但是面对爱情，却爆发出了内心的火热和决绝。最终，张学良带着她登门，很坚决地对于凤至说，我要把她留下来。

平时从不管张学良在外面乱搞的于凤至，面对赵四小姐，突然有了一种强烈的不安，女人的敏感和直觉让她心生忐忑。那些风流逸事，不过是一时一景，不但她不当真，张学良不当真，连当事女主也不当真，大家不过玩玩闹闹。张学良名头大，人又帅，具备吸引女人的所有魅力，他注定难安分。

这一次，于凤至一反常态，收敛起大度，坚决不接受这女子进门。赵四苦苦相求，说只要能留在少帅身边，她愿意做秘书，不要名分，而张学良也目光坚决。

于凤至被逼无奈，答应接纳赵四，但是提出三个条件：一孩子不能姓张，二不能进帅府，三不能给名分。她的目的是，逼他们在苛刻的条件下分手，没想到却反倒坏了事。

得到于凤至的答应，两个人欢呼雀跃，张学良马上将赵四安排进了自己的北陵别墅住下。从此，他白天在帅府办公，晚上回别墅和赵四在一起，每一分钟都难舍难分。据仆人说，每天早上他们的分别场面十分缠绵，在一起好像永远也分不开的样子。

一对有情人，演绎有情事，沈阳城传遍了他们的浪漫爱情，而于凤至终于明白，这一步，她走错了。张学良是认真的，这是他真正全身心投入的第一次爱情，她注定分不开他们了。

赵四比张学良小十几岁，虽然也是大家闺秀，但是她只想跟

169

他在一起。所以，她无视道德礼教，无视亲情流言，甚至无视名分。她觉得做妾也好，做秘书也好，做一个侍女也好，只要在一起，就好。

谁能阻止一对要爱就爱个死去活来的人呢？于凤至的涵养和所受的教育里没有这些，所以，她无法淋漓尽致地去爱，她输给了赵四。

她的条件非但没有分开他们，反而让赵四把张学良给拐走了，于凤至心有不甘，又在帅府旁边给赵四买了一栋房子，让她搬过来住。此后，赵四一直以张学良秘书的身份跟着他，一转眼，就是50年，不离不弃！

这样的爱情，纵然违背伦理道德，于凤至可以恨，可以怨，但就是没有办法把他们分开。

她接受了赵四的存在，三人行的日子，也慢慢走下去了。

2.国难当头，劳燕分飞

1936年12月12日，东北军领袖张学良与西北军领袖杨虎城发动西安事变，扣留当时任国民政府军事委员会委员长和西北剿匪总司令的蒋介石，迫使其停止剿共，改组政府，出兵抗日。虽然西安事变最终和平解决，蒋介石被迫接受停止剿共、一致抗日的主张，开始了第二次国共合作。但事后，张学良在送蒋介石回南京时，随即被扣押，而杨虎城及家人、秘书共8人被军统局人员杀害。

西安事变对中国抗日战局产生了深远的影响，对张学良、于凤至以及赵一荻三人的关系也产生了决定性的影响。

张学良被蒋介石扣押之时，于凤至正在国外陪伴子女读书。她得到消息后，连忙飞回国内，四处奔走，希望张学良能获得自由。她去求见蒋介石，遭到拒绝，而后又去求宋美龄。虽然于凤至与宋美龄私交甚好，但这次宋美龄也帮不上忙。

在张学良被软禁的头几年里，于凤至被获准陪伴在他身边。少帅带兵出征时，于凤至担忧，如今没有战争了，她更加担忧。因为她只能看着一个本应在战场上拼杀的英雄，日日落寞地被关在小屋里唱《四郎探母》："我好比笼中鸟，有翅难飞。"于凤至焦灼、痛苦，却又无能为力，她终于病倒了，患上了乳腺癌。

张学良建议于凤至去美国看病，设法把当时尚在英国读书的几个孩子转到美国继续学业。张学良此意一是保护张家的血脉，以防蒋介石有朝一日对张家斩草除根。另外，也是希望于凤至能借机为自己的自由向世界呼吁。少帅说："盼望苦难早日过去，我们重获自由，到时我们一起回故乡。"

就这样，1940年，于凤至离开少帅，经宋美龄的暗助，前往美国就医。她以为这只是与少帅暂别，没想到这一别就是50年，再没有重逢。于凤至离开后，赵四小姐被获准代替于凤至，去照顾被软禁的少帅。身在香港的赵四小姐闻讯喜出望外，而于凤至正在美国忍受化疗和生存的双重压力。

张学良在北京时的老朋友、前美国驻北京公使詹森·肯尼迪和夫人莉娜，帮于凤至安排好住处，并联系好医院。

哈克尼斯教会医院著名的肿瘤专家温斯顿·比尔，为于凤至进行治疗。比尔先后为她做了三次难度较大的肿瘤摘除手术，顺利摘除了左乳内三枚卵石大小的肿瘤。虽然三次手术过于麻烦，但可减少乳房外的创口。

然而，由于癌细胞的病变转移，一年后，比尔不得不提出摘除整个左乳的治疗方案。起初，于凤至为保留左乳，固执地僵持了几个月。后来，在詹森·肯尼迪夫妇的极力劝说下，她终于妥协，同意摘除左乳。

术后的化疗缓慢而痛苦，于凤至的头发几乎掉光了，人也变得愈加憔悴、虚弱，一向瘦弱的身体几乎成了皮包骨，体重不足45公斤。所幸的是，她的性命终于保住了。

出院后，于凤至暂住女儿张闾瑛家，在女儿、女婿的精心照料下，她的身体逐渐康复。张闾瑛还聘请了家庭教师为母亲补习英文，而她也很快掌握了英语的听说读写能力。

康复后，于凤至开始重新审视自己的生活，她发现丈夫获释遥遥无期，而在美国生活需要钱、孩子上学需要钱、治病需要钱，她有生以来第一次觉得钱对自己如此重要。

在她刚来美国时，热心的莉娜曾经带她去过华尔街股票交易大厅。莉娜告诉她，这是一个疯狂的地方，有的人可以一夜之间成为百万富翁，有的人可以一眨眼间成为穷光蛋。因此，四处寻求生机时，于凤至想到了这个股票大厅。就这样，于凤至闯进了股海。凭着过人的胆识，她很快在股市里闯出一片属于自己的天地。

在股市挣了钱后，她开始把眼光转向地产，赚了不少钱，成了百万富姐。

于凤至在美期间，宋美龄、宋子文和孔祥熙夫妇、张家亲属、东北军旧部都来看望过她。20世纪50年代初，宋美龄赴美治疗皮肤病回台后，立刻给张学良去信，信中说："于凤至能说英语……她看起来很快乐，而且心神非常宁静，但她非常想念你。"

孔祥熙来见于凤至后不久，曾托人捎话告诉于凤至，洛杉矶好莱坞市的山顶上有一处房子出售，非常适合居住，并说准备买下来送给于凤至居住。

于凤至谢绝了孔祥熙的好意，却自己来洛杉矶看房。于凤至一见此处果然如孔祥熙所讲，于是不惜重金，出手就买了两处别墅。据张学良四弟媳谢雪萍女士讲，于凤至买的房子建在山顶，一处据说是著名影星英格丽·褒曼生前住过的林泉别墅，而另一处则是伊丽莎白·泰勒的旧居，两处别墅相邻而居。

对于这两处别墅，于凤至都按当年北京顺城王府内家里的居住样式布置。她自己住一处，把另一处留给张学良，希望有一天张学良被释放后，可以和赵四来这里居住生活。

在为生活、子女打拼之余，她一直没有放弃为少帅的自由奔走呼吁。她盼望着与少帅重逢，却最终等来了一纸离婚协议书。

3.为夫叫屈却被迫离婚

他们的离婚缘于张学良的《忏悔录》。

1964年7月1日，台湾《希望》杂志在创刊号上刊载一篇惊世之作，题为《西安事变忏悔录》，文稿作者为张学良。多年来始终处于与世隔绝状态的"西安事变"主角的"自述",顿时引起众多人广泛的关注。台湾一时间洛阳纸贵,虽然台湾当局在几天后突然变脸,下令查禁、封存相关报纸杂志,但《西安事变忏悔录》的内容则辗转传至海外。当时正在美国洛杉矶养病的于凤至,对此格外震惊和气愤。

当年,于凤至赴美就医前,张学良告诉她:只要蒋介石在世,他就绝对不会有出头之日。而他只要有一口气,也绝对不可能"认罪"。基于上述原因,于凤至认为《西安事变忏悔录》是假的,她甚至认为是蒋介石和特务们伪造的。

于凤至做梦也不会想到,这篇所谓的《西安事变忏悔录》,确是张学良亲笔所写,而且是按蒋介石的要求不得不写的。只不过,这篇以长信方式上陈有关"西安事变"经过的长文,并不是以"忏悔录"为主旨,而是"回忆录"和"长信"。《西安事变忏悔录》是台湾当局某些别有用心者冠上的,目的是丑化与诋毁张学良。

不明真相的于凤至借此在美国掀起一波"为夫叫屈"的传媒大战。她在传媒上多次发表讲话,并且,在美国参众两院议员间发起救张学良的呼吁攻势。她原想借此向亲美的蒋介石施压,达到释放张学良的目的,不想却起到了让她做梦也想不到的副作用。

蒋介石认为只要于凤至还在美国,张、于两人亲生的几个子女还在美国,那么张学良的心始终会向往美国。所以,1964年当蒋介石获悉于凤至在美国施压的消息后,萌发了让张学良变成第二个杨虎城的罪恶念头。

张学良的好友张群是国民党政权的高层要人,他洞悉蒋介石心中的恶念后，出于对张学良生命安全的考虑，他建议张学良解除与于凤至名存实亡的夫妻关系，他还重提了早前张大千的良好愿望：尽快给赵四小姐一个应得的名分！

张群的这种考虑得到了宋美龄的积极赞同，张学良也表示理解和同意。于是，张群以私人名义从台湾飞到美国，秘密来到于凤至住所，当面向她说明与张学良办离婚手续的近因与将来的益处。

于凤至对张群的建议表示强烈的反对，她打电话给丈夫，问这事，张学良说："我们永远是我们，这事由你决定怎么应付，我还是每天唱《四郎探母》。"他为她写了一首诗：

卿名凤至不一般，凤至落到凤凰山。

深山古刹多梵语，别有天地非人间。

看到诗，她立刻哭了。

为了保护丈夫的安全，她签了离婚书，但她始终不承认强加给她的离婚。丈夫那句"我们永远是我们"，对她已足够了。而宋美龄每年给她寄的贺卡，也依然是写"张夫人收"。

她不怪赵四违背了当初对她的诺言，66岁的于凤至理解汉卿和赵四的爱情，她对女儿说："我同你父亲之间的情义已超过夫妻间的爱情。我们之间除了爱情，还有价值更高的友情、亲情。除了婚约，还有友情、亲情的存在。我们的心是什么力量也分不开的。"

于凤至在其回忆录中表示："我思考再三，他们绝不肯给汉卿以自由。汉卿是笼中鸟，他们随时会捏死他，这个办法不成，会换另一个办法。为了保护汉卿的安全，我给这个独裁者签了字。但我要向世人说明，我不承认强加给我的、非法的所谓离婚……"

她牺牲自己，成全了丈夫和别的女人。

离婚协议签署之后，张学良和赵四马上在教堂举行了婚礼。在命运的干涉下，他们都背离了初衷。这边，红烛彩带，奔走相告一段传奇。那边，遥远的大洋彼岸，于凤至枯坐在窗边，目光所及，几朵云悠悠而过。她到底失去了名分，但是博弈仍然没有结束。

一段好不容易维持下来的婚姻，到底风烟流散。于凤至带着孩子在美国生活，心心念念的是张学良，她一刻也没有停止对他付出。

这一生，她都是为他而来的。

她并不是真的大度，将自己爱的男人拱手相让，她只是在博弈，哪怕付出自己的一生，这份自重让人心酸。她从一出发便是错的，于是越走越远，只能和终点遥遥相望。

这一生，她爱他、懂他、帮他，无怨无悔。

对于张学良来说，于凤至就像是一颗钻石，无论从哪个角度看，都是光彩熠熠的，是千古贤妻。只不过，张学良爱的是，美艳欲滴的红宝石。

4.半生等待，化作一句"辜负"

于凤至与张学良的婚姻属于父母包办，她比张学良年长，二人始终相敬如宾。婚后，于凤至既是贤妻慈母，又是孝顺儿媳。张作霖对她十分满意，曾主张她去东北大学文法科进修。

张学良南征北战，于凤至留守帅府处理家政事务，博得上下一致好评。张学良主政后，遇到重大事项时，他都与自己这位最信赖的大姐商量。在东北易帜等重大历史事件中，于凤至赞同统一、反对分裂；在协助张学良处理杨常事件中，她又发挥了别人无法替代的作用。

于凤至有4个孩子，小儿子最早因病夭折。第二次世界大战时期，她的第二个儿子在炮火中精神失常，后来在找父亲的路途中，死于台湾的精神病院。她最疼爱的大儿子在一次飙车中，不幸撞成了植物人，不久也离她而去了。一个女人，50年远离祖国、家人和丈夫，身边只有孩子。孩子成了她巨大的精神支持，然而，孩子们也一个个离她而去了。母亲的心、女人的心，一寸寸苍凉老去。晚年，她和女儿女婿生活在一起。但更多的时候，她是一个人，远望夕阳，却望不见离人的身影。

婚姻离散，身体重创，政治风云，儿子夭亡，人间诸苦于凤至都尝尽了。她平生只为一人，然而她等了一辈子，依然没有等到。

张学良始终敬她，却终究无爱。于凤至像宝钗，什么都有，唯独得不到心上人的爱。她太正、太端庄，天下人都喜欢，却少了些爱的趣味。所以，她得到的敬重总比爱多。

爱情是任性的，不按常理出牌的。受教育太正统的女子，多无缘真情爱，总是得到敬重过多。

她错爱一场，张学良到最后爱的都是赵四小姐。

于凤至93岁时在美国洛杉矶豪华别墅去世，死前，她还是没有见到张学良。自此，人间少了一个寂寞的女子，阴间多了一颗孤独的心。

临行，于凤至幻想未灭，留下遗言：死后所有的财产都留给张学良。尽管他们之间已经50年未见，尽管他们已经签署了离婚协议。同时，她给女儿女婿留下遗言，她要和张学良"虽不同生，但要死后同穴"。女儿女婿遵从遗嘱，在她的墓旁又造了一处墓穴，等张学良百年之后陪伴她，长眠于此。

她一直等他到93岁。

她墓碑上的名字是：凤至·张。在她心里，他永远是她的丈夫，她吩咐在她的墓旁留个空穴给少帅，希望在另一个世界相伴。

于凤至死后，张学良携赵四去她的墓前拜祭。听她生前情意，他抚碑长叹：生平无憾事，唯负此一人。

多半生的等待，换来一句话。但是，深眠地下的于凤至，再也听不到了。

后来，赵四去世后，葬在夏威夷东海岸著名的神殿之谷纪念陵园，而2001年10月，张学良也埋葬于此。他始终爱赵四，无论有没有名分。他承认她是他的妻子、爱人，他们才是真正的生不同日死同穴，他们才是传奇。而于凤至留给世间的，不过一缕寂寞，和身旁一座空的，且将永远空下去的墓穴。

她一开始就走错了路，幻想靠感动和诸多敬意得到他，所以越行越远，背离初衷。

男人需要伟大、大气，但那是朋友情，在爱情上，他们只接受赵四这样的女人，淋漓尽致，爱如生命，始终陪伴，近距离地抚慰。

于凤至走的是高端路线，拼人品、度量和格局，虽一生对张学良深情，但得不到的深情，只能算是闲情，闲下来无处寄放的情。于凤至的大度坚韧的美德和感天动地的深情，都输给赵四的小情小爱。在这场博弈中，她输尽了人生。

于凤至不是不明白，她只是被自己感动，沉陷于此。

凤至·张，成为一个永远回不去的梦。

她如果在天堂看到自己墓边寂寥的空穴，是否会后悔呢？

后悔在某个隔着烟尘的午后，收留了那个跪地哭求的女孩，自己的家庭从此再不完整；

后悔当年阴差阳错地离开西安，没有力阻少帅陪蒋介石去南京，挽救他于大半生的监禁；

后悔曾经要求赵四在她患病期间照顾少帅，成全了别人的旷世奇恋，自己却孤老终生；

后悔自己的矜持宽容大度，独自斟饮孤独与思念的苦酒，与其在历史中展览百年，不如伏在他肩头结结实实地痛哭一晚！

都说少帅是懂得感情的，所以会评价于凤至是最好的夫人，但结果是，他最终没有选择她。他到底是糊涂了，还是辜负了？

而她尝尽等待的滋味，执子之手，却未能偕老。

 点评

如果老公喜欢在外面沾花惹草，虽说男人的天性存在缺陷，但从另一个角度看，作为妻子是不是也同样没有处理好夫妻之间的关系？或是妻子平时总是太过强势，让老公感到很压抑？于是，老公用不道德的方式进行发泄。或是因为妻子平时没有让老公感到自己的可爱，外面的诱惑可以很轻易地突破他的坐怀不乱。

其实，妻子有点儿"小作"，有时会显得更加可爱，会让男人萌生一种保护弱小动物的天性。但值得注意的是，女生不可以太过强势，甚至强势到让男生感到沉重的精神压力，或者女生总想着让男生臣服于女人的个性，顺从于女人的意志，听命于女人的突发奇想，非常的自我，习惯了自己的强势作风。其实，真正能够做到善解人意，或者是能够换位思考的女人，还真的不多。不过，大多数女人或许不太明白，在男人心中，这样的女人并不可爱。

如此分析后，小鸟依人的女人更能征服老公，因此，聪明的女孩应该学会用智慧的手段来拴住老公的心，学会刚柔相济与以柔克刚。如果女人能让老公心甘情愿被自己管制，即便用像哄骗小孩子一样的手段，那么这样的女人就是智慧与美丽的化身。

苏青：
冲出失败婚姻的"娜拉"

苏青死时69岁，她以自己失败的婚恋换取到文学事业的成功，从她嫁给第一任丈夫起，她一生便注定与男人、职业纠缠不清。

1.十年婚姻烟消云散

苏青1914生于浙江鄞县，名和仪，抗战胜利后笔名改用冯允庄。父亲冯松雨，庚款留学生，哥伦比亚大学经济系毕业，学成回国后在上海某银行任经理，但不幸英年早逝。苏青在浙江省立四中读高中。她爱好文艺，常在校刊上发表习作，又会吹箫，被同学称为"天才的文艺女神"。她爱国也不落人后。九·一八事变后，她与同学们一起上街游行，发传单。淞沪战后，国事蜩螗，她便埋首读书。

苏青就读的女子师范改为中山公学时，男女同校。同窗李钦后长相英俊，外语好，家境富裕。一次他们同台演出莎翁的《罗密欧与朱丽叶》，两人滋生了爱情。不久后，李家便向苏家提亲。苏青家中本是富户，但家道中落，此时已十分拮据。母亲本说考虑一下，可媒人说如果两家联姻，那么苏青和弟弟的学费就有着落了。于是，母亲便答应了，但提出一个条件——苏青读完大学方可结婚。1933年，苏青蟾宫折桂，考入中央大学外文系，是温州地区所辖六县中唯一的一个。李钦后考入东吴大学法律系，他大概担心这位"宁波皇后"在中大读书会生情变，便提出结婚。如此言而无信，苏青初时自然不愿，但一来当时女性地位低，二来家中拮据，少了话语权，她最终答应了。

婚礼是隆重的，中西合璧。苏青在自传体小说《结婚十年》中，有精彩的描述。但花好月不圆，蜜月不蜜。婚后，苏青很快发现李钦后与别的女人私通。这女人名叫瑞仙，是李钦后外婆的长孙媳妇。瑞仙的妖魅样，让苏青心里明白：未来恐怕难有好的结局。这爱是沙，指缝稍不并拢，就会哗哗撒落一地。

又过了几天，她去中央大学继续读书，真不想再回婆家了。想到丈夫要去上海继续读书，而他读的那所大学离外婆家很近，又想到瑞仙，苏青心里难受，她不知道自己怎么把婚姻过出了问题。苏青在大学继续用功读书，她以为借此可以忘却烦恼，但她偏偏怀孕了，而且怀孕后生下的又偏偏是女儿。果然，她的不幸像沙一样，开始撒落了。因为没能给徐家延续香火，她受尽公婆小姑的冷嘲热讽。水深火热之中，夏天到了，李钦后放假回到家中，他对苏青说："我要带你到上海去了，时时，刻刻，月月，年年，我们永远在一起。"他这样说，苏青自然高兴，她以为噩梦一样的日子，真的要远去了。

可是到了上海，苏青并未因为远离家庭束缚而轻松，生活反而露出它更加狰狞的一面。身边这个同床共枕的男人，慢慢开始暴露了男人的众多毛病：自私、懦弱、虚荣，没有主张。他不养家，也不负责任，却碍于面子，还不许她在职业上发展。

那时，李钦后还在读书，苏青一人在家，实在无聊透顶。她无聊到通过模拟独幕剧中的人物，自己和自己对话，借此打发寂寞。钱是他们最大的难题。丈夫认为既已结婚，就无脸向家中伸手。他们总是寅吃卯粮，往往为钱斗嘴。有一次，苏青向李钦后要钱买米，他竟然掴了她一耳光，还说："你也是知识分子，可以自己去赚钱啊！"这句话，让她五内俱焚。

就为这一耳光，为争取在家庭中的地位，她要找工作，要挣钱。每天《新闻报》一到，苏青专看招聘广告，然后写信自我推荐。一封封求职信，像一只只放飞的野鸽子，杳无音信，她日坐愁城。她想学外语会话，好谋职，但钱从哪儿来？想想每天为小菜钱向丈夫要时，她还要费口水，再向丈夫要学费，她更觉自讨无趣了。

当时，上海滩杂志业非常繁荣，比如《论语》《人世间》《宇宙风》《文饭小品》等，而《论语》的影响最大。苏青忽然想到，何不向杂志投稿，赚点小钱贴补家用呢？加之，苏青刚生了个女儿，正受丈夫、公婆的白眼，心里怨郁，她需要宣泄。于是，她以自己的切身感受，写了篇短文《产女》，寄给《论语》。编辑陶亢德慧眼识金，欣赏这篇来稿有股英锐之气，且切中时弊。该文开首写道：

古国古礼，无子为七出之一，为人妻者，无论你德容言工好到怎样程度，可是若生不出儿子的话，按理据法，就得被丈夫逐出去；即使"夫恩浩荡"，不忍逼令大归，你就得赶快识趣，劝夫纳妾图后，自己却躲在"不妒"的美名下，噙着眼泪看丈夫和别的女人睡觉。反之……

陶亢德将篇名易为《生男与育女》，刊在1935年6月16日的《论语》上。首发即中，苏青十分兴奋，况且她还得了5元钱稿费。她自信大增，她觉得"女人也能用自己的智慧赚钱"，也可以体现了自身的价值。接着，她又在《论语》上发表了《我的女友们》，剖析自己婚前婚后的心态变化，发出了"女子是不够朋友的"的感叹："女子是不够朋友的。无论两个女人好到怎样程度，要是其中有一个结婚的话，'友谊'就进了坟墓。"她的观点，受到年轻读者的追捧。苏青从《论语》起步，迈上了文坛。

令人唏嘘的是，苏青在《生男与育女》中写道："一女二女尚可勉强，三女四女就够惹厌，倘若数是在'四'以上，则为母者苦矣！"就像预言，苏青一连生了4个女儿 (一天)，到老五，才是儿子。

一连四女，丈夫怒目相向，公婆横眉冷对，苏青唯有忍气吞声。产女的大潮，冲击着本就岌岌可危的婚姻堤坝。后来，李钦后的弟弟李钦若因事到上海，暂住哥哥家。李钦后整日在外花天酒地，跳舞、找女人。所以，苏青寂寞时就找李钦若说话，久而久之，叔嫂两人的关系有点暧昧起来。偏逢李钦后不择手段把邻居、作家徐的太太赵琏花弄到手，且证据确凿。

苏青忍无可忍，提出离婚。自此，维持10年的婚姻，一朝便烟消云散了。

在婚姻上，苏青是个失败者；然而，在事业上她是一个胜利者。她以10年的痛苦婚姻为代价，写出了《结婚十年》，一举成名。

2.女作家"做官"

离婚后，苏青后悔了，但一切都晚了。她一直盼望丈夫回心转意，软言相求，可李钦后就是不低头。苏青在《结婚十年》后记里面说"故事之中的男女主角本可以不离婚，他们本无大恶"。李钦后是一个具有大男子主义的人。他难以忍受苏青在学识方面比他高，他反对苏青文章中的观点。也许，这是李钦后不愿意复婚的根本原因。

鸟儿脱笼了，苏青自由了，但为此她付出了昂贵的代价，她失去了丈夫与孩子，生活没有着落。离婚后，苏青何去何从呢？有两个选择摆在苏青面前，一是离开上海回娘家或到内地去，二是留在上海。

苏青不愿意到乡下。因为，在穷僻的乡间要奋斗，她也无从着手呀！乡下有的是愚蠢的男子、丑俗的妇人、脏的牛、荒凉的山和平凡得无可再平凡了的田野……一切都不是她所需要的，一切都不是她能忍受的。

那么，到内地去呢？如苏青所说，我根本就没考虑过去内地，我在内地没有一个可靠的亲友。她认为天下乌鸦是一般黑的，到哪里去都一样。但是，她不像江青同志那样，为了崇高的理想而去了延安。一个结婚10年，又离婚的几个孩子的母亲，她有心革命吗？离开上海，她还有机会看到自己的孩子吗？考虑种种原因后，苏青决定留在上海。

可留在上海，苏青又如何生活呢？做了10年少奶奶的苏青，不可能去做保姆，去伺候别的少奶奶；而让苏青做车夫，她又没有力气。最后，苏青只能选择卖文。她要为天下的女人争一口气，她要养活自己，她选择做职业女性。

那时的上海无异于文学的不毛之地：新闻学作家大都撤离，即使留下的，也没有什么像样的文章面世；鸳鸯蝴蝶派作家们也无闲情逸致编写花样文章了，文人们精心纺织的复杂派系之网不复存在。但是，在一些小敲小打混点伙食费的杂志上，渐渐地有幸走出几位卖文度日的女性作家来，苏青便是其中最红的几位之一。凭借大胆、犀利的风格，苏青在上海文坛上崭露头角，而她的生活真正有了起色还要从那篇"陈公博的鼻子"说起。

1942年10月，苏青在《古今》杂志发表散文《论离婚》。虽然那时候她还没有离婚，但是文中许多关于夫妻关系的见解却很犀利。比如，她说：

> 男子即使有了外遇，也不会轻易离婚，因为即使老婆已为糟糠，毕竟服侍自己一场，再不济也可管家带孩子，且有能力和财力拈花惹草的一般名门望族，休妻也始终是件不名誉的事情。

　　这样一篇精彩的文字论述，打动了一个"贵人"——时任上海市长的陈公博。当时，陈公博正因为家事而头痛不已。据说，因为他和下属的关系暧昧，结发妻子李励庄曾带着儿子以自杀相胁。苏青的见解，切中了陈公博的心事，他由此对苏青产生了兴趣。陈公博找到了《古今》的老板朱朴，把苏青大赞一通。朱朴心领神会，立即转告苏青，让她再做些文章来，趁热打铁讨好一下陈公博。

　　此时，正是苏青离家出走前后。正为生计苦苦挣扎的她，自然不会放过这样的好机会，她赶紧写了一篇《〈古今〉的印象》，发表在《古今》杂志的周年纪念特大号上。

　　苏青在这篇文章中，自然而然地评论起《古今》的文章和作者，她写道：从最开始在路上看到陈公博的照片，只有敬畏之心，我们之间原有很厚的隔膜，读了他的文章，隔膜薄了好些，读完他的文章，我的观念完全改变了，直至最后连"我对他的照片都换了印象"。她甚至还夸赞了陈公博的长相，说他有着"诚恳的笑意"，还有"高高的、大大的、直直的"象征着公正与宽厚的鼻子。一派小粉丝的崇拜之情跃然纸上，一下子点燃了人到中年的陈公博的热情，毕竟哪个男人不需要被崇拜，不喜欢被吹捧呢？

　　1943年6月18日，陈公博从周佛海夫人那里听说，与丈夫分居后的苏青寄住在亲戚家中，正急于找一份工作。他再也按捺不住，第二天就提起笔，给她写了第一封信。

　　在这封信中，陈公博直截了当地说：我想请你做市政府专员，我想你以专员的名义，替我整理文件，甚至就做这种工作，不居什么名也行，至于薪酬，千元大概可以办到。信纸用的是

"上海特别市保安司令部用笺"，字用毛笔书写，三四百字的短信，用去了三四张信笺。

为了证明自己的诚意，陈公博紧接着又派人送去了一封信，这份封没有署名，没有内容，只有一张10万元的支票。但是第二天上午，苏青就去陈公博办公处，想把支票退回去。因为陈公博正好去了南京，苏青只能给陈公博回信说：她不愿担任他的私人秘书，在科室做专员便好。

就这样，1943年7月，女作家苏青开始"做官"了。她被派到汪伪政府秘书处做事，长随陈公博来往于南京与上海之间，同进同出。就在"做官"一个多月后，快人快语的苏青把这段经历写成文章，除了描述官场种种苦衷外，也有这样的句子：

> 一个真正想讲爱情的女子，决不会把做官的人看作对象，他的事情这样忙，行动这样不自由，都是恋爱过程中的致命伤。春天里蝴蝶儿踊跃了，他在忙着接见宾客，秋叶月光如水般泄下来，他已疲惫地沉沉入睡了，你还能同他讲些什么呢？

这分明是女子在向情人述说委屈的口吻了。"做官"3个月后，苏青就辞职了。辞职后，她还可以照领每月的薪水。不仅如此，陈公博还为她买下了一套房子。

这些事情，都让日后的苏青有了汉奸嫌疑。

3.事业风生水起

1943年，在"做官"的同时，她开始连载自己的代表作《结婚十年》。这部自传体小说里，有新婚，有生儿育女，有婚外情，也有女性的独立生活。这样的套路，放在今天自是寻常，可在当年，毫不遮掩地娓娓道来，对读者而言自是极为吸引。

连载过后，1944年，《结婚十年》单行本出版，半年内竟再版9次，到1948年底竟然出了18版，而1947年的《续结婚十年》一年内也印了4版。

除了婚姻爱情，她还以单身之姿，触碰各种女性问题。比如，她曾在《再论离婚》里说："我相信就是爱孩子也须先自维持生存，自己连生存都不能够了，又拿什么去爱他们呢？"这本身是浅显道理，但那时代的女子，能提出先求生存，已是不易。

在她的世界里，女性更多地被赋予了世俗的属性，所谓任劳任怨，所谓女性美德，在她这里都被一一质疑。相比爱情、幸福等玄之又玄的东西，苏青认为物质更重要，她甚至曾说过："一个女人需要选举权、罢免权的程度，决不会比她需要月经期内的休息权更切。"

正因为重物质，离婚后的苏青，在事业上风风火火，颇有几分现代女强人的架势。别的作家闷在家里写文章，坐等出版社或报馆寄稿费，她却不是。出版商想在她这里赚点折头，换做其他作家，即使不愿，也很难不妥协，但她能自己扛着书上街推销，直接跟书摊小贩谈批发价。且不论效果如何，是否有因小失大的可能，单说这胆气，就实属难得。

而她做得最大胆的事情，恐怕还是创办了《天地》杂志。1943年10月10日，在周佛海、陈公博的资助下，天地出版社兼《天地》月刊在上海爱多亚路（今延安东路）160号601室挂牌开业。据载，这是中国历史上第一个真正由女性支配的媒体。掌舵人身为女子，也提倡女子写作。苏青四处约稿，其中就包括了张爱玲，而她也欣然应邀。张爱玲在《天地》上发表了《公寓生活记趣》《谈女人》《私语》《我看苏青》和《封锁》等。后来，张爱玲与苏青二人曾就当时的妇女、婚姻等问题，进行了一次谈话。《杂志》记录了她们的对话，整理为《苏青张爱玲对谈记》，称她们是"当前上海文坛上最负盛誉的女作家"。

值得一提的是，胡兰成恰恰是读了张爱玲发表于《天地》的《封锁》，又看到随文作者玉照，才对她一见钟情的。后来，在苏青牵线搭桥下，他与张爱玲结识。

张爱玲与胡兰成二人，对苏青的评价都甚高。张爱玲曾说喜欢苏青身上平实的、让人安心的烟火气息，胡兰成也说苏青是世俗的、没有禁忌的一个人。

《天地》的销路不错，苏青自己曾记，"第一期原印三千，十月八日开始发售，两天之内便卖完了。当十月十日早晨报上广告登出来时，书是早已一本没有，于是赶紧添印两千，也卖完了"。苏青的很多点子，放到今日的传媒运营中仍不嫌过时。比如，在杂志加印竟也售罄的情况下，她立刻推出杂志预订业务，凡预订可享受八折优惠，新年期间还推出"特大号"，号称加量不加价，与如今的杂志宣传无异；跟周作人约稿，她顺便讨了他的亲笔签名和全身照，将这些往杂志上一登，又变成了自身形象宣传广告；至于命题征文，也是搞了一期又一期，话题辛辣，也吊人胃口，总之花样不断翻新。

受人惠，必还人情。在《天地》创刊号和第四期上，署名为"周杨淑慧"的《我与佛海》《在日本的小家庭生活》两篇文章，实质上是由苏青代笔的。

这时的苏青，已成了社会活动家，她出席一些有亲日行为的不光彩的会议，还任过"中日文化协会的秘书"。所以，1945年11月出版的司马文森编的《文化汉奸罪恶史》，列出张爱玲、张资平、谭正璧等16位文化汉奸，苏青亦在其中。对此，张爱玲选择沉默。

但是，苏青在《关于我》一文中辩诬："我在上海沦陷期间卖过文，但那是我'适逢其时'，亦'不得已'耳，不是故意选定的这个黄道吉日才动笔的。我没有高喊打倒什么帝国主义，那是我怕进宪兵队受苦刑，而且即使无甚危险，我也向来不大高兴喊口号的。我以为我的问题不在卖文不卖文，而在于所卖的文是否危害民国的。否则正如米商也卖过米，黄包车夫也拉过任何客人一般，假如国家不否认我们在沦陷区的人民也尚有苟延残喘的权利的话，我就如此苟延残喘下来了，心中并不觉得愧怍。"后来，她在另一篇文章中袒露了当时的真实心境："我投稿的目的纯粹是为了需要钱！""而且我所能写的文章还是关于社会人生家庭妇女这么一套的，抗战意识也参加不进去，正如我在上海投稿也始终未曾歌颂过什么大东亚一般。""苏青从来没有写下一个字替敌伪唱赞歌。"

无论事实如何，苏青当年与周佛海、陈公博之流的瓜葛，是其人生册页中抹不去的不光彩的一笔。她只能毁誉由人，千秋功过，留待历史评说。

4.多灾多难，晚景凄凉

新中国成立后，提倡文学创作为工农兵服务，像苏青这样以写青衫红粉、家长里短为主题的作家是无法上阵的。当年的老朋友张爱玲、徐都远去海外后，苏青显得格外的寂寞、苦闷。更为难堪的是，她生活无着，一辈子为钱发愁。

1949年底，苏青由九三学社吴藻溪介绍，加入妇女团体"妇女生产促进会"，但一时也没找到养家糊口的工作。正在她一筹莫展时，朋友告诉她，香港的《上海日报》想请当年走红的老作家写稿撑门面。但是，苏青写了《市妇运会请建厕所》《夏明盈的自杀》等寄去后，她非但没有收到分文稿费，反受有关部门的一顿批评。

时值1951年，市文化局戏剧编导学习班招生，苏青报名，没被录取，后由夏衍出面，才被批准。毕业后，她被分到由尹桂芳任团长的芳华越剧团工作，为配合"三反""五反"运动写了几部剧本，但都未获成功。后来，她改编郭沫若的《屈原》，为此专程进京向楚辞专家文怀沙请益。

1954年5月，由苏青任编剧的《屈原》首演，反响颇好。在参加华东戏曲会演时，佳评如潮。演员获奖了，音乐获奖了，为什么偏偏剧本没获奖呢？根本原因是苏青有"历史问题"。苏青感到不解、不平，但她只能忍气吞声。那段日子，令她最开心的是，由她编剧的《宝玉与黛玉》在京、沪连演300多场，创下剧团演出的最高纪录。

但倒霉的是，在改编历史剧《司马迁》时，为塑造好司马迁的形象，她写信向复旦大学教授贾植芳讨教。这完全是一封纯学术探讨的信。没想到，1955年贾植芳被打为胡风分子，被判刑。有关部门在抄贾家时，发现了苏青的那封信。苏青也被打成胡风分子，被关进上海提篮桥监狱。也有人认为，苏青被捕是潘汉年等案所牵。情况太复杂，非局外人能说清楚。但后来经深入调查，苏青与胡风根本无关联。

1957年6月27日，苏青被"宽大释放"。苏青出狱后，又回到剧团。一时无事可做，她便看剧场大门。自己创作的作品，已被他人改头换面窃去。

1959年芳华剧团去福建，苏青不愿去，被安排在黄浦区文化局下属的红旗锡剧团当编剧，兼配角唱戏，还要负责字幕，她很是辛苦。她也写过《雷锋》《王杰》，但无影响。

在1966年的"文化大革命"时期，苏青家被抄，人被斗。令她愤怒的是，工作也被锡剧团辞退，她在生活上更困难。

1975年，苏青从黄浦区文化馆退休。退休证上写明：原工资61.7元，按7折计算，实发退休费：43.19元。

苏青的晚年极为凄凉。她原住市区瑞金路，和邻居共用厨房、卫生间，经常受人欺负。她迫于无奈，和郊区人家调换住室，以求安宁。她与已离婚的小女儿李崇美和小外孙，三代人住在一间10平方米的房子里，相依为命。她基本断绝了与外界的往来，唯与王伊蔚老大姐（抗战前《女生》杂志主编）有所过从。她在致老友的最后一封信中说：

> 成天卧床，什么也吃不下，改请中医，出诊上门每次收费一元，不能报销，我病很苦，只求早死，死了什么人也不通知。

1982年12月7日，身患糖尿病、肺结核的苏青病情突然恶化，大口吐血，离开人世，时年69岁。据载，她的灵堂里没有哀乐，也没有花圈，送行亲友不过四五人，全程仅七八分钟。一代才女的身后事，竟如此寂寥。

关于身后事，其实她曾在《归宿》中写道：

> 十年后，青山常在，绿水常流，而我却魂归黄土……总有我的葬身之地吧。我将在墓碑上大书'文人苏青之墓'，因为我的文章虽不好，但我确是写它的，已经写了不少，而且还在继续写下去，预备把它当做终身职业，怎么不可以标明一下自己的身份呢？也许将来有人见了它说：哦，这就是苏青的坟吗？也许有人会说：苏青是谁呢？——是文人，她有什么作品？待我去找找看。虽然那时我已享用不到版税了，但我还是乐于有人买书的……什么地方是我的归宿？我真正的灵魂永远依傍着善良与爱。

只可惜，1949年后她再也没有写过小说和散文了，而且也再没用过"苏青"这个笔名，她改用了本名冯和仪。她终究没能继续写下去，这个"终身职业"在1949年戛然而止。

1984年，上海市公安局作出《关于冯和仪案的复查决定》，内称："……经复查，冯和仪的历史属一般政治历史问题，解放后且已向政府作过交代。据此，1955年12月1日以反革命案将冯逮捕是错误的，现予以纠正，并恢复名誉。"迟来的公正，苏青去世已两年了。

很多女性一结婚，就会放弃自我，把全部精力放在家庭、丈夫、孩子身上，她们企图通过男人来实现自己的愿望。但这样一个没有根基的愿望，本身就很难实现。于是，女人的委屈、失落、痛苦、抱怨就由此而生。这类女性要想摆脱抱怨，必须找到自我，重新给自己定位。

女人的世界不应局限于家庭，应该有自己的事业和追求。当她工作的时候，她才能创造价值、被社会需要和实现梦想，从而拥有独立的人格和自信。当然，女人还要有自己的朋友、爱好和独立空间。因为，这也是给自己培养自救能力，这很重要。生活中，很多女人为了帮丈夫实现梦想，完全牺牲自己。在她牺牲了自我，却没有换来自己想要的东西时，她心里巨大的失落和痛苦可想而知。

因此，在婚姻中，夫妻的关系应该是两棵树，而不是一棵树和一根藤。女人如果甘愿把自己变成一根缠绕树木的藤，那么就会失去实现梦想的基础。所以，最安全也最可靠的方法是，自己来实现生活的梦想。

　　《圣经》中记载，爱神在婚姻的殿堂上，对着男人和女人说："你们要共进早餐，但不要在同一碗中分享；你们要共享欢乐，但不要在同一杯中啜饮；像一把琴上的两根弦，你们是分开的，也是分不开的；像一座神殿的两根柱子，你们是独立的，也是不能独立的。"这段话形象地说明了夫妻关系——它是拉得开，却扯不断的。不能过度地束缚、依赖对方，也不能彼此互不关心。夫妻间有爱，但在适度的范围之内，才是和谐的婚姻关系。

蓝妮：
民国最高调的"小三"

辅佐夫君，她比谁都尽心尽力；投身商业，她摇身一变成了叱咤风云的女富豪。这个女人，正如她自己说的，是"用生活来创造世界"。她的生活，只为自己而活。

1.随和的"苗王公主"

蓝妮1912年7月2日出生在澳门，但她是位苗族人。她的祖先曾是苗族的首领，所以在昆明时，蓝家一直被当作苗王的后裔对待，非常受人尊敬和敬仰。而蓝妮也是民国四大名门之女中很重要的一位。人们习惯性地叫她"苗王公主"。

蓝妮的祖父蓝和光是一位很有名的人，但她的祖父和父亲蓝世勋不是很和睦。据史料记载，他们见面就争吵，半句话也不投机。祖父蓝和光是云南王龙济光的嫡亲兄弟，龙济光一直对袁世凯的复辟忠心耿耿。蓝和光之所以能当上广州任知县，是龙济光推荐的功劳。但是，蓝世勋早年参加了同盟会，他对于孙中山的思想很是欣赏。因为，两代人信仰的不是同一个思想，所以，也就走上了背道而驰的两条道路。

蓝妮自小跟着祖父长大，因为祖父生怕她父亲蓝世勋沾惹"革命"，就派蓝世勋去国外学习，而一直把蓝妮带在自己身边。辛亥革命后，他出任香山县知事。香山县是开国总统孙中山的故乡，蓝和光当然没有想到，自己的孙女之后和国父孙中山的儿子会结下一段姻缘。

无忧无虑的小蓝妮，随着家人的搬迁而逐渐长大。父亲蓝世勋出洋留学回国后，官至江苏省税务局局长。他经常在家里讲孙中山先生的共和思想，讲自己在海外的奇趣见闻，给幼小的蓝妮留下深刻印象。

后来，袁世凯倒台后，蓝和光由于龙济光的事情，也被罢免了广州知县的职位。此后，祖父带着一家老小来到了澳门，专一从事经商创业，最后竟然把家业发展壮大起来。

直到她7岁的时候，蓝妮一家才从澳门迁徙到了广东，又来到了上海。祖父这个时候年事已高，他非常思念家乡，便独自回到了云南。在云南，他老人家还自费办了一所学校。至今，那所学校还矗立在建水县，匾额还是老人家亲自写的。

蓝妮到了上海后，由于母亲的严加管教，她学习很努力。这个时候的她，已经出落得越发清秀可人，皮肤白皙得好像吹弹得破。她的眼睛有一种混血儿的蓝，迷蒙间带着醉人的笑意，是上海智仁女子中学首屈一指的校花。虽然蓝妮很漂亮，但是她并不孤傲，每每都能和同学打成一片。当时，她的名字叫蓝巽宜，顺口了就成了"烂泥"。同学们用这个外号和她开玩笑时，她非但不恼，反而笑嘻嘻地说："叫烂泥就烂泥，把名字改成蓝妮，我觉得这名字更好听。"于是，"蓝妮"这个名字，就在同学们嘻嘻哈哈的玩笑中被确立起来。

从这件小事可以看出，蓝妮的性格是很随和的。她很容易和周围的人打成一片，和人相处也不找理挑刺。她拥有出众的美貌，却有一颗平常女孩的心。也许，这也是她今后能够在商业上游刃有余的原因。

假如生活沿着这一条道路向前迈进，蓝妮的人生应该是顺畅的。因为父亲蓝世勋从国外归来后，先是被推荐做了常熟沙田局长，在任上发了一笔财，后又做了江苏无锡的税务局局长，蓝妮的两个弟弟也相续出世。作为"官二代"，生活好像把所有的幸运都给了她。美丽和财富，她都拥有，是其他女孩难以比及的。

只不过，1926年，蓝世勋在和同事外出的时候，遇到了劫匪，同事被乱枪打死，而蓝世勋回到家就疯了。他不停地在头上，比画着开枪的动作，嘴里喊着"砰砰砰"。这样的状态，他自然没法出去上班。于是，蓝世勋辞去了税务局长的工作，专门在家休养。

蓝妮这个时候，才14岁，她用一双惊惧的眼睛，看着父亲用手做开枪的动作，她觉得生活是那么的无情。因为，那个慈祥的、疼爱他们姐弟三个的父亲不见了，代替的却是一个痴呆的、还留着涎水的老人。

蓝妮很心疼爸爸，希望父亲快一点好起来。由于蓝世勋失去了工作，治疗精神病又要花钱，所以蓝世勋在清楚的时候，很想去催讨以前的一些借款。尤其是一个叫刘德辅的把兄弟，他在香港开着轮船公司，向自己借了20万银子。

蓝世勋带着两个家仆去了香港。

到了香港，刘德辅一看蓝世勋神志不清的样子，就六亲不认。他不仅不承认借过钱，还说自己没见过蓝世勋。

蓝世勋受了刺激，精神病发作，两个家仆却趁机抢了他一路上买药治病的钱，溜之大吉了。

蓝世勋受了这个打击后，到了家里，病情加重，连吃饭也需要人喂。蓝妮作为家里的长女，看见妈妈抹眼泪，很心疼妈妈。蓝妮的妈妈是一位很美丽的夫人，但自从丈夫得了病，头发白了好多。

蓝妮不知道怎么解救这个家庭，她还是一个孩子，她不能在学校里和同学追逐玩乐，却要分担家庭的痛苦，她觉得天空忽然暗了。

2.坚决休夫，跳出豪门

蓝家的顶梁柱坍塌了，幸福的物质框架倒了，蓝妮无法再继续学业。但是，她的美貌吸引了同住在上海襄阳南路上的李定国。

李定国，1910年9月13日出生，苏州东吴大学法律系肄业，毕业于上海法政大学。他外貌俊美，喜好京剧，且能唱上几段自得其乐。李定国也属于名门之后，父亲李调生是国民党财政部次长，有钱有势。嫁给这样的豪门，是很多女孩子梦寐以求的事情。

蓝妮对李定国谈不上喜不喜欢，但是李家给了蓝家一个看似优待的条件，就是蓝妮过门后，李家每个月交付蓝家100元大洋，帮助蓝世勋治病。蓝妮为了父亲的病，忍痛答应了李家。她别无选择：她需要以婚姻来养家。

1929年，蓝妮披上嫁衣，做了李府的少奶奶。李家是汉族官僚世家大族，庭院深深，礼教森森，家里有严格的等级制度。比如，小辈见了长辈要磕头行礼，吃饭时女人孩子不能与当家的同桌……种种规矩让蓝妮十分不习惯。而且，李家人自以为是他们出钱搭救了蓝家，在蓝妮面前总有意无意地表现出无法克制的优越感，连家里的下人都处处挤兑这位少奶奶。这使得蓝妮在精神上无法舒展，日子过得压抑又憋屈。蓝妮只能忍气吞声，希望能与丈夫厮守，熬到出头的那天。

按理说在那个年代，蓝妮的生活本应该依靠丈夫，但李定国每天除了"吊嗓子"外，就待在家中，靠当官的父亲养活。见过世面又饱读诗书的蓝妮想与丈夫谈点什么，却缺乏共同语言。

很多人都羡慕蓝妮嫁入豪门，但真正的苦处只有蓝妮自己知道，她来到李家5年，为李家生养了3个孩子，她就是一个生育机器，不停地生。1933年10月31日，公公李调生辞去国民政府财政部常务次长职务，而丈夫李定国仍终日无所事事。蓝妮苦劝无果，生性倔强的她决定与丈夫离婚，独立生活。

一次，蓝妮偶遇朋友虞韵清，由此认识了虞韵清的丈夫、名动上海的大律师吴凯声。蓝妮借此请吴凯声帮忙休夫。

"你要休掉自己的丈夫吗？"吴凯声很诧异。

"是的。"蓝妮回答很坚决。

"可是我没有打过女人休夫的官司。"吴凯声想劝她放弃这个决定。

"大不了我什么都不要，两手空空。"蓝妮仍很坚决。

蓝妮做梦都想逃出这个牢笼，几次和李定国商量离婚的事情，李定国都不同意。吵过几次后，李家故意说，你走可以，不过得把孩子留下，还有钱，你一分也不能拿走。

蓝妮本来想为自己争取一点抚养费，看到李家这么无礼，她还是离开了。她宁愿一分钱也不要，也要离开这个家。她恋恋不舍地抱了抱几个孩子，作为永别。她非常爱自己的3个孩子，他们一个个长得都很可爱，但是，为了自由，蓝妮还是狠了狠心……

1933年，蓝妮和丈夫李定国正式离婚，上海市著名律师吴凯声为他们办了手续。蓝妮身无分文，净身出户，没有得到一分赡养费用。

后来，律师遇到蓝妮时，出于同情，曾问她："你离婚后怎么打算？"

她坦率地回答："我身上现在还有几百块钱，用完以后，就去投黄浦江。"

据说，作为那个时代的休夫女，且夫家又是显赫一时的前国民政府财政部次长之子，蓝妮成为新闻焦点。她所承受的舆论压力，也是空前的。

出了豪门，蓝妮长出了一口长气，她心里唯一放不下的是几个孩子，对李家，她彻底灰心了。此时，她才21岁，还有大把的青春可以过，她想好好生活，以补偿失去的一切。

此后，蓝妮精神焕发，想的是应该从事什么样的职业，以养活自己。同学们有的建议蓝妮去做女工，有的建议她重新找男人嫁掉，有的建议她多认识达官要人，积累职场经验。蓝妮不愿意去做女工，太累，钱还不多，和"苗王公主"的称谓有点儿不相称；蓝妮也不愿意随便嫁掉，豪门深似海，她经历了一次，找爱人就想找情投意合的。

3.为真爱甘做二夫人

1934年，22岁的蓝妮离开李家后，读书时的一大帮女同学不时邀请她出席各种社会交际活动。在1935年暮春的一天，忽然接到同学陆英的电话，邀她晚上到她家赴宴。就在这次家庭宴会上，她认识了时任南京政府立法院院长的孙科，从而改变了她的一生。

孙科，孙中山先生的独子，是著名的民国四公子之一。1912年，孙科出国留学时，就与表妹陈淑英在檀香山成亲，婚后陈淑英与丈夫相伴而行。南京国民政府成立后，孙科供职京城。由于南京湿热难熬，夫人陈淑英生病，无法适应这里的生活，便返回澳门养病。

那天，蓝妮打扮得端庄、飘逸，她一进客厅，立刻光彩照人。在当时的上流社会，蓝妮的美貌是大家公认的。有记者说：谁要想知道西汉赵飞燕、东汉貂蝉的美丽形象，只消去看看蓝妮就行了。她在与一些熟朋友打过招呼后，猛然发现有一对明亮的眼睛似乎在跟着她游动，她顺着视线看去，一位中年男子正对着自己微笑。陆英马上向她介绍说："这位是立法院院长孙科先生……"孙中山先生的哲嗣孙科的名字，对于蓝妮来说并不陌生。蓝妮不禁恍然大悟，怪不得这位中年男子那么眼熟。孙科一见蓝妮，立即风度翩翩地站起来，举杯向蓝妮敬酒。

孙科已为这位宛如西洋小姐的美色所倾倒，加上这位美女不仅中文功底好，很多古代典故都能随手拈来，应对裕如，而且熟谙英文。席间，他们热烈攀谈，似乎身边并无其他人存在。孙科除了解到蓝妮的身世和坎坷的人生经历外，还与她畅谈唐诗、宋词、西洋古典音乐和绘画。孙科长时间在美国生活学习，时不时就忘记了自己的谈话对象，流利的英语随口而出，蓝妮也直接用英语表达自己的观点。之后，孙科来上海参加一些聚会，常请蓝妮赴会。一来二往，两人从初识到深交，逐渐成为无话不谈的老朋友。

在又一次聚会后，孙科郑重地对蓝妮说："蓝小姐，我想请您担任我的机要秘书，不知意下如何？"蓝妮此时正缺少机遇，心中略作考虑后，她便诚挚地点点头，回答道："谢谢孙先生，我非常乐意为您效劳，今后还得孙先生多多指点。"事情发展如此顺利，孙科心中的一块石头终于落下了。

几天后，蓝妮以民国立法院院长孙科私人秘书的身份出现在南京。作为私人秘书，蓝妮将孙科的工作场所整理得井井有条，让孙科少了很多烦恼。她了解到孙科的一些生活习惯，将孙科的日常饮食生活都细心设计，让孙科感到家的温馨。交际场合，落落大方的蓝妮给孙科增添了更多的欢笑。孙科慢慢觉得，自己已离不开这位蓝女士了。蓝妮对这位院长先生也加深了了解，她觉得孙先生虽权高位重，但天性温柔，性情和蔼，值得信赖。两人感情与日俱增，成为形影不离的伴侣。

孙科决定娶蓝妮为二夫人。蓝妮考虑到他已经结了婚，而此时，民国的法律已经规定，不再允许一夫多妻制，所以蓝妮拿不定主意。可最后她的情感战胜了理智，她想起了以前的那段婚姻，虽说有名分，却只是一个樊笼，假如两人真心相爱，别的都是次要的。

婚后，孙科和蓝妮出双入对，非常恩爱。蓝妮敬重孙科是个君子，所以，她才跟着孙科过没有名分的生活。她看惯了上海滩黑帮和商贾对待感情不认真的态度，她喜欢的是孙科的这种仁厚。孙科为了表示自己对她的忠贞感情，亲笔给蓝妮写了一张字据：

> 我只有元配夫人陈氏与二夫人蓝氏二位太太，此外决无第三人，特此立证，交蓝巽宜二太太收执。孙科卅五、六、廿五。

如今看来，这张字条是很正规的，时间、人名和所交代的事情都清晰客观。有了这张字条，蓝妮就握住了自己的一生。

此后，这张字条被蓝妮保存了一生。当她头发花白，80多岁的时候，曾有份报纸说她是如夫人，蓝妮拿出了孙科写给自己的字条对证，因为这字条，是她一生名誉的象征。一个女人，当她握不住感情的时候，一张小小的字条，就是她心口唯一的温暖。

以后，蓝妮又正式拜见了婆婆卢慕贞。卢慕贞是孙科的生母，对于蓝妮，没有表示反对，所以，蓝妮也算是得到了婆婆的承认。

可以说，得到婆婆的认可，是蓝妮为自己的身份下的第二步棋，而第一步棋是孙科写的字条，证明了自己的身份是和孙科的原配平起平坐的。至于第三步，就是以后，她要为孙科生育一个孩子。

蓝妮巧妙地利用这三步棋，将自己的身份确立下来。那个时候，虽说实行了一夫一妻制，但是，一个男人娶两个夫人还是常事，更何况孙科是一位国民党的高级官员。蓝妮每一次和孙科出行，都高调亮相，从来不掩饰自己的身份。渐渐地，人们把蓝妮看作孙科的第二个名正言顺的妻子。这一点，是孙科的正室陈淑英所无法比拟的。

4.叱咤商界却难逃八卦中伤

抗日战争爆发后，蓝妮告别尚在襁褓中的女儿，与孙科前往重庆。当时，蓝妮广泛地与社会各界人士交往，与邓颖超等共产党人关系甚好。

1940年，孙科的妻子陈淑英来到重庆，蓝妮觉得处境非常尴尬。这个时候，她接到上海的来信，母亲告诉她，父亲的病情加重了。她又听说前夫的家况也不比从前，做了一些生意，都折了本，现在连几个孩子的读书都供不起。蓝妮想回上海照顾父母，看看自己的孩子。

孙科答应了蓝妮的要求。蓝妮回到上海后，曾经在社交场合认识的一些商业大佬又开始和蓝妮来往。

蓝妮去李定国家里看了自己的孩子，3个孩子，一个已经夭折，她的心沉了下来。此时，李定国刚刚贩了一轮船的红糖，他本想大赚一笔，谁知道，起了飓风，轮船沉没，李家从此一蹶不振。

蓝妮开始了职场生涯，她决定大展宏图。男人办到的，她相信自己也能办到。首先，她卖了孙科曾经送给自己的别墅，拥有了一些本钱。然后，她承包了一些工程。在房产上大赚一笔后，她又相中了徐家汇外面法租界边白赛仲路（今天的复兴西路）的一块地皮。她特意请房产大王杨润身参谋，杨润身认为这块地皮挨着霞飞路，和徐家汇很近，可能会成为闹市区，增值的潜力很大。

在杨润身的帮助下，蓝妮买下了这块地皮，投资兴建了7栋漂亮的小洋楼。每栋楼房都是三层建筑，施以不同的颜色，欧美风格，非常漂亮。

与蓝妮相邻的两栋楼房的主人，看到蓝妮的房子比自己的漂亮，就开始制造不和谐的音符。他们说，要么就买了自己住的房子，要么就不让蓝妮的车子过去。

蓝妮一咬牙，朝朋友借了一些钱，但还是不够，她忽然想起祖父还保存着一些陈年的普洱茶，听茶叶大王唐季珊说过，那些茶叶价值非同一般。蓝妮找出了尘封的普洱茶，交给了唐季珊，要他帮自己卖掉。唐季珊追美女向来不遗余力，很快就帮蓝妮的茶叶卖了一个好价钱。蓝妮用这些钱，买下了门口的两栋楼房。

房子建好后，蓝妮给它起了一个很好听的名字"玫瑰别墅"，她把父母和孩子接了进来，分别住进了一号和五号。其余的房子，蓝妮打算出租。

此后，蓝妮继续房地产方面的投资，除玫瑰别墅外，还有多处房地产，仅虹桥路就有50亩地。这时候，她的房地产已值几百万美元。

当时，一个叫支福元的商人租住了蓝妮的一栋五号的房子，房租为旧法币1600元，合同定期为两年，谁知，第二年法币贬值，物价飞涨。蓝妮考虑到以后的开销会越来越大，一年期满时，她要求支福元离开，说自己要用房子。

支福元以租期未满为由，拒绝搬迁，蓝妮毫无办法。以后到了日期，支福元欺负蓝妮是一介女流，就是不腾房子。支福元是一个蛮不讲理的商人，蓝妮遇到这样的地痞，只能干生气。

就在蓝妮和支福元为了房子将要打官司的时候，抗战胜利了，孙科回到上海，他看到久未谋面的妻子，心里很高兴。两人关系重新回到了以前温馨甜蜜的状态，在蓝妮的要求下，孙科也对支福元进行施压，要支福元搬迁。

支福元很精明，他自己本来有一处房子，但小人遇到了小人，对方也不肯搬出他的房子。这是一出很滑稽的三角债，支福元惹不起自己的房客，就欺负蓝妮。现在，他看到孙科回来了，知道孙科势力大，于是，他巧妙地把自己的房客告上了法庭，却要求孙科和蓝妮作证，证明自己的窘况。

这一招不愧是一石二鸟之计。

因为孙科是立法院长，不能出庭做证。很多狗仔队写下了讽刺孙科的文章，说立法院长竟然要撵走自己的房客。同时，狗仔队还把支福元说得穷困潦倒，没有立足之地。在狗仔队的笔下，孙科和蓝妮成了欺负穷人的恶煞。

当时的小报说，孙科怎么这么有钱，他不就是一个公务员吗？他的薪水怎么可能盖得起7栋小洋楼呢？那房子肯定是贪污受贿得来的。更有的说，堂堂立法院长，欺负一个无家可归的人，真是天理难容啊！

孙科情急之下，为了堵住众人的嘴，就说玫瑰别墅不是自己的，更没有撵过支福元。

这样一来，孙科再也不插手这个官司，蓝妮也无可奈何了，而支福元要的就是这个效果。也许，这件事就是后来两人分手的导火索。

到了1948年的副总统竞选时，在蒋介石的操纵下，孙科运筹帷幄，蓝妮也游走在几个派系之间，为丈夫拉选票。她首先拉拢的是云南王云龙，因为他们是世交。云龙拍着胸脯，对蓝妮保证，说我们是亲戚，什么都好说。接着，蓝妮又走访了苗族高级将领欧百川、傣族高级将领岭光殿，还在家设宴招待了少数民族代表。可以说，为了孙科的选举，蓝妮做出了一番努力。

在日伪统治下时，蓝妮听从了孙科的建议，没有参加政治。其实，当时陈璧君很想拉拢她，但是蓝妮拒绝了。如今为了孙科的前途，她施展开所有的手段，就是想助丈夫一臂之力。

在她心里，孙科已经是自己的丈夫了，虽然仍旧没有名分。

选举过程中，眼看胜利的桂冠就要落在孙科手里，忽然发生了一件"蓝妮事件"。

很多的报刊写着："抗战胜利后，中央信托局在上海没收了一批德国进口的颜料，作为敌伪财产处理。可是孙科致函国民大会秘书长洪兰友，说这批染料为'鄙眷'蓝妮所有，要求发还……"另外，报纸还添油加醋地说了蓝妮的玫瑰别墅事件，把孙科大大地调侃了一番。一时间，"鄙眷"一词竟然成为街头巷尾的一个笑话。很多政治要人由此对孙科投了反对的票。

不消说，这些"桃色新闻"，就是孙科的竞争对手在背后搞的鬼。狗仔队们最喜欢挖人隐私，何况一个是上海著名的交际花，一个是国父之子，更有炒作的噱头。

蓝妮就这样成了狗仔队炒作的话题，恰恰因为她并不是"鄙眷"，很多人还把她当作孙科的情人。孙科落选后，支持他的同僚都认为是蓝妮破坏了他的前途。这时，孙科没有站出来保护她，反而忙着洗清自己，将污水泼到了蓝妮的头上。

心酸、委屈、羞辱、愤恨等各种难言的苦涩，如潮水一般，涌上蓝妮的心头。蓝妮是一个要强的女人，当初不满李家的亏待而一怒之下"休夫"，如今面对孙科的冷漠和绝情，她亦不会委曲求全。她主动向孙科提出了分手，并马上回到上海，以快刀斩乱麻的手腕，结束了与孙科13年的夫妻情缘。从此，她与孙科老死不相往来。

离开孙科的时候，蓝妮只带走了那张能证明她身份的字条和12岁的女儿孙穗芬。这个倔强的女子，用这样决绝的方式，保全了自己最后的自尊。

成也萧何，败也萧何。蓝妮不过是炒了炒房子，做了些生意，没想到竟然成为孙科落选的导火索。从那以后，蓝妮再也没有和孙科见过面，一直到死。

1949年4月，蓝妮到达香港。为了避免坐吃山空，她利用一些商业关系，以弟弟蓝业广的名义，在雪厂街开办了一家大隆金号，从事K金的买卖炒作。

5.立字为证，至死不渝

1990年，上海复兴路的玫瑰别墅住进了一位老人。她坐在板凳上，头发梳得很光，皮肤很白，唇上涂抹着淡淡的口红，看上去是一位很有教养的女人。遇到邻居时，她积极地打招呼，偶尔还会冒出几句洋文。

这座院子在被政府收回后，终于在1990年还给了她。为此，她很高兴，美国也住不下去了，来到这里，虽然这房子的周围，盖起了鳞次栉比的高楼大厦，可是她喜欢。她经常瘪着没牙的嘴说，这房子是我亲手盖的。

1996年6月，这位老人死在玫瑰别墅里。临死前，她的手里，还攥着一张字条：

> 我只有原配夫人陈氏与二夫人蓝氏二位太太，此外决无第三人，特此立证，交蓝巽宜二太太收执。孙科卅五、六、廿五。

这位老太太，就是蓝妮。

点评

两次婚姻失败，蓝妮没有为财产而大闹公堂，都选择了潇洒挥手。而两个男人，却无一例外地紧紧守住了应该分给她的那一部分。今天的女人，特别是所谓二奶，与蓝妮相比，并不在一个层面上。

从蓝妮与孙科的全部爱情过程来看，谁扮演了什么角色，已经一清二楚。孙科"面对政敌利用《救国日报》所做的大肆诋毁，不仅未替蓝妮公开辩解，相反，还为洗清自己做了一些小动作"，他看起来是个十足的爱情叛徒，而蓝妮"毅然离开孙科"，看上去仍是一块坚贞不屈的金玉。尽管等待她的是疾病、破产，"没有钱，很苦，吃萝卜干，自杀未遂"，但她仍然昂首踏了过去，最终将孩子培养成才。一个真正的贵族，就是这样，能够富贵，也担得起贫穷。这是如今一般攀龙附凤的女人所做不到的。

赵清阁：
各据一城，永不相见

在中国近代的作家中，有一位终生未嫁的才女，她身居上海，16岁即发表作品，19岁便成为《女子月刊》的基本撰稿人，她善于写小说，又能写戏剧，还会绘画，她就是被杜宣先生称赞为"高标动人"的女作家、编辑家、画家赵清阁女士。

1.多才多艺的女作家

赵清阁，笔名清谷、铁公、人一，1914年5月9日出生在河南信阳城内一个小官僚地主家庭里。她的祖父是一个清朝举人，曾当过学官，熟通古文韵律，能吟诗作赋。她的舅舅是位进士。母亲也是一个聪明而有才气的女子，不仅善于刺绣女红，还从小就自学文化，会作诗绘画。可惜红颜薄命，在她5岁的时候，年仅

26岁的母亲就离开了人间。幼小的她从此成了孤女，被寄养在舅舅家中，开始与表兄一起受旧诗书的熏陶，直到8岁时进入省立女师附小念书。

幼年时，赵清阁对文学便表现出极大的兴趣。她的文学启蒙老师是宋若玉（蒋光慈夫人），还有一位姓孙的国文老师。在大约9岁时，赵清阁进了信阳女师附小，插班到三年级。到高小五年级时，一位姓孙的国文老师对她的成绩很满意，让她主编级刊墙报。她的作文经常被选用，这就刺激了同学之间的竞赛。级刊变成了竞赛的园地，十分活泼有趣。当时，她的音乐、体育老师是宋若玉。她发现赵清阁喜爱文学，于是常常给她讲解新文学知识，介绍阅读"五四"以来的新书和杂志，使赵清阁逐渐奠定了文艺的兴趣和志愿。

1929年，严冬里一个漆黑、寒冷的深夜，15岁的赵清阁不甘心被包办婚姻约束，终于下定决心，她怀揣慈爱的祖母仅有的4块银元，悄悄逃出了信阳老家，搭上了驶往开封的夜车。这一逃，结束了她一生中仅有的家庭生活。她背井离乡，开始独自面对颠沛漂泊的生活发出的挑战。

没有经过专门训练，她居然考上了河南艺术高中，还得到助学金。离开家庭后，一贫如洗的她，终于有了生活保障和较安定的学习环境。在艺术高中期间，她的主课是绘画和艺术概论，同时她学习音乐。经过两年扎扎实实的科班训练，她的西洋画、素描和国画都长进不少。

1930年，她第一次向开封《民报》投稿，稿件即被发表，那时她只有16岁。随后，她的创作欲望越来越强烈，创作热情也越来越高。

由于局势日渐紧张，在师友的鼓励和协助下，她离开了河南，于1933年奔赴上海，开始了另一段人生之路。

20世纪30年代的上海是一个制造梦幻的地方。现代经济使上海空前繁华，而繁华的大上海更让许多中国女性充满了向往。赵清阁同样带着对未来生活的憧憬，在读了三年艺术高中后，只身来到这里。

1933年，她考入上海美术专科学校插班，师从既是画家、又是作家的倪贻德教授。

1936年，她在《妇女文化》月刊上发表第一部电影文学剧本《模特儿》。1938年10月，她的戏剧集《血债》由"重庆独立出版社"出版。随后，她陆续写出《汪精卫卖国求荣》《生死恋》《清风明月》《关羽》《花木兰》等20多个多幕剧和3本独幕剧作品集。一时间，戏剧工作者纷纷从事救亡演出活动，话剧成了最受欢迎的战斗形式。

她还与老舍合作创作了四幕话剧《桃李春风》（又名《金声玉震》)。她认为创作这个剧本是"旨在表扬教育者的气节操守、牺牲精神，并提倡尊师重道，多给教育者一点安慰和鼓励"。对于合作的过程，她也感到很满意，认为达到了取长补短的效果。

1945年11月，抗战胜利后不久，她又迫不及待地回到了上海——这座阔别已久、千疮百孔的城市。虽然黑暗的统治使她的处境更加困难，但她仍然坚持做一些有利于革命的工作。她担任《神州卫报》副刊主编，并在上海戏剧专科学校任教。在这个时期，她还不断探索，创作了不少戏剧理论著作，如《抗战戏剧概论》《抗战文艺概论》《编剧方法论》等，并以此来提高自己的创作水准。

抗战胜利后，她出版了独幕剧集《桥》、短篇小说集《落

215

叶》，创作了中篇小说《江上烟》《艺灵魂》，长篇小说《双宿双飞》《月上柳梢》，以及许多杂文、散文。

赵清阁一直独身，她和女佣吴嫂相依为命，常有文章见报，但拒绝为自己写传。即便如此，她的一生也不孤寂，她有幸结识了诸多的师友，并得到他们的友谊和关爱。

在赵清阁的生活中，值得纪念的还有一件事。1940年6月，她住在重庆北温泉疗养肺病。有一天，郭沫若、田汉、应云卫、俞珊、左明等人来此约她同游名胜缙云寺，一起品尝富有甜味的山茶。下山后，郭老为她写了一首五言绝句：

> 豪气千盅酒，锦心一弹花。
>
> 缙云存古寺，曾与共甘茶。

田老也写了一首七律相赠：

> 从来燕赵多奇女，清阁翩翩似健男。
>
> 侧帽更无脂粉气，倾杯能作甲兵谈。
>
> 岂因泉水知寒暖，不待山茶辨苦甘。
>
> 敢向嘉陵寻画料，弹花如雨大河南。

"弹花"指的是抗战初赵清阁主编的《弹花》文艺月刊，说明两老对这一刊物的肯定。这两首诗，她都装裱了，跟随她50多年。这两件墨宝虽然在"文化大革命"中经历风雨浩劫，但最后总算又回到赵清阁的手里。虽然是两首即兴诗，却概括了她的性格、气质和她在文艺上的贡献。

赵清阁著述甚丰，诗歌、散文、小说、戏剧、电影文学、创作理论。她又著又译，又编书刊，还能作曲，尤善丹青（出身上海美专科班），甚至导演过戏，也曾想主演个角色，真乃全才。毋庸讳言，作品多产，技艺多能，势必影响艺术质量，她终究未能达到应有的高度。她一生写了20多部戏剧和电影剧本，六七部中、长篇小说，出版过3个短篇小说集，此外，尚有散文和文艺理论作品等，凡200余万字。中国现代女性剧作家卓有建树者本屈指可数，唯袁昌英、白薇、杨绛数人，赵清阁原是有望跻身她们之列的。不过无论如何，赵清阁在多方面都作出了贡献，至今还没有出版一套她的文学作品选集，至为可惜。

2.单纯而又无望的恋情

老舍和赵清阁相识于1938年的武汉。当时，进步知识分子在武汉成立了中华全国文艺界抗敌协会，老舍是"文协"的理事兼负责人，而赵清阁是老舍的秘书。两人因交往频繁而滋生了恋情。赵清阁既有男子的豪气，也有女性的温婉，她独特的气质深深吸引了老舍；而老舍的幽默、睿智、勤奋，也给赵清阁留下很好的印象，两人因志趣相投而相互倾慕。不久，因战事吃紧，日军逐渐逼近武汉，国民政府下令疏散机关的工作人员。上级安排赵清阁去重庆，可她说什么都不愿去。原因是，她既割舍不下当时的工作，也放心不下老舍。后来，经过老舍的苦苦相劝，她才依依不舍离开了武汉，告别了老舍。很快，武汉再次告急，冯玉祥安排老舍去桂林，但老舍不去，他和几位好友乘船去了重庆。老舍做出这一选择，当然是为了和赵清阁重逢。

在重庆，老舍工作很忙，但他还是抽出时间，和赵清阁合作了两个剧本《王老虎》和《桃李春风》。当时，赵清阁因割盲肠住进北碚医院，老舍带着稿子，和病榻上的赵清阁共同完成了剧本。不久，老舍也因割盲肠住进北碚医院。在他手术时，赵清阁一直在手术室外等候。老舍出院后，两人就成了邻居。

在共同撰写《桃李春风》的日子里，他们比邻而居，相依而伴。他写下：清阁赵家璧，白薇黄药眠。江村陈瘦竹，高天藏云远；她倚在他身旁，让琴声与月光相连；在缙云寺，他们祈祷地老天荒、海枯石烂……他们爱的硕果《桃李春风》，荣获了民国教育部戏剧节优秀剧本榜首。

那几年，老舍和赵清阁并肩战斗，形影不离。正如赵清阁的一位友人所说，在抗战时期的重庆，老舍和赵清阁的名字总是紧挨在一起。一个是年轻的单身女性，一个是妻儿不在身边的男人，自然让人想入非非。而难以容忍的恐怕是，将两人的邻居关系传为"同居"关系。一直到今天，还有这种说法。

然而，这清风朗月、繁花云霓般的幸福，却被一阵东风吹散。当时，老舍和妻子胡絜青、3个孩子阔别已达6年。在一位名叫"老向"的朋友帮助下，1943年秋天，老舍夫人胡絜青和子女抵达重庆。老向事先没有和老舍商量，待胡絜青和孩子到重庆后，他才找人去北碚问老舍，要不要和妻子儿女团聚。老舍正吃馄饨，听到这一消息，手中的筷子抖了一下，但随即恢复平静，他说："既然来了，就让他们过来吧。"

胡絜青是10月28日到重庆的，但在20天后她才去北碚，和丈夫团聚。选择和妻子团聚，还是和赵清阁重组家庭，老舍花了整整20天时间，才艰难地做出决定。显然，对老舍这样有名望的文化人士来说，离婚，谈何容易。

赵清阁对自己与老舍的亲密交往原本很坦然，而此时不得不离开北碚，无疑给此前的谣言提供了口实。她的处境十分尴尬，内心非常郁闷。于是，她接受了冰心的建议，把心思转移到改编话剧《红楼梦》上。

至于老舍在突发事件的处理上无所作为，也是性格使然。老舍本不擅长结交异性，与赵清阁的来往属于例外。刘以鬯说："赵清阁刚强豪爽，也许是这种略带阳刚的性格，使'见着女人也老觉得拘束'的老舍有勇气跟她合写《桃李春风》。老舍一向'怕女人'，与女作家合写剧本，需要极大的勇气。"

老舍当年与夫人来往，也是被动的，是夫人的母亲相中他，并一手促成了这桩婚事。1937年11月，老舍将夫人和3个孩子丢在济南，只身赶赴武汉。分居6年之后，夫人在他完全不知情的情况下突然赶来，老舍又被动地接受了既成的事实。

抗战胜利后，赵清阁离开重庆，回到上海。

曾经沧海难为水。老舍和赵清阁不能不分手，各自退回到自己的生活圈中，赵清阁为了老舍的前程，还做出了"各据一城，永不相见"的决定。

老舍和赵清阁为何有情人未成眷属呢？赵清阁在一篇小说中泄露了天机。小说叙述了中年知识分子邵环教授，已婚，有两个孩子，但却爱上了才貌双全的灿。抗战胜利后，灿悄然而去，留给情人邵环一封"绝交"信，信的内容如下：

应该新生的是你们，不是我们！

所以你要追求真正的新生，必须先把所有旧的陈迹消除了。

为了这，我决定悄悄地离开你，使你忘了我，才能爱别人，忘了我们的过去，才能复兴你们的未来！

我不希望你因为我的走而悲伤，更不希望我们会再见。

就这么诗一般，梦一般地结束了我们的爱情吧：天上人间，没有个不散的筵席！

老舍和赵清阁在20世纪50年代通信时，老舍称呼赵清阁为"珊"，赵清阁称老舍为"克"，这特别的称呼是蕴含着特别的酸楚。原来，"珊"和"克"是赵清阁根据英国小说家勃朗特的《呼啸山庄》改编的剧本《此恨绵绵》中的两位主人公苡珊和安克夫的简称。40年代和50年代，她和老舍在通信中常以此相互称呼。可见，这两个特别的称呼暗示着老舍和赵清阁的恋情，只能是"天长地久有时尽，此恨绵绵无绝期"了。

3.默默地守护

在上海分手时，老舍和赵清阁约定"各据一城，永不相见"，但后来老舍有机会赴美讲学，两人的关系又开始升温。身在异国他乡，老舍和妻子的关系也就名存实亡了，而如果能在国外定居，他和妻子的婚姻自然会无疾而终。于是，老舍想留在国外从事著述，并找机会将赵清阁也接出去。

但新中国成立后，党和政府急切希望海外文化人能回到祖国的怀抱中。赵清阁是一个外圆内方的人，她刚强自重，以大局为重。她没听从老舍的提议，最终把感情野马释放出去，而是受周恩来辗转之托，写信劝客居美国4年的老舍返国，使这段波澜起伏、热火亢奋的感情急转直下。老舍接到赵清阁的信后，不久就回国了。

老舍滞留国外，不过是想摆脱妻子，和赵清阁结为伴侣，既然赵清阁不愿离开祖国，老舍也就没有理由留恋异乡了。老舍在美国是决心要离婚的，回来之后才明白绝无可能。1948年初，老舍在美国推出《离婚》的英文版；同一时间，国内的赵清阁则计划将老舍的小说改编成剧本，她选择的作品正是《离婚》。这不是巧合，而是两人间的一个秘密约定。但他俩显然低估了现实的压力，也高估了双方的勇气。

回国后，新政府慷慨地将"人民艺术家"的桂冠戴在老舍的头上，这样一来，他必须斩断对赵清阁的恋情。因为，一个领导器重、人民爱戴的艺术家，是不能有"作风"问题的。唯一的出路是，他只有面对现实，回归北京原来的家庭生活。而近在上海的赵清阁已知道他们俩的感情历程，自此将画上句号了。

回国后，老舍在北京工作，赵清阁定居于上海，再加上双方工作的繁忙，相互见面的机会很少。不过空间的相隔并未阻断二人的友谊，他们更多的是采用通信方式来进行交流。赵清阁生前，曾有人读到老舍给她的10多封信。据说，她当时收有老舍的

221

信达100多封，去世前却烧毁大半。加上赵清阁一生抱定独身主义，始终未有组建家庭，更使她与老舍的关系蒙上了一层神秘色彩。

在赵清阁生前编选的《中国现代著名作家书信集锦》中，收录了老舍在1949年后给她的4封信，但也是夹杂在其他名家的书信中，刻意不予张扬。

4封信的内容，大都是闲话家常，老舍关切赵清阁的生活、身体和病情。

但从下面的一封信，也可以说明老舍与赵清阁情谊之深浓。

清弟：

快到你的寿日了：我祝你健康，快活！

许久无信，或系故意不写。我猜：也许是为我那篇小文的缘故。

我也猜得出，你愿我忘了此事，全心去服务。你总是为别人想，连通信的一点权益也愿牺牲。这就是你，自己甘于吃亏，绝不拖拉别人！我感谢你的深厚友谊！不管你吧，我到时候即写信给你，但不再乱说，你若以为这样做可以，就请也暇中写几行来，好吧？我忙极，腿又很坏。

匆匆，祝长寿！

舍1955年4月25日

果来信，不必辩论什么，告诉我些工作上的事吧，我极盼知道！

从这封信可略窥，之前大抵老舍写了一篇两人相关的"小文"，赵清阁不愿再纠缠——更多是怕影响老舍的声誉。当时，老舍在大陆，身兼多项要职，属于官场人物，所以她存心不给老舍回信。因而在信中有"你愿我忘了此事，全心去服务。你总是为别人想，连通信的一点权益也愿牺牲"之句。

原是十分内敛的老舍，也不顾了许多了。这封信，还是老舍为赵清阁祝寿而写的，倾满眷顾与关爱之情。

限于现实环境，赵清阁"自己甘于吃亏，绝不拖拉别人"。为此，老舍在信中耿耿于怀，他希望能常常听到赵清阁的信息，故向她央求道："就请也暇中写几行来。"

事实上，赵清阁每年生日，老舍都千方百计设法赠送礼物给她，要么写信，要么写诗，他衷心祝贺她。

其中最为人传诵的是赵清阁1960年46周岁生辰，老舍特地重抄他1942年前写于重庆的一首旧诗赠她：

> 杜鹃峰下杜鹃啼，碧水东流月向西。
>
> 莫道花残春寂寞，隔宵新笋与檐齐。

诗味隽永，蕴含他对赵清阁勖勉的殷殷之情。1961年，赵清阁47岁生日，老舍又题赠了一副对联给她：

> 清流笛韵微添醉，
>
> 翠阁花香勤著书。

凡了解赵清阁的人，都知道她对外绝不提与老舍间的感情关系，因为人言可畏，她怕损害老舍的形象。

赵清阁生前，一直将老舍的手迹悬挂在客厅，足见她和老舍的那段情在她的生命中占据着怎样重要的位置。

4.此情可待成追忆

赵清阁的内心很矛盾，很复杂。一方面，她对老舍有深厚的感情，并且终身未嫁；另一方面，她又不愿卷入是非，招来流言。在老舍生前，两人的交往中，她一直恪守自己的底线；老舍去世后，甚至在自己垂垂暮年，她仍然是如履薄冰。

在今天许多人看来，这段感情无可厚非，不会有损两位当事人的形象。但对于他们那一代人而言，境况却完全不同。那时，一个人的"作风问题"可以断送他的政治生命。对于赵清阁这样洁身自好的人，更是避之不及。

在她晚年出版的5部回忆文集中，没有一篇是回忆老舍的。她几度欲言又止，在社会的他律和心理的自律下，终于没有敞开心扉。1999年11月27日，这段如影相随的隐情被她带到了另一个世界。

虽然老舍回国后，他和赵清阁的恋情转化成友情，但他的夫人胡絜青未能忘怀他曾经的移情别恋。"文化大革命"爆发后，胡絜青给丈夫写了一张大字报，揭露并批判了老舍和赵清阁的恋情。

知情人透露，老舍不堪造反派的批判和毒打，流露出轻生念头时，胡絜青竟没有劝慰和阻拦。

与胡絜青的冷漠形成鲜明对照的是，赵清阁得知老舍死讯后，从此"晨昏一炷香，遥祭三十年"。

作为旁观者，要想对老舍和赵清阁的恋情作出恰如其分的评价，委实很难。老舍为了婚姻，斩断了情丝；赵清阁因为爱情，错失了婚姻。一方面，婚姻光鲜的外衣包裹着的却是干枯的内核；另一方面，爱情艳丽的火苗又蹿出了道德的屏障。

对老舍来说，没有爱情的婚姻如同没有灯火的夜晚，一团漆黑；对赵清阁而言，没有结果的恋情，如同没有庄稼的原野，一片萧瑟。尽管老舍有难脱"枷锁"的苦衷，赵清阁有独守空闺的凄楚，但两人"在这交会时互放的光亮"却那么炫目！

或许，美丽的感情，总显得不羁，总带有一丝异端的色彩。

点评

人们总认为，导致他人婚姻危机的人或男人外遇出轨的对象多是单身的女人，她们不仅仅破坏了对方的家庭婚姻，而且可能伤害了正在成长的孩子。所以，单身女人不要做别人的小三，应该避免成为外遇对象，远离有妇之夫。

有些脸皮厚的男人，在外面声称自己虽已婚，但仍可成为交异性密友的对象，这就叫作"死会活标"。外面异性总以为对方离婚的理由是个性不合，事实上除了少部分外，多数都不是。男人跟女人诉说他的婚姻多么痛苦，与太太多么不合时，请不要随便相信。真是如此，等他把婚离干净再说。女人要将已婚者视为"死会"，是不能标钱的会。要知道大多数脚踏两只船的男人，离婚的可能性都很小，他们绝非是一个好对象。

如果女人成了第三者，一旦失恋，那么她们几乎都会有自杀的念头。事实上，她们想斩断的不是自己的生命，而是那份痛苦。

守口如瓶也许是这种恋情得以持续的原因，但一旦恋情结束了，当初的守口如瓶也就成了痛苦的根源之一。因为突然之间，没人再听你倾心相诉了，没有人再同你如胶似漆了。所爱的人已经走了，一去不复返了。不像正常的离婚，这种恋爱是被社会所唾弃的。在一般情况下，这种失恋引不起家人的同情，得不到亲友的理解，女人只能默默地承受这一切。

这就是现实。女人最好不要与有妇之夫太亲近。

黄蕙兰：
人生没有不散的筵席

真正的潮女，一要有钱，二要有胆。而这两样，民
国驻美大使夫人黄蕙兰都具备。但她不是靠做外交大使
的老公打扮自己，而是靠有钱的老爸活着。尽管顾维钧
和黄蕙兰的结合最后没能善终，但谁也不能否认，他们
曾热烈相爱过；谁也不能否认，顾维钧的外交成就中有
黄蕙兰的功绩。

1. "糖王"最宠爱的女儿

黄蕙兰1901年生于爪哇，即现在的印度尼西亚，时在荷兰殖
民统治下。祖父黄志信早年是一个"偷渡者"，曾因反清而遭缉
拿，从厦门出逃，在海上漂流数月到爪哇。他先在海港做苦力，
后做走街串巷的小货郎，过着"数米为炊"的日子。他硬是靠勤

劳、智慧和节俭富裕起来。离世时，他给后代留下了700万美元的遗产。

黄蕙兰的父亲黄仲涵（奕柱），继承了祖业并有了极大的发展，成为爪哇华侨首富。他经营糖业，世称"糖王"。黄仲涵一生大把大把地赚钱，大把大把地花钱：吃、喝、结交黑社会和娶姨太太。难能可贵的是，黄仲涵热爱祖国，"捐大钱支持辛亥革命，支持蔡锷在云南发起的讨袁战役"。他还热心公益事业，斥巨资创办东英中学和华侨学校。

黄仲涵年轻时就嗜赌。有一次，父亲叫他去收地产租，他收1万卢比（荷兰人称盾）回家时，途经赌场禁不住诱惑，破门而入，直到输掉最后一个子儿。他痛悔自己是个不孝儿子，想投海自沉。但忽然想到，他应该在辞世前向他心爱的女人，一位长他多岁的寡妇告别。孰料，那位深爱他的寡妇，倾囊而出，将自己的1万卢比送给了他，免了他一死之念，从而东山再起。

黄仲涵是爪哇岛上第一个剪辫子的中国人。洋人看不起中国人，只准华人集中居住在中国城内。黄仲涵用金钱和智慧打破这一禁令，雇用一位荷兰男爵做他的律师，与荷兰总督、威廉女王驻爪哇的代表过从甚密。一番铺垫之后，他"顺理成章"地成为爪哇第一个在欧洲人居住区购置产业的中国人。黄氏府邸占地200多亩，傍山枕水，亭台楼阁，气派非凡。仅园丁就有50余名，除私家花园外，还有私家动物园。

黄仲涵一生最感兴趣的是女人。黄蕙兰的母亲魏明娘，祖籍山东，有着"爪哇中国城内第一号大美女"的赞誉，是他明媒正娶的正宗夫人。此外，得到黄仲涵承认的姨太太共有18位，孩子42个。魏明娘15岁时嫁给黄仲涵，但她惭愧的是，她只为丈夫生了两个女儿：琼兰和蕙兰。为防止丈夫涉足烟花柳巷，她便容忍了丈夫纳妾、再纳妾的行径。

自黄仲涵纳妾后，魏明娘与他的关系便日渐疏远，她转而钟情于佛事。后来，她干脆带着黄蕙兰远走伦敦，永远地离开了黄仲涵。黄仲涵猝死时，她也不肯见他最后一面。

黄蕙兰锦衣玉食，家中备有中欧两式厨房。而且，欧式厨房的总管曾任荷兰总督的大厨师。她与父母进餐时，有一个管家和6名仆人伺候在侧。餐具都是银制的。

母亲视她为掌上明珠，在黄蕙兰3岁时，送她金项链上的钻石重达80克拉。黄仲涵不过问女儿的教育，魏明娘除了为女儿请英文教师外，还请人教女儿习音乐、舞蹈、美术。她把一切希望都寄托在这枚金枝玉叶上。

父母的娇惯，使黄蕙兰成为一个衣来伸手、饭来张口、挥金如土的阔小姐。她没有受过系统的教育，但天性聪颖。她青少年时代即穿梭在伦敦、巴黎、华盛顿或纽约之间，熟悉西方生活方式，能说法、英、荷等六种语言，富有天生的交际才能。

母亲彻底讨厌父亲娶妾的行径，带着黄蕙兰到了英国。在伦敦，黄蕙兰开着母亲的罗尔斯罗伊斯轿车日落而出、日出始归。她疯狂地周旋于社交界，结识了许多社会名流。她很自豪："如果你能想象一位中国摩登女郎的模样，那就是我！"年轻风流的伯爵们，如狂蜂乱蝶，追随左右。母亲希望她跻身英国上流社会，光宗耀祖。黄蕙兰憧憬着有朝一日与一位公爵结婚，能在私家的信件上印着公爵的冠冕，并戴上公爵夫人的宝冠。但她与每位男友的相爱似乎都是闪电般的，"我玩得太高兴了，根本不想恋爱的事，婚姻意味着责任！"她说，"我总是越过现在的伴侣的肩头去远眺他人"。

黄蕙兰一生亲善动物，尤其爱养狗。有人评论她"爱犬甚于爱子"。在巴黎，她所宠爱的一只小狗，因丢失所喜爱的石头而一夜不眠时，黄蕙兰便打发家中6位仆人屋里屋外找那块石头，但遍寻不见。数日后，那块石头在地毯上莫名其妙地出现了，她以为是"精灵"再现。那只小狗死后，她把那块石头当作陪葬。她认为在北京的几年里，令她最得意的事业是，繁殖品种名贵的哈巴狗，多时达50只。她请两名仆人照料这些狗。她的奢侈生活，遭到报纸的谴责。当她知道用这么多养狗的钱可以养活3个村子的老百姓时，她"害怕起来"。她只留了3只，将其余的全部卖掉。她用将养狗的费用在公馆门口办了一间施粥厂，每年冬天还给穷人发些棉衣……这一慈善活动，直至她离京赴法为止。垂暮之年，歹徒入室要抢走她5万美金的首饰，封她的嘴时，她挣扎着哀求说："请别伤害我的狗!"

黄蕙兰与母亲在意大利生活了一段时日，母亲突然说要去巴黎，但她不肯，说意大利还没玩够。母亲坦言相告：巴黎有位对她有兴趣的先生在等她。

2.嫁给一心为国的外交官

那个在巴黎急于与黄蕙兰见面的男人叫顾维钧，时年32岁，任中国赴巴黎和会代表团第二代表，驻美公使。他曾有过两次婚姻：前一任是依父母之命而娶的张润娥，有名无实，离婚；第二任妻子是有缘无福的唐宝，她因分娩难产而亡。

黄蕙兰的姐姐黄琼兰，邀请中国代表团到巴黎家中做客时，顾维钧见到主人家钢琴上陈着一帧黄蕙兰的玉照，十分欣赏，直露了愿意结交的想法。黄琼兰赶忙给母亲写信，从中牵线搭桥。

那个时候，国家财政十分困难，外交费用很少，顾维钧非常需要一位能给他带来财富的妻子，而黄蕙兰就是最好的人选。黄蕙兰对顾维钧的第一印象是平淡的，因为他理着老式的平头，与当年追求她的男人相差很远。而且，她觉得他既不会跳舞，也不会骑马，甚至连汽车都不会开，有点儿"土"，心中不免失望。可是，顾维钧有自己的法宝。

随后几日，顾维钧几乎每天差人给她送花，有时一天几次亲自造访问候。顾维钧非等闲之辈，他凭借自身的魅力，令黄蕙兰感到他时时处处都在关爱她。某日，当提议次日到枫丹白露去郊游时，顾维钧马上用比英语还流利的法语对她说："明天我来接你，坐我的车去。"那是一辆由法国政府供给的享受外交特权牌照的车，有专职司机，黄蕙兰的心理得到一种从未有过的满足。后来，听歌剧时，他们享用的是国事包厢。黄蕙兰自忖，这种荣耀与特权是父亲用再多的钱也买不到的。

有一次为了找她，顾维钧竟然追至美容院门口等她。顾维钧以一种自信、从容的姿态，引领着黄蕙兰去展望一个新世界，而崇尚荣华的黄蕙兰早已为之倾倒。

顾维钧说："我到那些地方进行国事活动，我的妻子和我一起受到邀请。"

"可是你的妻子已经去世了。"黄蕙兰说。

"是啊，而我有两个孩子需要一位母亲。"

黄蕙兰凝视着他，说："你的意思是说你想娶我？"

顾维钧严肃地答道："是的，我希望如此，我盼望你也愿意。"

但令黄蕙兰迷惑的是，他并没有说爱她，他也不问她爱不爱他。因为在这段婚姻里，顾维钧不是纯粹从感情角度出发的，他找的不是一位倾心相爱的心灵伴侣，而是一位合格的外交官的妻子。

这个时候，顾维钧有一双稚龄儿女要照顾，作为外交官的他，也需要一位妻子出席各种场合。但是，外交官夫人是可遇不可求的。

黄蕙兰的母亲坚定地认为：顾维钧是一个梦想中的女婿，他们一个属猪，一个属虎，生肖相合。她为有这样一位乘龙快婿而自豪。姐姐黄琮兰劝她："蕙兰，你一定要嫁给顾维钧，别像我这样，找一个凡庸之辈做丈夫。"而父亲了解了顾维钧的婚史后，坚决反对，后来甚至拒绝参加他们的婚礼。

顾维钧加大追求的力度，他希望和黄蕙兰立即结婚，一起回华盛顿。而且，他表示到布鲁塞尔中国使馆会举行一个正大光明的婚礼。

当时，年仅19岁的黄蕙兰，应该是对自己的婚礼有着美好的想象的。婚礼十分隆重，娘家的陪嫁阔绰到让人不敢相信：枕头上钉的是金扣袢，每朵花中镶一粒钻石；镶金餐具36套；顾维钧座位上的名片架也是金的，錾雕着"顾"字；黄蕙兰的母亲送了一辆高级的劳斯莱斯牌轿车……婚礼上高朋满座，场面之盛大与热烈，令黄蕙兰觉得自己是天下最幸福的女人。

洞房设在豪华旅馆内。礼毕，当她精心打扮一番，想给新郎一个意外的惊喜时，她傻了——她走进新房的起居室，正在办公的顾维钧几乎连头都没抬，他正向身边4位秘书口述备忘录。因为翌日国联大会要召开，身为中国代表团团长的顾维钧必须出席。顾维钧与夫人、工作人员要连夜乘火车赶往日内瓦。黄蕙兰做梦也没想到，她的新婚之夜是在火车上度过的。

黄蕙兰晚年对此感慨良多，她说她敬佩顾维钧的才华，但他缺少温柔和亲切的天赋。"他对我不是很亲热，而是常常心不在焉，他最关心的是中国，为国家效命。""他是一位可敬的人，中国很需要的人，但不是我所要的丈夫。"

黄蕙兰是顾维钧最得力的助手。

黄蕙兰具备外交官夫人的硬软件：谙熟欧洲风俗和各国语言(她的法语，连顾维钧都自叹弗如)，而她也舍得卖力气，活跃于国际政坛，周旋于王公伯爵左右，凭着青春和财富赢得掌声一片。她认识到，外国社交界在很大程度上根据顾维钧和她的表现，来确定对中国的看法。因此，她以"中国的橱窗"自我定位，而她的家、沙龙主人的她都是橱窗的附件。她斥巨资修葺中国驻巴黎使馆，力求让"橱窗"精致些，使外国人在窗口看中国的月亮和星星。

3.中国最出色的大使夫人

黄蕙兰嫁给顾维钧后，自此成为贵妇人。黄蕙兰需要的是，外交家夫人头衔给她带来的展示机会；顾维钧需要的是，对他的工作有帮助的帮手。两个人各取所需，达成了无言的默契。

黄蕙兰开始粉墨登场了，她活跃在国际政坛，周旋于王公伯爵左右。她年轻、美丽、聪颖，衣饰得体，举止高贵典雅，她成了展示中国形象的窗口。黄蕙兰和顾维钧配合得很好，在她的大力支持下，顾维钧的外交工作取得了巨大成就。她挟慈父之多金，依贵婿之显要，如鱼得水，左右逢源，活跃于国际外交权贵之中，"过着令人兴奋的日子"。

她大方、热情，但恪守做人的尊严。

新婚后的第一次宴会上，一位外国大人物为她作诗，并试图与她调情。黄蕙兰机智地大声说："维钧，那个老头想知道中国话怎样说'我爱你'。"一个法国的外交官轻佻地对她说："我认为中国人是可爱的——个子矮小，弯着腰趿拉着脚走路，而妇女则用缠过的小脚蹒跚而行。"黄蕙兰针锋相对，反问："我丈夫像苦力一样趿拉着脚走路吗？我是不是一个缠足的小玩偶？"

黄蕙兰是位交际能手，女人喜欢她，男人更喜欢她。但她认为她那些异性朋友，仅仅是朋友。为自身的尊严，她恪守妇道。然而，外面总有些风风雨雨，顾维钧时有怨言。她说，她对老朋友的款待只是出于礼貌。一次外交活动后，法国外交官有意撇开她的妻子，钻到她的车子里，坐在她与顾维钧的中间，伸手摸她。她斥其"住手！"时，顾维钧只在考虑他自己的事，竟全然不知！黄蕙兰觉得委屈、寒心。

顾维钧是位才华出众的人才。外电评说他"平易近人，有修养，无比耐心和温文尔雅"，是位博得世人"无限的敬意"的外交家。他勤政，全身心地投入工作，并时时注意自己的形象。他对黄蕙兰一身珠光宝气的装扮，不以为然。他对妻子说："以我现在的地位，你戴的为他人所欣羡的珠宝一望而知不是来自于我的。我希望你除了我买给你的饰物之外什么也不戴。"可黄蕙兰不仅不以为然，还任性地用父亲的钱，买了昂贵的劳斯莱斯汽车。顾维钧要求她退掉，因为他买不起。

这时，黄蕙兰发表了一番理论："我和你结婚以前从来不懂政治，但是我并不傻。我知道别的国家怎样看今天的中国，他们把它看作一块可以进行经济剥削的地区。我曾经在爪哇生活。在那里，荷兰人看不起中国人，除非你有足够的钱可以不理睬他们。为什么我们不坐爸爸花钱买给我们的好汽车？我有珠宝饰物，为什么别国的外交官妻子们在盛大集会中，用她们所有的一切装扮她们自己，而我却要把我的珠宝弃置一旁？如果我们和旁人同样做法，这将有助于使他们理解中国不能忽视。我们并非如他们所想象的来自落后的国家，我们来自有权受到重视的国家。"

不仅买了车，这位阔太太在顾维钧担任驻英公使时，又嫌大使官邸不够气派，坚持做一次装修。顾维钧告诉她，所有为使馆做的一切都要归于国家，中国政府是不能偿还所花的费用的，将来他们离开时，为使馆买的新家具也不能带走。但是，这并不能阻止她。显然她是出于虚荣心，不过和今天在国内外大摆办公室豪华气派的官员相比，她花的是自己的钱，国家没有吃亏反而得了好处。

在30多年的交际舞台上，她挥金如土，为国也为己增光添彩。一位外国友人写诗，称她是"远东最美丽的珍珠"。

在最初的外交活动中，黄蕙兰不懂礼节，根据自己的喜恶，在接待宾客时任性安排客人的座次。顾维钧批评她："这不是私人宴会，这是代表国家款待客人。"夫唱妇随，渐渐地，黄蕙兰成为顾维钧的得力助手。由于她懂得六国语言，为人热情、大方，所以她深受欧洲人的欢迎，"被当作自己人看待"。在外交使团，夫人外交很重要，"法国以及别的国家要根据顾维钧和我的表现来确定他们对中国的看法。"黄蕙兰认为"我们是中国的展览橱窗"。持"不同政见"的袁道丰（曾任国民政府驻巴黎总领事，顾维钧老友）也承认："当大使太太最适合黄蕙兰的胃口，与西人酬酢应答如流，也确有她的一套。很少有中国大使的太太能够和她比拟的。"

顾维钧出任驻美大使时，宋美龄访美，黄蕙兰将大使馆的套房让给她，好出风头的她谨慎地退出一切活动。就餐时，将自己与丈夫对面的餐席让给宋美龄。宋美龄接见客人握手时，她悄悄地递上浸过花露水的热毛巾，适时、得体又周到。一次，当众人称赞顾维钧为赢得国际承认中国的地位作出贡献时，宋美龄还特别提醒大家："别忘了大使夫人也起了重要作用。"

黄蕙兰也明白，她的价值有一半体现在她雄厚的财力上。当时，使馆经费拮据，顾维钧的许多外交应酬都是黄蕙兰掏的钱。波特兰广场的破旧使馆，令黄蕙兰觉得很丢中国人的面子。于是，她便自掏腰包将其翻修一新。顾维钧回国内工作时，她一掷20万美金购下北京狮子胡同陈圆圆的故居做公馆。父亲寄来的钱，她都交给顾维钧，要用，再向他拿。黄蕙兰热心公益事业，在伦敦积极参加战时救护工作。连续4个月，从午夜到次日早晨8点，她累得整天和衣睡觉。

顾维钧的职务在升迁，黄蕙兰的交际也更广泛。参加白金汉宫战后首次宫廷舞会，与英国大使和英王握手，出席杜鲁门总统就职典礼，几乎天天都有社交活动，使她备感荣耀。

4.性格不合，平静分手

黄蕙兰是个优点很明显、缺点也很突出的女子。出生在巨富之家让她有了良好的学识，亦造成了她我行我素的行事作风。虽然黄蕙兰出身富裕，从小锦衣玉食，但此时，她年轻貌美，是个时时处处需要人关心、注意和呵护的女子，而顾维钧偏偏是个工作狂。所以，两人在思想意识上存在很大的分歧。

有陈年八卦说，20世纪20年代，宋庆龄和孙中山从广州到北平后，宋庆龄担忧自己始终以来的上衣配裙装太掉队，在借住外交官顾维钧家的日子里，她偷望了当时顾太太的衣橱，因为那一定是最新的风行。后来，在北平的时间里，她一直穿着旗袍，有人说她的古装灵感就借鉴于顾维钧的太太。宋庆龄从她身上偷窥潮流趋势并不奇异，因为黄蕙兰是豪门名媛，是社交名流，是时尚东方美的代表，是某年Vogue杂志评出的"最佳着装"中国女性。

黄蕙兰对衣服的材质十分敏感。当时，中国上流社会的女人都热衷穿着法国衣料，而中国绸缎似乎是最中产阶级的选择。黄蕙兰却反其道而行之，她就选用老式绣花和绸缎，并做成绣花单衫和金丝软缎长裤。这是外国电影里神秘精巧的"中国风"，一出场当然出尽风头。

她去香港，看到一些人把老式的古董绣花裙子遮在钢琴上，以阻挡灰尘。由于这裙子非常便宜，黄蕙兰就买了不少，并带回巴黎。她偏偏选在晚宴上穿着，引起了轰动，这种古董裙的价格居然哄抬了几百倍。

来自东方的时尚让包括玛丽王后、摩纳哥王妃、杜鲁门的妻子在内的西方名流惊叹，却不能赢得丈夫的忠心。黄蕙兰一不留神成了中国最出色的外交大使夫人，每次出席宴会或参加活动，她都把自己打扮得很漂亮。可是，顾维钧并不关注她的装扮，黄蕙兰有时候也很委屈，"当我打扮整齐，等待他的赞许时，他往往只不过心不在焉地看我一眼而已"。

如果仅仅是老公少看自己两眼，少赞赏自己几句，一个女人也犯不着往心里去。关键是，如果这个男人不关注自己的老婆，而格外关注别人的老婆，甚至无话不说、体贴入微，这就是原则问题了。

有迹象表明，顾维钧有移情别恋的嫌疑。

嫌疑对象是一个外交家的妻子，她的老公叫杨光泩，和顾维钧一样都是美国留学生，又都是外交大使，还是好朋友。后来，杨光泩不幸殉职，顾维钧就经常到他家里关照他的老婆孩子。

杨光泩的夫人叫严幼韵，是名门闺秀，20世纪20年代的复旦校花。比黄蕙兰小4岁的她，也是美丽的时尚达人，一辈子都穿高跟鞋，用高级香水。最关键的是，她比黄蕙兰会照顾、体贴男人。男人在感情上都是哪儿温暖往哪儿去，顾维钧已经习惯到严幼韵那里寻找温暖。

黄蕙兰不是那种小心眼的女人，可是老公经常这样明目张胆地泡在别的女人家，她也有想不开的时候。某一日，顾维钧陪着一群朋友在严幼韵家打麻将，俨然成了这家的男主人。黄蕙兰自己在家寂寞了，就追到严幼韵家。顾维钧已经习惯了和严幼韵的眉目传情，见了老婆也不收敛。黄蕙兰的醋坛子一下子就翻了，她想拽着顾维钧往外走，但顾维钧端端正正地坐着，就是不动。

对老公没有办法了，她迁怒到严幼韵的头上，大骂这个女人不知羞耻，勾引人家的老公。可骂了半天，严幼韵就是不接茬，装作没听见。一贯强势的黄蕙兰，一时陷入尴尬的境地。

一眼看到桌子上的茶壶，黄蕙兰顺手抄起来，向顾维钧的头上浇去。一壶茶水哗哗啦啦倒完了，可顾维钧依然纹丝不动地坐着抓牌、码牌。黄蕙兰这回是彻底没办法了，只得悻悻离去。

她知道，她的失败已经难以挽回了。她不是斗不过这个女人，而是斗不过这个有男人宠着爱着的女人。她累了，不想再和他们斗了，索性放爱情一条生路。

说白了，这两个人是事业上的好搭档，但在个人生活情趣和对事物的认识、判断上存在很大的分歧。两个人就像两股道上跑的车，珠联却璧不合。其实，黄蕙兰是不理解顾维钧的，顾维钧喜欢聪明的女子，他对那个聪明的第四任妻子严幼韵就赞不绝口。顾维钧和黄蕙兰之间的问题是，两个人都喜欢别人围着自己转，都是自我意识比较强的人。黄蕙兰的一些主张可能顾维钧不是很认同，而黄蕙兰又不是个肯妥协的主儿，所以两人的矛盾就日益加深。顾维钧需要的不是一个摆设型的妻子，而是一个真正能走进他心灵，与他的灵魂能够共鸣的女子。

顾维钧应该从很早就不喜欢黄蕙兰了，但是因为事业和个人形象的需要，他们共同生活了36年。最终，这位象牙塔里的千金与顾维钧平静地分手了。

晚年，黄蕙兰在其回忆录《没有不散的宴席》里，追述了她的一生及她与顾维钧的恩恩怨怨，但心态是平和的，有怨气，无恶语。她还雅量，只字未提那位横刀夺爱的女性的名字。

黄蕙兰晚年隐居在纽约曼哈顿，靠父亲留给她的50万美金的利息养老，1993年12月辞世。他们共同生活了36年，其数恰与当年陪嫁的36套镶金餐具等同。

黄蕙兰在自传里写着顾维钧对某一类型的女人特别感兴趣，并隐约地写了丈夫出轨的事。这事不是虚构，而是事实。顾维钧出轨的对象是成为他第四任太太的严幼韵。其实，男人的出轨不应该完全归结为人品问题。因为一个男人要出轨，他总是对妻子有诸多不满意的地方，而这些地方，需要另一个女人去填补。

点评

太强势的女人容易把男人逼出轨。原因可能是，男人在婚姻中感受不到自由，男人在女人面前没有男人的尊严，男人在女人那里感受不到女人的崇拜与敬仰，女人太过于强势了。造成的结果是，男人想通过出轨的方式，来发泄内心压抑的不满。男人可能没有胆量和太过强势的女人离婚，但男人可以选择偷偷摸摸地出轨，以表达内心的不满与愤怒。婚姻，会因此陷入恶性循环。

强势的女人太追求完美，追求精致的人生，但结果往往事与愿违，事业成功后家庭破碎。人生就像一部连续剧，是喜剧还是悲剧，取决于婚姻这场戏。为什么很多强势的女人往往得不到幸福的满足呢？主要的原因是，她不懂得角色的转换。人啊，不能永远做主角。中国有着古老的传统文化——男主外，女主内，违背了这个规律自然就要受到相应的惩罚。懂得经营婚姻的聪明女人，无论社会地位多么高，无论在职场上多么叱咤风云，回到家庭的戏台上，她都会乖乖地把主角让给男人，并努力协助、配合、鼓励他，让他出色地演好大男人的角色。

佘爱珍：
自信才是婚姻最好的守护

她没有文才，彪悍成性，却把张爱玲也掌控不了的风流才子胡兰成，玩弄于股掌之中，并且白头偕老。这个名震上海滩的女流氓头子，凶恶前夫对她恭敬有加，花心丈夫与她婚后再也没有过绯闻，即使如此，她还是说："穿破十条裙，不知丈夫心。"她就是名震上海滩的黑社会大姐大佘爱珍。

1.泼辣勇猛的不良美少女

佘爱珍的祖籍是广东，自小在上海长大。由于耳濡目染，她对上海的门派和黑帮比较了解，也算是老上海了。她的父亲叫佘铭三，是一位茶叶商人，也经营一些火腿、鸡翅等小商品。虽说是小本小利，可是由于佘铭三头脑灵活，很会照顾黑道白道上的人物，所以，在佘爱珍出生的时候，家境是非常富裕的。

佘爱珍是佘铭三最宠爱的三姨太太所生，这个三姨太，年轻貌美，是远近闻名的大美人。佘爱珍降生后，虽说是个女孩子，可是生得眉清目秀，眉目之间既有母亲的美貌，又带着一股男孩子的清爽气质。她的性格很是果敢跋扈，说起话来，快言快语，非常爽利。

本来，佘铭三对女孩不是很看重，在大家族里，能够振兴家业的，还是儿子。可是，佘爱珍却爬墙上树，打架斗殴，无所不做，还经常把欺负她的邻居小孩子打破了头。

佘铭三觉得这个女儿将来不是等闲之人，于是，对她格外看重，把她送进学校读书。这所学校叫启秀女中，是如今上海市启秀实验学校的前身，位于上海市思南路香山路，是一所具有人文底蕴的百年老校。

佘爱珍在学校里，并不喜欢读书。已经步入青春期的她，出落得越发秀美。她已经不满足于在学校里过死板读书的日子了，对于她来说，还有更广阔的视野在等着她。

作为一位出众的美人儿，虽说女中里没有男同学，可是，每一次上学放学，她都会遇到一些社会上的混混。开始的时候，这些混混只是挑衅滋事，后来见佘爱珍也并不反感他们，他们就开始对她前呼后拥起来，有的还跃跃欲试，打算把她追到手。

佘爱珍的心活泛起来，她觉得被这些混混追求，是一件满足虚荣心的事情。她接受了混混们的邀请，去看电影，或者去舞厅跳舞。

佘爱珍第一次觉得上海是一个奇妙的地方，以前，由于父亲管教严格，她很难得去舞厅。现在，她见识到了这个社会另一种光怪陆离的生活，她渐渐沉溺于此，把父亲对她的希望置之脑后。

那个时候，有一个姓吴的富家子弟，他对于风流俊俏的佘爱珍很是喜欢，而佘爱珍对他也算是有意。可是，追求佘爱珍的男子太多了，她是一朵娇艳的玫瑰花，引来了很多的蜂蝶。佘爱珍喜欢被这些男子包围在中心的感觉，她觉得，自己就像皇后一样，而指使这些男子为自己服务，是一件很得意的事。

吴姓男子对佘爱珍很是迷恋，对于佘爱珍的引蜂招蝶心里就跟猫爪似的，他恨不得马上就得到这个女人。于是，吴姓男子在一次舞会之后，把佘爱珍请到了一家酒店，说是请佘爱珍吃饭。

佘爱珍虽说和好几个男子关系暧昧，可是并没有经历过男女之事。毕竟年纪尚小，母亲为了让女儿以后嫁个好丈夫，也经常告诫她，不要和一些男人单独在一起，以免玷污名声。所以，佘爱珍那时还是忌惮男女单独相处的。

可是，那天她有点儿饿了，又经不住吴姓男子的苦苦追求，她也就没有戒心，跟着他去吃饭。结果，这个姓吴的混混，将佘爱珍灌醉后，把她搀扶着进了一间宾馆。那一夜，佘爱珍失去了贞操。

佘爱珍从此后就成了不良少女，她几乎天天和吴姓男子厮混，不久，就怀了孕。佘铭三本来对这个女儿抱有很大的希望，他希望她进学校，受到教育后，成为一个知书达理、体面生活的人，毕竟佘家的祖先曾经是清朝的官员，而自己从商很是辱没祖先的遗风。

见到女儿怀了孕，佘铭三就对佘爱珍说，你去香港把孩子处理了吧，我还供你读书，让你去国外留学。

　　佘爱珍的想法和父亲正好相反，她不喜欢读书，觉得父亲的想法并不高明，她还愿意留在上海滩玩，就回绝了父亲。而且，她想嫁入吴家，因为吴家这个少爷，生得也算白净，她对他还是很有好感的。

　　可是，吴家这个少爷并不打算娶佘爱珍，他只是抱着玩玩的态度，并打算把佘爱珍甩了。可是，他没想到，佘爱珍可不是平常的女子。一般性格温和的女子，被玩弄之后，会忍声吞气。但是，佘爱珍自小泼辣，争强好胜，岂肯别人辜负了自己？她寻死觅活，一次次去吴家大吵大闹。在她的威胁下，她得以成功嫁入吴家。

　　按说，吴家的产业也不算小，佘爱珍进了吴家后，日子过得还是很不错的。不久，她就生了一个儿子。成为母亲后，佘爱珍心性就收敛了很多，由于儿子越来越聪明可爱，她便把全部心思都用在了这个儿子身上。

　　丈夫厌倦了佘爱珍之后，又重新寻花问柳，他出入于舞厅酒肆。于是，佘爱珍和他争吵，争吵之后，两人还打破过头。这时候佘爱珍才发觉，年少的情感，就是一阵风，他们根本就没有感情。

　　佘爱珍很失望，她第一次后悔了，而9岁的儿子，因为得了猩红热，竟然夭折了。佘爱珍痛失爱子后，本来就对这桩婚姻失望的她，一不做二不休，带着平日攒下的贴己，索性离开了吴家。

2.情人眼里出西施

回到娘家后，佘爱珍觉得父母对她的态度，已经发生了三百六十度的转弯。父亲佘铭三见女儿不争气，早就对佘爱珍冷了心。母亲也经常骂佘爱珍不知好歹，不好好读书，偏偏和混混结婚，这下子，什么前途也没了。

佘爱珍在家里待不下去，觉得自己也算是出阁的姑娘了，不能赖在家里。于是，她离家出走，并且希望找工作养活自己。

当吃饭问题摆在眼前的时候，佘爱珍不得不放下尊严，去工厂做女工。因为觉得太累，不得已，她做了施德之的丫头。施德之是上海著名的三大骗子之一，当年在上海，创立了一种神功济众水，风靡上海。由于佘爱珍嘴巴很甜，长得也清丽脱俗，施德之就对佘爱珍动了心，把佘爱珍收做了妾。

佘爱珍本来也是大家户的女儿，落到如今这一步，也是不得已的一件事情。可是做人的妾，毕竟不是她的理想。不久，她就厌倦了施德之。施德之说话有点儿娘娘腔，办事也没有男子汉的气概，和这样半阴半阳的男人住在一起，佘爱珍觉得窝火。

佘爱珍以前常和上海滩的黑社会混在一起，木讷的男人，她有点儿瞧不起眼。

于是，佘爱珍重新回到社会上，她重新结识了一帮混混，为了谋生，她还去赌场，做了摇缸女郎。摇缸女郎，顾名思义，就是赌徒们下赌注时摇缸的女司仪，而现在在澳门一带，叫做荷官。在旧社会，女人别说出入于赌场，就是和赌字沾边，也是一件惊世骇俗的事。所以，只有一些已经被坏了名声的女人，才会去做摇缸女郎。而且，做这个职业的女孩子，都要漂亮，嘴巴会说，还要具有一定的震慑力。

佘爱珍的性格很适合做这个职业，她爽利、聪明，能放下架子和一帮赌客调笑，又能威风八面，具有一定的"气场"。赌场很需要这样的人才，所以，佘爱珍在里面混得还算是游刃有余，名气渐渐也响亮起来。在这样的情况下，她得到了"花会女王"金宝师娘的赏识。

金宝师娘是上海滩有名的女流氓，看到佘爱珍伶俐美貌，也很泼辣，就把佘爱珍收了做干女儿。佘爱珍巴不得攀上这棵大树，要知道，金宝师娘的丈夫，就是青帮的大人物季云卿。

此时，佘爱珍就如猛虎长了翅膀，她借着季云卿和金宝师娘这两棵大树，在上海滩耀武扬威。由于她肌肤白润，身材妖娆，很多黑社会成员对她是垂涎三尺。可是，他们又因为她是季云卿的干女儿，只敢对她献媚送礼，还不敢对她造次。

佘爱珍在这种恭敬巴结的气氛里，渐渐觉得生活待她还是不薄的。

佘爱珍和吴四宝之所以能成婚，也是得益于季云卿的介绍。

吴四宝本来是一个鲁夫，胸无点墨，而佘爱珍学习虽说不好，但毕竟上过几天学，也是一个受过中等教育的女子，怎么会看上吴四宝呢？

其实，吴四宝做人还真有一套，有人说他是上海滩的魔王，小孩子听到"吴四宝"的名字，就会吓哭。当时，他的名头，甚至和黑帮的头目杜月笙、黄金荣齐名。

季云卿为了笼络住吴四宝，就把自己最宠爱的姨太太金宝师娘的干女儿佘爱珍，配给他为妻。

要说，佘爱珍还真不是一个平常的女子。别人看着吴四宝长得凶神恶煞，一副歹相，加上吴四宝比佘爱珍大15岁，他没有读过书；而佘爱珍长得面似银盘，举止清爽，走到哪里，都有目光尾随。但谁也想不到，她竟然会同意这门亲事。

佘爱珍看吴四宝，怎么看怎么顺眼，真是情人眼里出西施。亲戚们劝她，不要嫁给这个大块头，因为他的气质和修养，与你一点儿也不相配。

佘爱珍却抖抖肩膀说，我就喜欢吴四宝这样黑社会的人，他不仅勇敢顽强，跟着他，还能坐上轿车，住上洋楼。况且，我这样的女人，已经不是黄花大姑娘，嫁给年轻英俊的富二代，我也不敢奢想了。

佘爱珍的想法，其实是很现实的。因为作为女人，她三十好几，条件好的男人，早已经三妻四妾。而吴四宝这个大块头，虽说相貌丑了点儿，可是，性格豪爽，很对佘爱珍的脾气，再加上有车有房，过了门还是正夫人，这样的好事，到哪里找呢？

佘爱珍同意后，其他人也就说不了什么了。吴四宝尤其高兴，他美得就像捡了个大便宜。因为佘爱珍不仅美貌，还是一个受过教育的新式女子。他觉得，我是个大老粗怎么了，我不一样娶个知识女性吗？

结婚那天，他们请了好几桌宴席，场面很是隆重，黑道上的所有人都来参加了。这桩婚姻，是佘爱珍生命里最值得浓重墨彩的一笔。

3.彪悍的女中豪杰

佘爱珍和吴四宝结婚的第一天，就显示了作为一个江湖中的大姐大聪明漂亮的办事能力。

吴四宝还沉浸在新婚蜜月的时候，一个包打听找上了吴四宝的家门。包打听就是现在社会的警察眼线，当然，那时候的警察不叫警察，而叫巡捕。

由于吴四宝的婚礼排场太大了，所以以前吴四宝犯的命案，被包打听知道了，包打听就带着巡捕找上门来。

吴四宝一气之下，就想动粗，带着几个弟兄就要去和巡捕玩命。佘爱珍很聪明，她告诉吴四宝不要轻举妄动，然后她去找包打听，问多少钱能够摆平这件事。

包打听觉得吴四宝是个有钱人，就想狠狠敲诈一笔，说少不了2000大洋。

佘爱珍说，我只出1000大洋。

包打听当然不乐意了，遇到有钱人，多敲几笔，就是他们的营生。于是，佘爱珍和包打听的谈判结果，就此中断。

佘爱珍去找受害者家属，那个受害者的妻子本来就对丈夫和吴四宝以前的夫人相好，感到愤懑不已，丈夫被人家劈死了，也没有什么好说的。所以，她看见佘爱珍主动上门赔罪，还拿出1000大洋来救济自己，心里感激还来不及呢！

于是，这个受害者的家属完全听了佘爱珍的安排，在上堂指认的时候，完全否决丈夫是吴四宝杀的。

就这样，吴四宝被放了出来。回到家后，吴四宝对这个军师妻子，愈发敬重起来。他觉得，读过书的女子，跟自己这个没读过书的就是不一样，她不仅长得漂亮，办事也漂亮，真是一位女中豪杰。从此，吴四宝这个江湖混混，对妻子言听计从。

由于吴四宝在76号很受重用，佘爱珍和李士群的妻子叶吉卿的关系也就非常好，她们几个76号的官太太还组成了一个"太太集团"。她们经常掺和76号的军事行动，而佘爱珍由于泼辣能干，审讯女犯人的事情，经常落在她的头上。

佘爱珍的日子如果这样过下去，那么还是很滋润的。毕竟丈夫对她恭恭敬敬，而以前在社会上混过的地痞流氓，也赶着叫她师娘。佘爱珍认了很多的干女儿。由于佘爱珍出手大方，这些干女儿也一口一个妈，叫得很亲。

只是，婚姻的三年之痒还没过，吴四宝竟然就去寻花问柳了。丽都舞厅的当红舞女马三媛，被吴四宝看中了。

吴四宝在极司菲尔路安乐坊对面的55号附近，给马三媛租了房子，就这样，马三媛成了吴四宝的二奶，被包养起来。

俗话说，好事不出门，坏事传千里，尤其是吴四宝这样口无遮拦的粗汉子。先是流氓张康梅的老婆从丈夫嘴里得知了，她当作闲话告诉了自己的干娘叶吉卿。而叶吉卿和佘爱珍很要好，她就把这事告诉了佘爱珍。

佘爱珍带着一帮人，闯进了马三媛的屋子，她一边骂着："骚狐狸，你出来，今天我看你还勾搭我家男人吴四宝不？"一边就把马三媛的脸抓破了，但自己的头发也被马三媛挠得凌乱不堪。

马三媛本来就是被迫做的小三，等佘爱珍走后，她思前想后，觉得跟着吴四宝不会有什么前途。因为这个母夜叉似的婆娘太厉害了，自己就是做妾，也做不安生。于是，她很聪明地就此离开了吴四宝。吴四宝见到事情败露，给佘爱珍道歉跪搓板还来不及，哪还有心管马三媛去了哪里。于是，马三媛就此离开了魔窟。从此，吴四宝再也不敢包养二奶。

佘爱珍大闹一场后，头发被抓挠得凌乱不堪，就想去做做头发。由于自己所居住的惠园路没有高级美发师，所以她必须去静安寺附近的百乐门做头发。而且，百乐门属于英法租界，那里的舞厅和理发店，都比惠园路的洋气。可是每一次去，都要经过巡捕的查问，不仅仅汽车不让开进去，就连枪支也要缴械。

佘爱珍今天气不顺，就想碰这块硬骨头，于是，她又一次经过路口，在巡捕查问的时候，她命令司机硬闯。

巡捕要制止，已经来不及了，佘爱珍的司机和保镖对着巡捕一阵扫射，巡捕死伤大半。这个时侯，其他的巡捕也来了，他们对着福特轿车进行回击。不一会儿，佘爱珍的轿车就跟马蜂窝似的，司机和保镖都中弹身亡，而佘爱珍把头缩在后座上，毫发未损。

这事的经过可谓是有惊无险，可是，佘爱珍无意中却为76号立了大功——经过日本人和英方协商，英方不得不答应了日本人的条件：以后76号的特工人员进入静安寺时，再也不用被巡捕查问了。

佘爱珍和吴四宝风光了几年，但吴四宝因为抢劫一辆日本装载黄金的汽车，引着了日本人的怒火。日本人设计，让李士群出面，把吴四宝押进监狱。李士群明明知道，日本人想害吴四宝，可是为了自己的前途，他还是诱骗了吴四宝。

佘爱珍为了救丈夫，不得不四处打点，买通关系。这个时候，胡兰成这个汪伪的宣传部次长，就凑了上来。

胡兰成早就觊觎佘爱珍的美貌，看到佘爱珍孤苦伶仃，他顿时起了才子的"怜香惜玉"之心。其实，胡兰成为救吴四宝出狱的确费心不少，出了不少力，谁料，吴四宝出狱的第二天，就暴毙身亡了。

很多人都说，吴四宝是被日本人毒死的，而胡兰成老年写《今生今世》的时候，说害死吴四宝的，是李士群。

4.花心男终结者

吴四宝暴毙身亡之后，佘爱珍哭了三天三夜，哭得愁肠寸断。都说"要想俏，一身孝"。胡兰成在一边看着梨花带雨的吴太太，心里也是戚戚然。那个时候，胡兰成还没有认识张爱玲。在他的人生中，妻子全慧文和舞厅里领回的小三，整天为了争风吃醋而吵架。胡兰成觉得烦乱，他希望找到一位像佘爱珍这样既漂亮又具有一定资金的富婆做终身的伴侣。

面对胡兰成的追逐，佘爱珍眼光是狠毒的，她早就知道了这名才子的风流名声，一直对他以礼相待。而且，佘爱珍看不起胡兰成，她是一个务实的女人，需要钱来养活自己，而胡兰成刚刚丢了职，连座洋楼都没有。此外，胡兰成是文人，既无缚鸡之力，又不会挣钱。佘爱珍可不愿意以后跟着这么一个男人过日子。

唯一让佘爱珍动了一下心的是，胡兰成这个白脸书生，竟然很有义气地说："爱珍，你别哭了，君子报仇，十年不晚。以后你的事，就是我的事，我会替四宝把仇报了的。"

佘爱珍没想到胡兰成还有一点硬骨气，毕竟她是一个女流之辈，以后有些事，还真需要胡兰成帮忙，于是，她哭哭啼啼地对胡兰成表示了自己的感激。

佘爱珍是一个看得透的女人，她不会被男人的温柔和软语所打动，她能够看透他虚伪的本质。

后来，胡兰成去香港逃难期间，没有去日本的路费，他想去找佘爱珍借，但抹不开知识分子的面子，便用一件大衣试探佘爱珍。他给了佘爱珍一件皮大衣，说让佘爱珍帮自己卖了这件大衣，作为去日本的路费。

佘爱珍是个混迹江湖的人，怎么会猜不透胡兰成的心思。按说，那时候，胡兰成也帮了她不少忙，因为在胡兰成的设计下，李士群被日本人毒死，终于报了吴四宝的仇。这个恩情可是不小的，要知道李士群也是杀人不眨眼的魔头，而胡兰成能在太岁头上动土，并灭了李士群，他可真是下了力气和胆量的。

可是，佘爱珍却对胡兰成的殷勤不以为然，她知道胡兰成对自己有意，属于黄鼠狼给鸡拜年，没安好心。所以，即使他冒着生命危险，把76号的特务头子李士群设计害死了，佘爱珍还是不为之感动。

当然，佘爱珍成了寡妇，交个男性朋友还是可以慰藉一下的。于是，佘爱珍与胡兰成之间有了一次暧昧。胡兰成写了他们在香港的第一次亲密："在旅馆房里，先是两人坐着说话，真正是久违了，我不禁执她的手，蹲下身去，脸贴在她膝上。"

可是，胡兰成一说借钱——去日本的路费时，刚才还亲密无间的佘爱珍马上就哭穷。她说我现在不比从前，没有什么钱了，然后用200元打发了胡兰成，就跟打发叫花子似的。

此时，张爱玲和胡兰成已经经历了一场倾城之恋，并且为胡兰成在逃难期间和护士小周、范秀美的四角恋，闹得正吃干醋。她一气之下，打算长痛不如短痛，和胡兰成分手。

于是，刚刚得到了两笔电影剧本稿酬的张爱玲，毫不犹豫地把30万稿酬寄给了胡兰成。这意思是，我们两不相欠了。

其实，张爱玲何曾欠过胡兰成，一直是胡兰成欠着她。

从这两个女人对钱的举动可以看出，佘爱珍在钱上从来不让自己受伤害，握不住的是情感，握住的是金钱，当感情靠不住的时候，只有钱才是温暖的。

胡兰成灰溜溜地拿着200元钱走了，但由于恰逢得到了张爱玲给他的稿费，便赶紧去了日本。

后来，佘爱珍辗转也到了日本，在胡兰成继续追求她时，她想了想：自己是五十几的人了，人老珠黄的，找好的，肯定是找不到了，而胡兰成在日本人面前还算吃香，写文章也能挣点儿小钱。于是，她将就着嫁给了胡兰成。

佘爱珍和胡兰成婚后，有一次，她对胡吹嘘自己在香港的风光，一个月的饭费就好几千元，胡兰成听了不爽地想，你那么有钱，为什么就给了我200元呢？

这件事，胡兰成在《今生今世》里自我安慰说："钱是小事，枉为我当她是知己，原来，她不了解我，从来亦没有看重过我，她这样的对我无心，焉知倒是与我成了夫妻，恰如说的，有意栽花花不发，无心插柳柳成荫。但是后来我心境平和了，觉得夫妇姻缘只是无心的会意一笑，这原来也非常好。"

男人是受虐的动物，对他好的，他不在意；对他不好的，他反而认为是"会意的一笑""非常好"。这让给了胡兰成30万大洋的张爱玲，情何以堪！

和胡兰成正式结婚后，佘爱珍就显露出了女强人的本色，她经营毒品生意，后来又开酒吧。胡兰成不愿去她开的酒吧帮忙，他看不惯里面的乌烟瘴气，而佘爱珍也不勉强。当时，胡兰成的字，在日本很有名气，很多人重金买胡兰成的字。可是，胡兰成偶尔也会发一次牛脾气，老子不想写，就不写了。

佘爱珍包容了胡兰成的这种牛脾气，她知道自己嫁的是一个肩不能挑、手不能提的酸文人，所以，她也只能任其自然。

按说，在爱情上，佘爱珍是一位妒嫉心极重的女人，可是，也要看对谁。

佘爱珍在和胡兰成结婚后，对于胡兰成的花心，她心知肚明。她警惕着日本女子枝子的进犯，对远在中国的护士小周也严加防范，她从来不允许胡兰成和她们有一点点接触。但是，唯独对一个女人，她不介意，还主动让胡兰成给她写信。

这个女人，就是张爱玲。

佘爱珍很聪明，她知道：张爱玲自许清高，眼里不揉一粒沙子，看到自己已经和胡兰成结成百年之好，断然不会继续和胡兰成来往。所以，她对张爱玲是一百个放心，但是对护士小周、日本人枝子，她不敢下这个担保。

她看人很准，事实上，张爱玲还真地不搭理他们。佘爱珍觉得张爱玲清高得好玩，她想故意撩一撩张爱玲。

佘爱珍怂恿胡兰成给张爱玲写信，还故意说："你与张小姐应该在一起，两人都会写文章，多好!"

在佘爱珍的要求下，胡兰成邀请张爱玲来日本看樱花，当然，张爱玲是拒绝了的。

胡兰成故意逗佘爱珍，我和张爱玲好了，你怎么办？

佘爱珍笑笑说："我们就沙由那拉。"

只有对婚姻自信的女人，才会这么说。从这里也可以看出，佘爱珍有一点点小小的可爱。

台湾新电影最重要代表侯孝贤说，女的我最爱的就是《今生今世》里的佘爱珍——吴四宝的太太。她的行事风格，简直是又繁复，又华丽，又大方，又世故。

一语中的，佘爱珍，的确是这样的女子。作为汉奸的妻子，她是个"母毒蛇"；作为女人，她在爱情上却比任何女子都要精明。胡兰成在她的手里，再也没有和其他女子有过绯闻。

点 评

都说女人要出得了厅堂，进得了厨房；杀得了木马，翻得了围墙；开得起好车，买得起好房；斗得过小三，打得过流氓，才是一个真女人。守护婚姻，不是一件容易的事。

小三一直都是人们口诛笔伐的对象，在现实生活中，正房和小三吵架是司空见惯的事了。对于未来发生的事，谁也没有办法完全预知。现在能做的是，有些必要的心理准备，把可能影响自己婚姻的各种因素都坚决排除，这样才可能守护想要的幸福。

　　婚姻生活出现疲态时，男人很容易被外界诱惑。因此，女人更要懂得经营婚姻，给自己也给对方一个宽松、舒适、和谐、温暖的家庭氛围。如果两个人做到相知相守、相亲相爱，那么小三自动会放弃这坚不可摧的家庭堡垒。

郑毓秀：
从杀手到离婚律师的传奇

刺杀过袁世凯，被称为"民国第一女杀手"；成为中国历史上第一位法学女博士，第一个站在法庭上的中国女律师；后来，又成为民国时期第一位省级女性政务官，第一位地方法院女院长与审检两厅厅长……她就是郑毓秀，一位民国奇女子。

1.自幼叛逆，少女休夫

清朝末年，随着许多西方社会理念的流入，男女平等的思想逐渐在中国生根发芽，传统中国妇女的地位也进入一个重要的转折时期。很多接受新思想的女性开始为自己的权利而抗争，郑毓秀正是其中的代表。

光绪十年（1884年），广州新安里的一处官宅中诞生了一名女婴，她的父亲郑文治是当朝户部官吏，祖父郑姚出身贫穷，后来在香港发迹成大商人，曾因为赈济黄河水灾，受到慈禧太后的封赐。看着漂亮的女儿，父母以钟灵毓秀之意，为婴儿取名郑毓秀。喜悦之际，谁也不会想到，襁褓中那个正瞪着大眼睛好奇张望这个世界的婴孩，日后竟然会成为一个时代的传奇。

童年时的郑毓秀便展现出与世俗完全相反的举动，虽然自小便聪明伶俐、勤奋好学，但偏偏对四书五经这类书籍毫无兴趣，对三纲五常的教化之说更是嗤之以鼻。相反的是，本不应女儿家涉猎的史政律法，在郑毓秀眼中却成了无上至宝。在叛逆的天性和桀骜的性格引领之下，郑毓秀甚至拒绝缠足，令家中长辈头痛不已。不过这些细节，也渐渐昭示着这个女孩未来的不凡。

郑毓秀出身官宦之家，父亲在朝为官，兼之自小容貌姣好，与那个时代绝大多数的官家女子一样，在年幼的时候，郑毓秀的婚事便由家中定好了。父母为郑毓秀选定的夫君是当时两广总督的儿子。两人不仅是门当户对，还称得上是郎才女貌。在当时，这桩婚事也算得上是轰动一时，人人称羡。如果事情顺利，那么郑毓秀将按着早已设定的人生轨迹，嫁入总督府，过着相夫教子的一生。

然而，事与愿违，郑毓秀得知这件事后，非但没有一丝的喜悦，反而极度不满。这关乎自己一生的决定，她竟然连一点发表意见的机会都没有，就这样，被要求嫁给一个素未蒙面的陌生人。如果连自己的婚姻都无法决定，那么又谈何自由。

愤怒中，郑毓秀当场修书一封，直接送到总督府。这封书信当然不是花前月下的吟风弄月，而是一封送给总督之子的休书，要求解除这桩未经她同意的婚事。自古男子休妻时常发生，但女子一纸休书送至君家，却无异于一道惊雷，炸响在两广大地。

当时，这种离经叛道的做法像一场风暴，席卷了整个郑家。父母大怒，亲朋指摘，甚至路人也议论纷纷。于是，郑家的千金大小姐瞬间沦为人民的公敌。但是，郑毓秀并不认为自己错了，在世俗的指责下，她决定离开这一切，去寻找自己理想中的真理。打点好行囊之后，郑毓秀告别了广州，远赴天津求学。没有亲朋相送，没有祝福寄语，孤身一人的郑毓秀踏上了北上之路。她的第一次婚事，就这样没有开始便迈向了结束。

翌年，郑毓秀进入天津一所教会学校"崇实女塾"，接受西式教育。1907年，她随姐姐东渡扶桑。在日本期间，她接受孙中山反清革命思想的熏陶，认识到要救国就只有反清。次年，经廖仲恺介绍，她参加了同盟会，不久即回国从事革命活动。

2.玫瑰杀手的一场单恋

1909年的某一天，一对男女客人走下了北京火车站，二人挽着胳膊向外走去，女子身材曼妙，一口流利的英语映衬着优雅的举止，美艳不可方物，而身边的男子则是位高鼻子洋人——西欧的一位外交官。火车站的警察向这边远远望了一眼，便急忙划开了眼神。到了站外，女子从洋人手中接过沉甸甸的包裹，微微一笑，优雅告别后，她登上了身后一辆汽车。女子便是郑毓秀，而包裹里装的是满满的炸弹……

北上求学后的郑毓秀并没有埋头学海，不问世事。她是利用自己出色的人际交往能力，出没于京津各处聚会，结识无数新鲜的面孔。其间，面对腐朽的清王朝，看着京城一派没落的萧条景色，郑毓秀终于寻找到了一条通向真理的大路。1908年，郑毓秀在日本经由廖仲恺的介绍，参加了由孙中山组织的同盟会，开始了革命道路。就在此时，一段不经意的感情，在花季少女的心中萌芽了。

其时，汪精卫与黄复生两人密谋赴北京刺杀清廷高官，却苦于警察搜查严格，携带炸弹不易。于是，经廖仲恺介绍，他们联系到身在北京的郑毓秀。

双方见面后，汪精卫见到貌美如花的京城交际花，惊艳之余，他不放心地提醒："这可是一件非常危险的事，炸弹在路上一不小心就有可能爆炸。"郑毓秀毫不犹豫地答应道："如果不会爆炸，还叫什么炸弹，这事就交给我了。"于是便有了之前的一幕。

郑毓秀利用自己在北京城的人脉，多次为革命党人运送枪支弹药，传递情报。后来，汪精卫受命到京城刺杀摄政王载沣，也是郑毓秀利用自己的聪明才智，巧妙运用各种关系躲过了层层审查，将弹药送到汪精卫手中的。一次次的合作，让汪精卫对这个叛逆的少女刮目相看。而汪精卫的凌云豪情与俊美相貌，更是深深打动了郑毓秀。于是，少女的心窗在不知不觉中被轻轻叩开。

若是寻常的女子，必然会深深藏起心中的情愫，但郑毓秀又岂会寻常，芳心暗许之下，她不顾世俗的看法，对汪精卫展开了强烈的感情攻势。

对汪精卫，她不仅在生活中嘘寒问暖，关切到无微不至，更从工作中寻找机会合作，寻求默契。见到汪精卫精通诗词歌赋之后，郑毓秀便不时地借口请教诗词，前来与他会面，心甘情愿地做起了女学生，前来请教的诗词也无一不吐露着少女的心声。

但无奈落花有意，流水无情。面对佳人频繁的感情攻势，汪精卫极力回避。此时，他倾心于革命事业，力图通过革命挽救人民于水火。因此，对于其他事，汪精卫丝毫不放在心上，最终他还是辜负了佳人美意。

面对爱情上的失利，郑毓秀将感情寄托在了革命事业之上。于是，她谋划着一个惊人之举。

此时，由于辛亥革命爆发，全国的反清革命力量迅速发展，清政府在极大恐慌中，任命袁世凯为内阁总理大臣，负责镇压革命党人的活动。而郑毓秀的计划，便是刺杀这个红极一时的清廷支柱——袁世凯。

为了能够成功杀死袁世凯，郑毓秀等革命党人做好了周密的计划，参与计划的志士分组行动，准备在预定地点向袁世凯投掷炸弹。1912年1月15日，在万事俱备的情况下，郑毓秀突然接到同盟会驻北京支部的紧急命令——放弃刺杀袁世凯的行动。因为最新的情况表明，真正阻碍南北议和的是良弼为首的宗社党，而不是袁世凯。

郑毓秀连夜行动，根据平时的线索，通知了8位战友，但未接到通知的战友还是按计划实施了刺杀袁世凯的行动，郑毓秀无奈之下也只好赶去现场。但最终，刺杀行动以失败告终，参与行动的有10余人被捕。而郑毓秀凭借自己的才智，巧妙地躲过了追捕。后来，她更是找了一些当记者的外国友人，以他们的名义将被逮捕的战友保释出狱。

不久，随着刺杀袁世凯的计划公之于世，袁世凯视郑毓秀为眼中钉，欲除之而后快，并开始策划起针对她的暗杀行动。在这种情形之下，国内已无郑毓秀的容身之处，她不得不远赴法兰西。在躲避追捕的同时，她开始探寻新的救国之路。

法兰西的香水气息并未侵蚀掉这个中国女儿的革命意志，在异国他乡，郑毓秀上演了人生中最为精彩的一幕。

适时，第一次世界大战的战胜国在巴黎，举行了一场以划分胜利果实为目的的和会。在这次巴黎和会上，本以战胜国身份与会的中国，最后却落了一个战败国的待遇，特别是将原本被德国强占的山东半岛划归日本所有。这一消息一经传开，在法华人一片哗然。国内更是举国震惊，反对之声响彻华夏。

在这时，中国代表团代表陆征祥数次辞职不被准许，因为以袁世凯为代表的北洋政府为博得列强欢心，暗令陆征祥同意列强要求。然而，正在留学法国的郑毓秀，由于擅长辩论，被人们推举为代表，前去与中国代表团团长陆征祥谈判。

1919年6月27日晚上，300多名留法学生和华工包围了中国首席代表陆征祥的下榻地，要求他拒绝在和约上签字。但是，陆征祥已接到北京政府的示意，正准备在和约上签字。此时，郑毓秀急中生智，在花园里折了一根玫瑰枝，藏在衣袖里，顶住陆征祥，声色俱厉地说："你要签字，我这支枪可不会放过你。"

迫于这支玫瑰枪炮，陆征祥不敢去凡尔赛宫签字，中国政府因此保留了收回山东的权利。后来，郑毓秀还将这根玫瑰枝带回中国，在客厅里悬挂多年。

在慷慨激昂的岁月中、跌宕起伏的时光里，郑毓秀在法国邂逅了她人生中的第二段爱情……

3.良缘天定，携手报国

也许一切冥冥中早有注定，上天为郑毓秀选择的终生伴侣，也是她后来的丈夫——魏道明。了解民国史的人，对这个名字应该相当熟悉。魏道明于1930年出任民国南京特别市市长，后任中国驻美大使，1947年出任国民党"台湾省政府"首任主席，官至外交部部长。也只有这般出色的男人，才能配得上郑毓秀这样的传奇女子！

魏道明小郑毓秀近10岁。他在江西省立第一中学毕业后，随父亲到北京，就读于法文学堂。1919年，他在赴法国留学期间，经同乡介绍认识郑毓秀。起初，郑毓秀并未对他多加留意，因为年龄上的差异，她只将他视为小字辈。后来，魏道明也进入巴黎大学法科，成为郑毓秀的学弟。两人经常一起讨论功课，魏道明言谈中肯，有独到之处，得以折服自视甚高的郑毓秀，使她一改原先对他的态度，视魏道明为知己。

当时，虽然中国妇女的社会地位已有所提高，可以从事各种自由职业，但律师这个职业一直是女性的禁区。比如，1915年司法部颁布的章程中，明确规定律师应为"中华民国之满二十岁以上之男子"。从法律专业的角度讲，法律规定中的"应该"是必须的意思，如此明文规定的"性别歧视"，可见当时社会风气之传统。

虽然规定如此，但办法总是有的。在仔细研究中国的司法制度后，郑毓秀发现，作为一名取得法国律师牌照的中国人，她可以在法国租界的法庭出现。于是，郑毓秀成为涉足这一禁区的第一个中国女性。

1926年，魏道明获巴黎大学法学博士学位，同年秋回国，不久郑毓秀也返国，二人合伙在上海法租界开办了律师事务所——魏郑联合律师事务所。当时在上海，由于洋人享有领事裁判权，华人与洋人打起官司来十有八九要吃亏，一般律师都不愿意接这种吃力不讨好的案子。

然而，郑毓秀和魏道明二人偏偏不信这个邪，不惜与英法等国领事力争，几番为华人争得权利，于是，魏郑律师事务所名声大噪。其间，郑毓秀主要负责妇女权益上的辩护，魏道明则负责其他的诉讼事件。由于二人坚持法律的公正，而非一味以盈利为目的，一时之间魏郑二人逐渐成为上海法律界热点人物。

随着经手的案件越来越多，郑毓秀逐渐成为当时的大律师。

郑毓秀不畏政府权威。比如，知名民主人士杨杏佛被捕时，郑毓秀出面担任杨杏佛的辩护律师，她利用自己的关系向政府不断施压，在法庭上慷慨陈词，影响甚大。经过郑毓秀等人的努力，杨杏佛成功脱险了。

在律师生涯之余，郑毓秀还在南京国民政府里，担任过多项重要的社会职务。1927年，郑毓秀历任上海审判厅厅长、国民党上海市党部委员、江苏政治委员会委员、江苏地方检察厅厅长、上海临时法院院长兼上海发行院院长，其中上海法政大学校长一职担任7年之久。教学之外，她还出版了两部对中国法律界卓有贡献的著作。

在成功代理了京剧大师梅兰芳和女伶孟小冬的离婚案件之后，魏郑联合律师事务所获得了各界人士的认可与尊重，一时之间门庭若市。由于前来寻求帮助的人越来越多，魏、郑二人也成为上海上流社会的红人。

在一次次的合作中，二人的感情也在不断加深，不知不觉中，爱情的种子在无声无息之间萌芽。

1927年，郑毓秀与魏道明在杭州结婚。在亲朋好友的祝福声中，传奇的女子寻觅到自己一生的幸福。在之后的岁月中，二人相互扶持、不离不弃，共同面对生活的起起伏伏，演绎出一场白首到老的童话。

1928年，南京国民政府立法院成立，郑毓秀被任命为国民党立法委员、建设委员会委员。次年1月，郑毓秀和傅秉常、焦易堂、史尚宽、林彬5人组成民法起草委员会，负责民法的起草工作。

1942年，丈夫魏道明接替胡适出任中国驻美国大使，精通法律与社交的郑毓秀随同前往。不像过去的大使夫人一样，对政事毫不在意，郑毓秀利用自己的专业知识，利用自己人际上的优势，协同丈夫魏道明一同处理外交事务，将魏道明在美国的工作安排十分妥当。

初到美国时，由于魏道明之前一直留法，并不了解这个国家，所以出任大使期间，他常会遭遇尴尬局面。这时，作为大使夫人，郑毓秀积极为丈夫出谋划策，将作为大使应当做的礼仪性程序为魏道明安排妥当。譬如，造访美国政府官员、宴请大使馆中的同僚、举办记者招待会向媒体致意等各项事宜。她的干练多才，赢得美国各界广泛赞誉。

也正是由于郑毓秀所做的努力，魏道明在出任驻美大使期间，不仅赢得了全美的赞誉，更为中国争取到了大量的物资与技术支持。

1943年，宋美龄访美时，作为大使夫人的郑毓秀，不仅协助安排，更是全程陪伴，为推动中美关系做出了巨大的贡献。在此期间，对政治格外敏锐的罗斯福总统夫人，曾称赞郑毓秀"具有政治头脑，不同于历任中国大使夫人"。

同时，为了让魏道明尽早融入美国上层社会，郑毓秀同美国各界保持着良好关系，时常还自掏腰包宴请美国政要。其间，两人结交无数美国权贵，并与其中大多数保持着密切的私人关系。美国杜鲁门总统夫人常年不过问政治，却将郑毓秀引以为知己。后来，魏道明夫妇脱离国民党旅居美国时，杜鲁门虽已卸任，但仍在第一时刻送上鲜花，表示问候。郑毓秀为魏道明打下的人脉基础之深厚，其人格魅力之强，可见一斑。

1947年，国民党一纸诏书，调魏道明回国，出任台湾省主席，郑毓秀亦随夫赴台北。自此，他们结束了数年漂泊在外的旅居岁月。

4.执子之手，与子偕老

出任台湾省主席的魏道明并没有意识到，一场风暴即将来临。一天，魏道明与台湾省警备总司令彭孟缉将军、纽先铭副司令一同外出时，等到湖口检阅刚刚成立的警备旅。接近傍晚回到他在台北的官邸（台北宾馆），刚一进门，妻子郑毓秀急忙从楼上冲了下来，对魏道明大声说："PIEPRAT（魏的法文名）！你调职了，陈诚继任主席。"在不知情的情况下，二人突然接到这样的消息，一时相对无言。许久，快人快语的郑毓秀突然开口说道："蒋公是不信任你。"由于之前没有得到丝毫消息，魏郑二人被这一通知惊得面面相觑，同时对于国民党当局也不由得心灰意冷。

其实，在1948年，随着解放军的层层推进，国民党在大陆的统治已经接近尾声，国民党政府开始在台湾为自己安排退路。此时，台湾省主席的位置显得格外重要，不久，蒋介石发布调令，令亲信陈诚接替魏道明担任台湾省主席。魏道明夫妇在之前毫不知情的情况下得知此事，迅速认识到这是蒋介石对其不信任的举措。

紧接着上台的陈诚，在受到蒋介石暗示后，立即颁布了一系列人事调整，将魏道明夫妇从政治核心区中排除。二人在无奈之下萌生退意，逐渐产生了退出政治舞台的想法。

随后，夫妇二人来到香港，冷眼旁观时局，在看到国民党内部的种种腐败事迹之后，夫妇二人认为回到台湾只会前途渺茫。此时，赴港办公的江西省政府建设厅长蔡孟坚在拜访魏道明和郑毓秀时，曾同二人谈及今后的去向。心直口快的郑毓秀的回答是："你是蒋总统的人，又有官位在身，你们当然去台湾，我们无官一身轻，在香港玩些时候，即去一个最安全最有发展的地方，如果我们有办法，你们发生困难时，也可设法来找我们呀（蔡孟坚《蔡孟坚写真集》）。"看清了这一道理，郑毓秀说服丈夫，准备再次远赴重洋，从此不问政事。

远离政坛后，郑毓秀同丈夫来到了巴西，试图经商致富，最终却经营不善，销路受阻。郑毓秀夫妇在巴西仅仅逗留了几年，便回到了美国，从此开始了定居北美的生活。

洛杉矶的生活，并没有让郑毓秀感到家的温暖。此时，她想要踏上故国的土地，已经是千难万难的事。蒋介石痛恨他们退出政坛，便不顾及往日情分，拒绝给二人颁发通行证。漂泊异乡的他们，怀揣着子女的思念之情，面对着孤寂的晚年生活，心中的苦闷可想而知。两人虽然时常发出英雄无用武之地的感慨，但面对落寞的生活，他们会和朋友打打麻将，回忆往昔峥嵘岁月。在冰冷的生活夹缝中，他们没有放弃希望，而是互相勉励着，一方面寻求着改变，一方面相互拥抱取暖。在坎坷之中，两人的感情愈加深厚。他们同舟共济、不离不弃，兑现了执手踏遍千山的诺言。

1954年，郑毓秀左臂病发，经多方诊断，确诊为癌变，因为怕癌细胞扩散到心脏，不得已之下，被迫将左臂切除。对郑毓秀而言，这无疑是一个巨大的打击。手术之后，郑毓秀更加消沉。昔年的英雄人物，如今只能卧在病榻。而此时的魏道明，政治上饱受打击，事业上亦无甚起色，旅居美国漂泊不定。但对病中的妻子，他始终不离不弃，更是长时间守在病榻之前，照顾她的起居。

客居他乡、备感落寞的郑毓秀，晚年疾病缠身，度日如年。1959年12月16日，她病逝于美国洛杉矶，终年65岁。

1978年，在郑毓秀去世19年后，魏道明因病于台湾逝世。人们按照他的遗嘱，将遗体运往美国，同郑毓秀合葬，以满足他的心愿。

 **点 评**

生活中，对美好的东西，人们都十分向往，但那些美好的东西，并不会因为人们向往了，就伸手可得，就从天而降，就留在那里向人们招手。

人只有珍惜眼前的爱情，抓住眼前的爱情机会，努力地去争取，勇敢地去追求，不断地去奋斗，向前跨出坚定的爱情步伐，才会收获爱情，才会得到属于自己所追求的幸福。如果退步畏缩，裹足不前，瞻前顾后，那么良好的时机会一晃而过。爱情就是如此，有时过了这个村，就没这个店了，错失了良机，只能抱憾终身，只能独自面对失去爱情的痛苦和孤独。

爱情，需要人勇敢地去追求。美好的爱情，是属于勇于面对、敢于追求的人。

每个人都有追求爱的权利，即使再矜持的女生遇到爱，也应该勇敢地去追求。

要注意的是，夺人所爱是最令人不齿的。虽说每个人都有权利追求自己的幸福，但是，如果自己的幸福建立在他人的痛苦之上，则另当别论。因此，女人在实施追求计划之前，一定要将对方的情况了解清楚，重要的就是确定他爱无旁焉。

杨耐梅：
沦为乞丐的电影皇后

烟视媚行、卖弄风情、香艳肉欲，是表象；拍戏、演电影、开Party，也是表象；叛逆、猎奇、出位，同样是表象；真正支撑杨耐梅的力量是虚荣——吸引众人的眼球，成为他人艳羡的偶像。这样的人生，纵然繁花似锦，终究美梦一场。

1.富二代校花的演戏狂想

从杨耐梅留下来的照片可知，她并不惊艳，但是，她身上会散发令人无法抗拒的气质和魅力。尽管已经过去近一个世纪，但重读那些旧时的黑白影像，慑人心魂的魅力依然挥之不去。而那气质，是出生与成长在贵族之家的女孩子特有的。

杨耐梅的父亲杨易初是广东商界巨擘，到上海滩搞染料、地产生意，是当时著名的富商。1940年，杨耐梅出生在上海。她一出生就享受与众不同的优越生活，一切都是当时最好的，只要她想要的东西没有得不到的。这无形中造就出娇小姐自私、任性、奢华、孤傲的性格。

有钱有闲的老妈经常靠看戏消磨时光，她带着杨耐梅出入剧场影院，无意中对女儿进行了艺术熏陶，所以，杨耐梅从小就表现出对演艺圈不同一般的兴趣。老爸发现这个苗头后决定防微杜渐，他可不想让唯一的宝贝女儿做下九流的女艺人。当时务本女中以教学严格闻名，老爸便毅然把她送进这所中学，希望通过严加规范的教育，打消她不合时宜的念头。

走进务本女中的杨耐梅，并没有被学校严格的规章制度所驯服，她不爱学习，却喜欢唱歌、跳舞、演戏。她是学校文娱骨干，只要有出头露面的事她都积极争取。此时，杨耐梅已经出落成美丽少女，一头短发，一袭素雅的学生装，不似后来的奢靡娇艳。

杨耐梅在学生时代时还是比较可爱的，她这个务本女中的校花疯狂地喜欢表演艺术，喜欢看舞台戏。因为和电影编剧、导演郑正秋都是广东老乡，一个偶然的机会她认识了这位当红的大腕。那段时期，郑正秋正和张石川一起组建明星影片公司，女演员没有现成的，都是从社会上根据需要招聘。那时候，女孩子想当电影演员比现在容易得多，因为只要你漂亮，能豁出脸皮表演，就有上镜的机会。明星影片公司准备筹拍《玉梨魂》，缺一个女主角，郑正秋就推荐了杨耐梅。这个女主角是一个放荡风流的交际花，一般的草根女孩子演不了，杨耐梅却勇敢地承接下来。

可以想象出，听说唯一的女儿要去拍电影，而且去演一个很不正经的放浪女子，在上海滩有头有脸的杨易初会是一种什么心情，他一定会暴跳如雷，极力反对。但是，反对归反对，其实是没有用的。杨耐梅从小就比较自我，只要她想做的事情，谁反对都没有用，除非她自己被严酷的现实撞得头破血流，自己回头。

杨耐梅喜欢新奇，喜欢独树一帜。女中学生拍电影本来就是一件新奇的事情，富豪的女儿当演员更是独树一帜，她很投入地开始了第一部电影的拍摄，没想到影片公映后，非常卖座，她一炮打红。紧接着，她又拍了两部主演放荡风流女子的影片《茶花女》《诱婚》，她似乎天生是演放荡女人的材料，能把妖冶放荡女人演得淋漓尽致。许多人认为这是她本色表演，虽然杨耐梅出身豪门，虽然接受过良好的系统教育，但是她骨子里就是一个风流成性的荡女，这一类的角色让她来演最合适不过了。

女儿在银幕上丢人的形象，让父亲杨易初的脸挂不住，他再次提出强烈抗议。本来女儿演电影当戏子，已经让他很没面子了；现在专门演不三不四的下流女子，更让他感觉到奇耻大辱。既然他的话杨耐梅听不进去，他便发动老婆、亲朋好友，让他们组成强大的亲友劝说团，苦口婆心轮番轰炸。但是，杨耐梅把这些话都当耳旁风，大家的共同努力没有丝毫成效。杨耐梅不仅迷恋上了演员这个行当，还迷恋上了被粉丝们捧到半空的晕眩感觉，她对老爸的苦心一点都不领情。杨易初感觉自己很失败，他伤心而无奈地做出一个决定：和女儿断绝父女关系，我杨易初没有这个丢人现眼的女儿。

此时，杨耐梅并不在乎父亲要和她断绝父女关系，她觉得断就断吧，少了家族的干扰，她想怎么玩就怎么玩，再没人约束自已了。切断她的经济来源，已经对她造成不了什么影响了，因为她是明星公司的签约演员，公司每月会付给她500大洋的报酬，如果拍片报酬另算。

从家里搬出来，她在爱多亚路买了一幢二层楼的洋房，每天把自己装扮得花枝招展，很有明星的范儿。她的着装引领着上海时尚潮流。资本家的太太小姐们最关注的是，杨耐梅现在在穿什么衣服。

没有了家人的管束，杨耐梅把自己装扮得很妖冶、很新潮，她的状态无异于交际花。华贵的住处几乎天天开派对，她近乎放浪地大声谈笑，红唇间优雅地叼着一支香烟，周旋在形形色色的客人之间。她张狂地释放着压抑已久的欲望，把自己标榜成新女性，因为在她的理解中，新女性就是大胆开放，很一姐的那种感觉。

她把对浮华奢靡的追求当成全部的人生目标。事实上，女人把人生坐标搞错了，是更大的悲哀，这将指引着她一步步走向悲剧。由于悲剧刚刚启幕，杨耐梅暂时还看不到，所以，她狂热地生活在她自己营造的忘乎所以中。

为了增加自己的知名度和人气指数，也为了多赚些票子过得更快活一些，她一边游戏人生，一边拍电影，先后主演了《新人的家庭》《空谷兰》《美人关》《好哥哥》《马前车》《湖边春梦》《良心复活》等多部影片。杨耐梅很会炒作自己，她的炒作手段常常出其不意地创新。作为《良心的复活》的主演，影片在上海各大剧院放映的时候，杨耐梅随片登台现场表演。所以，她的粉丝到电影院不是为了看电影，而是想一睹放映时在舞台上亮相的杨耐梅的芳容。

在一曲煽情的摇篮曲《乳娘曲》动人的乐声中，影片中的场景突然变成舞台表演，杨耐梅轻轻唱着《乳娘曲》出现在观众面前。那场面，你自可以去想象。虽然中国早期的粉丝还不怎么成熟，但是这些资深的老前辈粉丝的激情一点儿不比今天的新一代粉丝少。粉丝们如醉如痴，一轮又一轮地买票看这部电影，使杨耐梅赚足了票房和名气。

拍摄《诱婚》时，杨耐梅结识了小开王吉亭。在她离家之后，王吉亭把在法租界的一套洋房的两个空房间借给她住，不久两人便同进同出。拍摄《空谷兰》时，她又和男主演朱飞过从甚密。朱飞生得风流倜傥，因《空谷兰》一举成名，两人常常结伴出没纸醉金迷之所，这个男人以后一直纠缠在她如彩色肥皂泡般的生活中。在没戏拍没戏映的时候，杨耐梅也不闲着，她时时制造花边新闻，绝不让自己悄无声息地被遗忘。同时，流言蜚语伴随她的风流韵事弥漫四起，本来已经搬回家住的杨耐梅，又一次被震怒的父亲逐出家门。这一回她照样不伤心不留恋，她只是换了住处，与朱飞同居。

2.要自立门户的奇女子

杨耐梅狂想中的场景都渐渐实现，住在爱多亚路的二层洋房里，穿奇装异服，在家里组织派对，和英俊小生朱飞恋爱，最重要的是，被千万人仰慕与关注。她的坏脾气和坏嗜好，迎风见长一般地壮大起来。她赌博、吸毒、拍片时迟到，她努力挣脱"明星"的约束，力图另立门户。杨耐梅和她演过的那些放荡女人越来越像，越来越媚俗。自从生活中和鸦片有了交集，她突然发现自己挣的钱有些不够花了，她需要挣更多的钱。

这时，一则报道触发了她的灵感——

1927年冬，广州，天寒地冻。

温暖如春的高级酒店内，一美艳女子斜靠在雕花窗前，染有豆蔻的纤纤玉手点燃一支香烟，缓缓吐出烟圈，看烟圈由大变小，变淡，直到彻底消失。

突然，她咯咯笑着，弯下腰去，抓起茶几上的钞票，拉开窗子，把大半个身子都探出窗外，一边大笑不已，一边奋力将手里的钱撒下去。

钞票飞旋着下降，一片哄抢，甚至有人差点葬身车腹。

寒风把白色的蕾丝窗纱高高吹起，彻骨的寒流挟持突然的变故，令床上的男子不知所措，完全无法控制局面。

美艳女子依然口吐烟圈，睥睨着猥琐男，字字珠玑：天气寒冷，你为富不仁，不施舍于饥寒交迫的穷人；与我约定3000元，却讨价还价，只带1500元。"此1500元，吾亦不敷布置"，发给穷人"为君造福"。

然后，她裹紧大衣，扬长而去，只留下猥琐男目瞪口呆。

很好的电影镜头，有画面，有对白，适合搭配背景音乐。

在亚洲酒店真实上演这一幕的女子叫余美颜，一富商之女，行为大胆乖张，先后经历过两次婚姻。1924年前后，广州的"军界官长多识之，莫不被玩于股掌之上"。报纸更是盛传她和3000名男性发生过关系。

曾经，余美颜短发红衣跨骏马飞驰于城郊，遭到警察阻拦时，倔强的女子宁愿缴纳巨额罚款，也不愿放弃纵马疾驰的乐趣和张扬。

这样一个桀骜不驯的女子，却在1928年香港赴上海的途中投海自尽。她觉得"在此黑暗社会偷生，毫无生趣，非寻死不可"，唯愿早日投胎，做清静之人。她以极端的姿态向社会宣战，最终，仍以决绝的行为将自己葱茏，妖娆的生命戛然而止在28岁。

余美颜的故事激起了远在上海的杨耐梅的内心涟漪。她反复看了好几遍报上的新闻，她好像看到了另一个自己，无法自已强烈的冲动——想把这个故事搬上银幕，更确切地说，想把自己的灵魂借这个躯壳表现出来。

她当时还只是个演员，虽然贵为"明星公司"的台柱子，与张织云、王汉伦、宣景琳并称影坛"四大名旦"，但是依然做不了拍戏的主。她兴冲冲去找导演张石川，张石川并不看好这样的故事，他不认为人们会喜欢这样一个疯婆子。

如同波兰导演基斯洛夫斯基曾经拍过一部电影《薇娥丽卡的双重生活》，报纸上曾经的同乡余美颜，让杨耐梅看到了自己，冥冥中的偶合、默契。她要用她所熟悉的电影，来联结、表现她和余美颜的故事。她必须做，因为她已经被击中和点燃，她在燃烧。

这念头是如此强烈，就像她当年不惜断绝与家庭的关系，毅然投身银幕一样，这一次也同样没有人能够阻止她。

她当即决定，要自立门户，首作就是余美艳的故事，而这部电影的名字，叫《奇女子》。

3.从人生顶点放纵跌落

自立门户是需要钱的，手头的钱已经让她花得差不多了，父亲倒是有钱，但她不敢去找他要，因为找了也白找，父亲断然不会支持她。

正在一筹莫展的时候，机会来了，而给她创造挣钱机会的是山东的军阀张宗昌。

奉系军阀张宗昌粗鲁、野蛮、没文化，他的第一大爱好是赌博，整天泡在牌桌上玩牌九，而当地人管玩牌九叫"吃狗肉"，张宗昌很荣幸地获得了"狗肉将军"的光荣称号；他的第二大爱好是玩女人，能数出来的大小老婆、姨太太和二奶就有20多个，他究竟有多少女人，连他自己都不知道。他不但不清楚自己有多少姨太太，也不清楚自己有多少条枪，有多少钱，所以他还有一个光荣称号——"三不知将军"。因为吃喝嫖赌五毒俱全，他的最高荣誉称号是"五毒大将军"。怕别人说自己是没有文化的土流氓，张宗昌写过一批让人无语的诗，最著名的是《游泰山》："远看泰山黑糊糊，上头细来下头粗。如把泰山倒过来，下头细来上头粗。"这诗能让人笑喷，再看这首："要问女人有几何，俺也不知多少个。昨天一孩喊俺爹，不知他娘是哪个。"这诗确确实实是张宗昌自己写的，也意味着他确实不知自己有多少女人。

虽然不知道自己有多少女人，但是，对张宗昌来说，女人自然是多多益善。他屋里收藏的女人美色层级都不高，以妓女为主。从电影上看到上海当红女明星杨耐梅时，他突然想玩一把高品位，便派人专程到上海邀请她北上赴鲁。当然，张宗昌不会让她白去，筹办电影公司拍电影的钱他全包了。

杨耐梅心动了，她知道此行意味着什么，但是她实在太需要这笔钱了。

电影明星不是高级妓女，有些钱可以按照某些规则拿，有些钱无论如何不能动心。朋友们都力劝杨耐梅放弃这次北上，明星公司导演张石川属于最苦口婆心的，但是，杨耐梅的一句话让张石川无言以对。

杨耐梅说："我知道张宗昌邀请我过去为的是男女之间那点事，其实这又算得了什么，别看得太重了。人生本来就是一出戏，我们不过是戏中的一个角色。戏里要求我们演床上戏，该演就得演。这次去见张宗昌不过是去拍一场床上戏。"杨耐梅性格里有为达目的不择手段的狠劲儿，所以她经过一番权衡之后，只身登上了北上的列车。

当这位来自上海的当红影星袅袅婷婷走下火车时，迎接她的是隆重的礼炮、威武的仪仗队、豪华的高级轿车——男人动用权力，极大地满足了女人的虚荣心。

张宗昌极尽排场，大宴宾客，宣传杨耐梅和她的电影。凡是想对杨美女一亲芳泽、相拥共舞的，需要1000元一张的舞票。那些搭在她腰际的手，会在迷离灯光的掩护下，趁着朦胧的醉意，放纵自己的情欲。香水、胭脂、烟草、香槟、荷尔蒙四溢的汗味，混杂着有些人难闻的口臭和不洁的体味，杨耐梅不时被激起一层鸡皮疙瘩。她忍住呕吐，继续扭动腰肢，投怀送抱，卖弄风情，一切都驾轻就熟。她依然被众人相拥，依然是瞩目的焦点，依然被男人竞相追逐，她喜欢这样的感觉。张将军还在舞会上大设赌局，猛捞了一把。而在众人散尽之后，自然是另一番"美女与野兽"的交易。

在济南的半个月里，杨耐梅俨然是张宗昌的情人，他们形影不离，高调出入各种宴会。当然，这也无形中为杨耐梅和她的电影做了宣传。或许，这两个另类凑到一起倒是很合适的一对，一个为了女色，一个为了钱财，各取所需，谁也不吃亏。半月之后，杨耐梅演出结束，她从张宗昌情妇角色中轻松走出，赚得钵满瓢盈，携着巨额款项回了上海。

回到上海的杨耐梅，租别墅，购器材，成立耐梅影片公司，她请包天笑任编剧，史东山、蔡楚生联合执导，拍成了《奇女子》。摄影棚中不但有当时最先进的设备，而且设有赌局和鸦片。《奇女子》上映，票房大卖，杨耐梅从明星摇身一变成为公司老板、制片人。敢为人先，是她一贯的风格。她是第一个银幕艳星，第一个演唱电影歌曲的女星，第一个拥有私家汽车的演员，第一个在公开场合裸露玉腿拉袜子的女人。她喜欢这样的轰动，玉手轻拈银针，却能刺中社会最敏感的穴位。

由于影片赚了钱，杨耐梅便开始大张旗鼓地进行别的作为，她放纵自己赌博和吸毒，甚至她曾在一夜间输掉8万银元。拍《奇女子》挣来的数十万银元，不到两年就全部付诸东流。耐梅影片公司黄了后，她宣布破产。无奈之中，她不得不复出，先是演话剧，因为薪水每月只有300元，她又加入天一影业公司拍片。但不巧的是，有声电影时期已经开始，身为广东人，她国语不过关，只得慢慢从银幕上消失。1933年，在出演了大东公司的《春风杨柳》之后，她宣告息影。胡蝶、阮玲玉和夏佩珍接过了她手中的接力棒。

4.沦为乞丐的溃败晚年

杨耐梅在被残酷的现实撞得头破血流、变得一无所有的时候，第一次反思曾经的生活，她有些怀念童年那个温暖的家，有些想念父母，她以为那已经变成永远回不去的过去。但最无助的时候，父母接纳了她。她回到久违的家，回到久违的闺房，仿佛又回到少女时代，而曾经的风光、浪漫、浮华和奢靡如同一场梦。

杨耐梅决定尽快把自己嫁出去，她累了倦了，一个名叫陈君景的男人适时出现了。陈君景的父亲是国民革命著名人物陈个白，他是海归，在美国留过学。但是，家里的亲朋好友听说他要娶过气的艳星杨耐梅后，团结一致地反对这桩婚事。陈君景是个敢作敢当的男人，所以他没有惊动任何亲友就悄悄和杨耐梅结了婚。两人在婚后移居到香港，开始了安静的平常日子。

至此，也许这算是杨耐梅第一次真正的爱情，虽然多年来她身边没有缺过男人，但似乎没有一次算得上爱情。一个女人，一生不能刻骨铭心爱一次，是最大的失败。所以说，杨耐梅其实是个很失败的女人。

他们生了一个女儿，日子看似很静美，没有人知道这个端庄而有气质的女子，曾经是红极一时的电影明星，如果他们的生活就这样简简单单安安静静过下去，一直到老，杨耐梅也算是幸福的。她的父母看到此情此景，感到非常欣慰。只是，幸福的生活没持续多久。抗战爆发后，她先后经历了丈夫公司的倒闭、父母去世、家产被别人侵吞、移居香港和丈夫的失业。在香港，他们全靠变卖细软度日。在艰难的生活里，女儿长大了，并嫁给了一个小商人，随他去了台湾。

这期间，为了生计，她也曾思谋复出，由于香港没有合适的机会，她便跑回上海，和电影界人士见面。1942年6月27日，《大众影讯》这样调侃她的回归："耐梅的年华虽已老去了，但徐娘的风韵，依旧是万分的动人，也许沪上人士会再度崇拜在她皮鞋脚下。"

她再次回到香港，继续她日渐溃败的生活。1956年，她和丈夫离婚。

失去生活来源后，杨耐梅在身无分文、饿得眼冒金花的时候，她不得不豁出脸皮，到街头当起了乞丐。她虽然衣饰破旧，但是她的气质依然和别的乞丐不一样。有一天，有人认出了她就是大上海曾经红透半边天的杨耐梅。

早已经跟着丈夫到台湾定居的女儿，听说母亲在街头当乞丐后，立马把她接到台湾。饥寒交迫的生活使杨耐梅的身体彻底垮了。有这样一张她卧病在床的照片：尽管在摄像镜头面前，她极力表现出镇定自然，极力挺直腰板，但她还是满面憔悴，活脱脱一个饱经沧桑的老妇人。其实，那时候她不过才50多岁，还是今天许多影视明星可以扮嫩的年岁。

1960年，杨耐梅在台湾溘然离世，她在最后的日子里对自己的一生曾经进行过深刻总结："余衷想前事，如春梦一场，甚思同业后辈，以余为借鉴，得意时切要留作后步，为老年时作计算。"这是她痛定思痛之后的感悟，并有一生作为笺注。

点 评

对于聪明的女人来说，在自己得意的时候，会适当地掩饰自己的得意，她知道自己应当谨言慎行，适度收敛。

有道是：地低成海，人低成王。低调做人不仅是一种境界、一种风范，更是一种思想、一种哲学。一个人不管取得了多大的成功，不管名有多显、位有多高、钱有多丰，面对纷繁复杂的社会，也应该保持做人的低调。事实上，人一般不太可能甘心情愿自动退出历史舞台，演员如此，官员如此，名人更是如此。特别是在现代社会，高调有时可以创造名气，名气就是价值，谁愿意轻易放弃出名的机会呢？但是，中国的大智者老子说："夫惟不争，故天下莫能与之争。"这句话的意思是，正因为不与人相争，所以遍天下没人能与他相争。这可是一个充满大智慧的做人与做事的哲学。可惜的是，两千多年来，能参悟和运用这一做人哲学的人如凤毛麟角。

低调意味着一种自信，自信就是力量、勇气，自信可以使人消除烦恼，可以使人摆脱困境。有了自信，生活将充满了无限光明。低调是一种修养、一种理念、一种至高的精神境界。只有懂得低调做人的人，才能在社会的舞台上演好每一个角色，才能在人生的旅程中走好每一段路。低调的女人知性优雅、简约时尚。低调的女人更有品位，更有内涵，也更成熟。

可以肯定地说，自信的女人是低调的。她在低调中修炼自己，用平和的心态去对待人处事。低调的女人总是微笑着，从从容容地对待一切，她性格开朗，心胸开阔。所有的痛苦和哀愁，都会在她的淡淡一笑中，消失得无影无踪。她不仅在心态上低调，在言辞和行为上也低调。低调的女人是识时务的，她懂得功成身退的好处，知道何时保全自己，何时成就别人，以潇洒风度来笑对人生。

白薇:

爱情路上最坎坷的苦菜花

民国有一位女作家自己命名为白薇。不知道她给自己起名字时是否知道这是一味苦咸中药材的名字,但她用自己漫长的一生,诠释了这味药材的本质。有种说法是:一个早年太幸运的人,也许是因为提前花光了一生的运气,所以他的后半生可能会坎坷。按这种理论,白薇一定是前世透支刷爆了今生的运气,所以一辈子都是苦菜花。

1.一碗荷包蛋引发的悲剧

1894年2月5日,白薇出生于湖南郴州资兴旧市乡秀流村。她本姓黄,小名黄碧珠,学名黄彰、黄鹂,又名黄素如。

秀流是一个山清水秀的小村庄,白薇日后这样描述自己的家乡："青山耸翠，秀水流长。"而且，"我们的家，虽不怎样堂皇，但从风景的美丽、开朗说，我生平走过的地方，没有看到谁家的住宅，有这样好的风景……"

秀流村自古出产美女，当地有"洁偶的枣子，秀流的女子"的说法。不幸的是，1986年国家重点水电工程东江大坝蓄水关闸，洪水淹没了11个乡镇、67个村7.2万亩的耕地、13.7万亩的山林，共计有5.7万人移民。其中，永远沉入水底的就有秀流村。

白薇的父亲黄晦早年在日本留过学，加入过同盟会，参加过辛亥革命，后回到家乡创办新式小学。由于黄晦四处漂泊，家里大小事情就由妻子何姣灵做主。所以，白薇称何姣灵为家中一霸，说一不二。

当时，秀流村每年在庄稼收获季节，都会请祁阳戏班子来唱戏，以庆祝丰收，而附近乡民也借此机会走亲串友，联络感情。这个沿袭多年的规矩成为白薇不幸的开始。

在白薇6岁的时候，母亲何姣灵带着她去看戏，看完戏后路过峡嵋村时，走进了因看戏认识的何寡妇家。何寡妇丧夫多年，自己带着儿子李高生活，做人以彪悍出名。何姣灵在吃了何寡妇一碗可口美味的糖水荷包蛋（也有说是一碗肉汁面）后，抹着嘴，她顺口就把女儿白薇许配给了何寡妇的儿子李高。此时的白薇，或许兴高采烈地吃着荷包蛋，并不知道自己被这一碗荷包蛋卖了。对此，白薇的父亲黄晦点头应允。这就是一碗荷包蛋引发的悲剧。

年幼的白薇并不知道人生的险恶，她在父亲创办的学校中学习，向祖母学做女红，无忧无虑的童年就这样慢慢过去。

10多岁的时候，白薇看了梁启超的《饮冰室文集》后，凭着自己的想象力，她画出一幅罗兰夫人白衣就刑图，并贴在墙壁上凭吊，把热爱自由的罗兰夫人当作自己的偶像。

罗兰夫人是法国大革命时期著名的政治家。她有一句流传于世的名言：自由，多少罪恶假汝之名以行！她还说过一句网上很流行的话：认识的人越多，我越喜欢狗。

白薇16岁的时候，何寡妇上门逼婚了。已经懂事的白薇自然抗拒这样的包办婚姻，她跪在父母面前，苦苦哀求："放过我吧，我不想嫁。"但父亲黄晦说："父母之命是几千年的祖训，祖宗之法不可违。"胳膊拗不过大腿，不久，白薇就被众人强行塞进花轿，在锣鼓喧天中成了李高的媳妇。嫁妆是几件换洗的衣物、一叠父亲赠予的书籍。

媳妇和婆婆本身就是天敌，何况就这么一点嫁妆，让何寡妇根本瞧不上眼。白薇的苦日子就此开始了。挑水、种菜、洗衣、做饭，何寡妇家所有的家务全都落在她一个人身上。被何寡妇溺爱的李高，对自己的媳妇毫无怜悯和疼爱之心，因为同房后白薇久不怀孕，他更加不予理睬。加上白薇无意中撞见何寡妇与人偷情，心理阴暗的何寡妇便变本加厉地折磨白薇，所以，白薇经常遍体鳞伤，血迹斑斑。一次，何寡妇伙同儿子李高把白薇压倒，何寡妇硬生生地咬断了白薇的脚筋，把白薇衣服撕破后，掐捏到她全身青紫。

白薇顾不得赤身裸体，她跳进河中躲避，在被邻居救起后，她摸黑跑回家求救，却被满脑封建礼仪的父亲黄晦，送回到何寡妇家。何寡妇和儿子在白薇面前摆了一把菜刀、一根绳子，让白薇自己选择死的方法后，两人开始商议白薇死后要重新买一个媳妇的事。白薇再次趁着黑夜含恨出逃，这次没有回家，她去了上坪村的舅舅家求助。逃跑前，她砸了何寡妇家做饭的大锅，以泄心中之恨。

在舅舅的帮助下，白薇到衡阳湖南省立第三女子师范学校当了插班生，取名黄彰。这是1915年，白薇21岁，却已饱经沧桑，见识了人世间的无奈。21年后的1936年，白薇一次在文艺青年座谈会上，说起这段旧事时，热泪盈眶。她的眼角处有一道深深的疤痕，那是何寡妇随手砸过来的一只饭碗留下的。

白薇在女三师期间，因为带头领导学生驱逐洋教士，被学校视为害群之马开除。后来，她辗转到了长沙省立第一女子师范学校。1918年，白薇毕业之际，强悍的何寡妇挟持着白薇的父亲黄晦，带领众多亲戚好友，来到学校，准备将白薇绑架回家。

据彭国梁著的《长沙沙水水无沙》中记载，白薇在同校的妹妹、同学帮助下，从一个沾满了粪渍的洞口爬了出去，就此将包办的婚姻与沾在身上的粪渍一同洗去，她开始走向自由之路。据说白薇逃走后，有一个同学站在洞口感叹说：长沙有个兴汉门，将来黄彰（即白薇）学成回国，这里就该建一个"黄彰门"。

2.奇葩男女的奇葩爱情

1918年，24岁的白薇，逃到了日本。在日本横滨上岸时，白薇身上只剩下两角日元了。她被好心人介绍到一个在东京的英国传教士家当保姆，干洗衣做饭、打扫教堂、修剪花草、洗尿布、刷马桶之类的杂活儿。在缝制衣物时，她的拇指被机器夹伤，因为狠心的主人不给医治，最终她的拇指化脓成为残疾。

幸运的是，长沙第一女子师范校长给白薇寄来一些钱，解了燃眉之急。白薇拿着这些钱上了东亚日语学校，学习日语。结业后，白薇以优异的成绩考取了当时日本女子最高学府——东京高等女子师范学校。这所学校是官费的，加上白薇成绩优秀，获得学校奖学金，她至少不需要为学费发愁了。当时，她学名叫黄素如，在学校主修生物，兼修物理。她在课余时间靠做零活维持生活，有时候做家庭女佣，有时候挑水去街上卖，有时候在码头搬运货物，等等。不久，体弱多病的白薇因为病重，不得不留级。由于学校停了官费，她只能到牧师司坦勒家做佣人，住在一间潮湿阴暗的小房间内，挣取微薄的工资，以支持学业。

此时，从家乡传来四妹被迫出嫁的消息，白薇不愿妹妹再走自己的黑路，写了20多封信向父亲讲道理、摆事实，但遵循"女子三从四德"的父亲大骂她是"大逆不道"的孽种。两种新旧观念的激烈碰撞，导致父女二人从此成为陌路人。

白薇形单影只地踯躅在东京街头，不知道明天会如何。

1924年春天，白薇与杨骚相遇在日本。

她比他年纪要大，他称她素姐，她叫她维弟。那时，白薇为爱出逃，落下一身伤病，一颗玲珑心也千疮百孔，她称自己是"三无"女人：生无家，爱无果，死无墓。杨骚因初恋情人凌琴如琵琶别抱，而深陷失恋的泥潭，痛不欲生。同是天涯沦落人，他们像两只寒号鸟，在异乡的凄风苦雨里，相互依偎取暖。

杨骚说："我觉得你和我是偶然被幽囚在同一的紫色绢帷中的白鹅鸟：我在里面盲目地热情地飞舞，叫；你也是。因此，大家生出一种同情，而爱，而怜，时时吵架时又和好。"白薇呢？她感觉自己像一条离水的鱼，突然有了水滴的滋润，所以便死死地缠上去。"我十二分的想你。凄凄切切地，热泪如雨滴。我的心痛极了，天天哭上三四回。我只想看你，不知道为什么要看；我只要爱你，不知道为什么要爱……"

二人的感情急剧升温，到了如火如荼、急风暴雨般的地步。这样的痴痴缠缠，这样的烈火烹油，杨骚只觉得烈焰灼灼扑面而来。他突然害怕了，所以他走了，不辞而别。欢如朝露的日子，刹那间，又成寒雨秋霜。

杨骚回到杭州后，方告知白薇："十二分对不起你，没有和你告别。"他劝白薇："莫伤心、莫悲戚、莫爱你这个不可爱的弟弟。"他还坦承自己仍深爱凌琴如。没想到，一个星期后，白薇出现在杭州，出现在西湖葛岭——他的暂居处。此时，杨骚正烦闷，因为没钱没事业，看见白薇来了，他像暴怒的狮子，大声呵斥痛骂，留下一句"别跟来，三年后再来找你"，便扬长而去。可生活不只有爱情，在这里，白薇没钱交房租，没钱还药费，甚至没钱吃饭。后来，她卖掉了一部诗剧作品，才摆脱困境。

杨骚回到了老家漳州，白薇的信件追来了；杨骚逃到新加坡做了一名穷教员，白薇的信依然追来了。她不绝如缕地诉说着自己的相思，而杨骚对白薇这般深情感到十分痛苦。

他给了她一封信：

> 我是爱你的呵！信我，我最最爱的女子就是你，你记着！但我要去经验过一百女人，然后疲惫残伤，憔悴得像一

株从病室里搬出来的杨柳，永远倒在你怀中！你等着，三年后我一定来找你！

这样竟然也行！

白薇大病一场后，孤零零地回到日本，独饮失恋的苦酒。

1926年，白薇从日本经由香港回国。这一路颇为不太平，她先是在香港被偷了东西，靠抵押手表换得去广州的盘缠。而后到了武汉，白薇因为一部剧本被人骗走，便生了一场大病。

1927年10月末，在上海，白薇和杨骚不期而遇。这时，杨骚南洋淘金的发财梦破灭了，他还抱病在身，欠了一大笔债务。痴情的白薇想起了3年前，在杭州分别时，杨骚对自己说过"我是最爱你的！但我要去经验过一百女人，然后疲惫残伤，憔悴得像一株从病室里搬出来的杨柳，永远倒在你的怀中！你等着，三年后我一定来找你！"于是，白薇自以为受伤后的杨骚再也不会爱上别人了，他们的爱情经历了一波三折，该有一个圆满的结局了。

很快，白薇和杨骚在上海过上了甜蜜的爱情生活。通过杨骚的介绍，白薇结识了鲁迅，并先后在鲁迅编辑的《奔流》《语丝》刊物上发表了《打出幽灵塔》《革命神受难》《春笋之歌》等。白薇也成了享誉一时的文坛人物，成了几家杂志的特约撰稿人。爱情的甜蜜和写作的成功，让白薇得到了最大的幸福，忘记了杨骚的多变和多情。白薇决定和杨骚结婚，还兴冲冲地印发了喜帖，预订了酒席。

大喜的日子到了，宾客如约而至，可新郎却一直没有出现。所有前来道喜的宾客高兴而来、败兴而归。原来，凌琴如也来到了上海，她始终是杨骚念念不忘的女人。所以，杨骚决定抛弃白薇，回到凌琴如身边。白薇再次尝到了爱情的苦酒。

婚没结成，她以凌厉之笔对杨骚大加讨伐。1933年，白薇把自己和杨骚的情书合集《昨夜》卖给出版社了，火焰般的爱恋终于结束了。关于白薇这段时期的生活，《妇女生活》曾如此记载："三五天的断炊是常事，有时突然发病，一个人孤零零地躺在床上，不但茶水无人照应，并且还要等到偶尔来访的客人替她设法筹送药费。实在的，医药费对于她的负担太大，这重担快将她逼进坟墓去了。"

这一次，白薇彻头彻尾地想通了，她毅然解除了婚姻，离开了杨骚，斩断了两个人的爱情瓜葛。她去了重庆，到郭沫若领导下的文协工作，投入到了抗战的队伍中。

无情的岁月让风度翩翩还风流的杨骚沉淀了下来，他来到重庆，向深爱过自己的白薇忏悔，请求获得她的原谅，希望两人重新开始。他满怀内疚地对白薇说："往日全不知道爱你，现在才开始真正知道爱你了。"朋友们也希望他们能握手言和，重拾旧好，结为伴侣。为了表示诚意，有一次，白薇患病时，杨骚把不省人事的她接到家里，无微不至地照顾她，寸步不离地守着她。等白薇清醒后，杨骚还苦苦哀求道："我既然变成了好人，你就再和我好起来算了，我绝不再变心，使你再痛苦。"1941年皖南事变后，身在新加坡当教师的杨骚，从自己每月不到70元的薪水里挤出50元，邮寄给白薇。但是，杨骚所做的一切，再不能打动白薇，因为她已经战胜了对爱情的崇拜，不再对杨骚有所幻想。最终，她没有和杨骚重归于好。此时的白薇，已步入不惑之年，

颗原本痴情的心，就像一滴跌到地上的水珠，支离破碎，无法

重拾。

当然，白薇拒绝杨骚后，过几年又后悔了。可惜，现实中出现童话的概率实在太小，爱固然重要，但人必须生活。杨骚在觉得今生与白薇修好无望的情况下，于1944年6月与当地侨生陈仁娘结婚，生儿育女，过着稳定的家庭生活。

3.贫病交加的苦难长寿

白薇先后得过多种疾病：性病、肺炎、风湿、霍乱、慢性腹痛、鼻病、绞肠痧、猩红热、疟疾、阿米巴痢疾……她曾经写"一身器官，官官害着病，入夏以来三天两天病，入秋以来十天九天病，入冬以来天天夜夜病"。但是，因为穷困，她没法治病，多数时候只能拖着、忍着。白薇被苦难摧毁了，她变成了喜怒无常、多疑且脾气暴躁的人。

1947年冬，白薇父亲黄晦去世。白薇料理完父亲的后事后，年迈却依旧彪悍的母亲何姣灵不许她再出远门，让她整天下地干活儿。白薇在给女作家赵清阁的信中写到这段日子，说1948年是她的受难年，简直是人间地狱。

后来,著名妇女运动领袖何香凝从香港寄信给白薇，劝说她成为一个爱国的文化人，为人民的胜利做一些踏实的事情。于是，白薇走进资兴县立中学当了教师。她在县立中学做的第一件事是撕了教室中悬挂的蒋介石画像。

资兴县伪县长鲁某对白薇百般笼络，请她到县政府任职，许以高薪，被白薇严词拒绝。再下来，白薇参加了资兴地下党活动和游击队，并成为湖南游击司令部第三大队顾问，参加了解放资兴县城的战斗。

新中国成立后，白薇被安排在北京青年艺术剧院工作。

1950年，本来政务院想把白薇安排青年剧院工作，但白薇对新中国有着极大的热情，她想要去最艰苦的地方——北大荒。

白薇想："自己是学过植物学的，知道哪些草能吃，只要有一把盐，是不会饿死的。"这哪里是去体验生活，简直是送自己去当黑奴的架势。要怎样的钢铁意志，才能有这样的决心？很难不让人担心，她最后会被风暴摧毁折断。

比如谢烨、蒋碧薇，这些艺术青年的圣母，跟着顾城和徐悲鸿的时候，完全不把自己当"人"看，不知道自己也需要生存、尊重、安全感，她们觉得当牛做马、吃糠咽菜，都能过得下去，但最后还不是彻底崩溃了。

湖南妹子白薇来到了北大荒，并待了7年，她在一个个农场中辗转，而后又去了新疆。不知道一个南方人是怎么对抗北大荒严寒的天气的，何况她带着浑身上下的病痛。下乡期间，她干粗重的农活，住阴湿的住房，喝苦涩难咽的水，在女工农兵的炕头艰难写作。更不幸的是，风寒加重了她的病痛，她甚至有时直不起身来。和白薇相比，那些被打成右派的作家都未必活得这么艰难。比如，"右派分子"丁玲在北大荒的时候，苦中作乐，锻炼身体，甚至成了养鸡能手。张爱玲参加土改两三个月，写出了《秧歌》《赤地之恋》。而白薇体验生活这些年，写了什么呢？查来查去也没多少文章留下来。

　　1960年，在周恩来总理的督促下，文联把白薇接回北京，任她为中国文学艺术联合会会员、中国作家协会理事、中国人民政治协商会议第二至五届委员、中国人民保卫儿童委员会委员。

　　有传闻说，老年的白薇依旧是个彪悍的老太太，经常在作协会上骂人。但事实是，她住在北京和平里居民区一个独间单元里，房间凌乱破旧，她孤苦伶仃。

　　1978年，采访白薇的记者写道："老年的白薇头发稀疏而蓬乱，脸上沟壑纵横，像一只只结了网的蜘蛛；身上的蓝布棉袄做工粗糙，针脚足足有半寸多长。"白薇对吃惊的记者说："白薇已经死去了，活着的只是她的躯壳。"

　　白薇对生活的唯一的希望是："我希望国家能派我管理一个植物园，我一定能管得很好。我还留着一双布鞋，等着劳动的时候用。"

　　1983年夏，杨骚之子杨西北有幸匿名拜访了白薇。此时，白薇89岁高龄，她性格古怪，连丁玲都曾拒之门外。听说杨西北来自福建漳州，白薇道："我从前的爱人是漳州人。"又微笑着补充："我只有这一个爱人。"

　　眼角的笑纹中是一世不老的爱情，有些东西注定会定格在暗香浮动的岁月中，伴随一生一世……

　　爱那么短，遗忘却如此漫长。爱情，有时比时间更残忍。

　　1987年8月27日，白薇孤独离世，终年93岁。她没有丈夫，没有子女，没有财产。

　　不知道晚年的白薇怎样悲凉地度过她近乎瘫痪的贫病时光。久病在床的人，不良于行的人，大概能明白白薇晚年的心境吧。

点评

　　爱情很奇怪，付出越多，伤得越重。爱得失去自我的女人，注定占下风。失恋无所谓，不用躲进KTV里暗自流泪！因为，勇敢向他挥别的女人，才能迎向更幸福的明天。如果错不至于分手，那么更不用在争执后伤心难过，试着更疼爱自己，示范给他看，他才懂得如何珍惜你！总而言之，女人要懂得爱自己，男人才会珍惜你！

　　聪明女人心中燃烧着爱的火焰，但这种爱并不是肆意蔓延的，每一份爱都有它自己的方向和温度。首先她们懂得爱自己，因为一个不爱自己的女人，更不可能好好地去爱别人。

　　聪明女人懂得如何让自己的魅力被人看到。如果女人懂得爱自己，善待自己，别人就容易看到她的魅力，从而称赞她。这时，女人会从这些赞扬中得到更多的自信，会活得越发光彩，永远保持对生活的热情。聪明女人在这个良性循环中，体会到了爱与被爱的乐趣。

　　聪明的女人必须学会自尊、自强、自重、自爱，不怨恨自己，柔软地、温和地关怀自己。印度的奥修说："学习如何原谅自己。不要太无情，不要反对自己。那么你会像一朵花，在开放的过程中，将吸引别的花朵。石头吸引石头，花朵吸引花朵。如此一来，会有一种优雅的、美妙的、充满祝福的关系存在。如果你能够寻得这样的关系，那将升华为虔诚的祈祷、极致的喜乐，透过这样的爱，你将领悟到神性。"